Deutsches Architektur Jahrbuch 2026
German Architecture Annual 2026

German
Architecture
Annual
2026

Deutsches Architektur Jahrbuch

DAM DEUTSCHES
ARCHITEKTURMUSEUM

JUNG

DOM
publishers

Preisträger
**DAM Preis für
Architektur in
Deutschland**
Prize Winner
DAM Preis for
Architecture in
Germany
—

2026

»Architekten seien keine Performer, meint Peter Grundmann. Und doch lässt das ZK/U vor allem eines erkennen: Wie stark das Handeln Einzelner – weit über das hinaus, was wir im klassischen Sinne als Architektur-Arbeit verstehen – unsere Städte prägen kann. Zwischen Umnutzung, Weiterbauen und Kritik am Status quo der deutschen Bauverordnungen ist das Zentrum das Ergebnis eines trotz allem angenehm subtilen performativen Ungehorsams.«

'Architects are not performers, according to Peter Grundmann. And yet, above all else, the ZK/U reveals how strongly the actions of individuals – extending far beyond what we traditionally understand as architectural work – can shape our cities. Between repurposing, continuing to build, and criticising the status quo of German building regulations, the centre is the result of a pleasantly subtle performative disobedience, despite everything.'

–Teresa Fankhänel

»Das ZK/U ist dank der behutsamen energetischen Sanierung und Bestandserweiterung ein Ort für die Gesellschaft wie die Gemeinschaft geworden. Mit einer zeitgemäßen Architektur, die über die folgenden Jahre flexibel an den Bedarf angepasst werden kann, und öffentlichen Grünflächen zeigt das Projekt, wie Architektur der Ungleichheit entgegenwirken und sinnstiftend dem ›Wir‹ dienen kann.«

'Thanks to careful, energy-efficient renovation and expansion, the ZK/U has become a place for society and the community. With its contemporary architecture, which can be flexibly adapted to changing needs in the years to come, and its public green spaces, the project demonstrates how architecture can counteract inequality and serve the community in a meaningful way.'

–Anna Moldenhauer

Die neue Strahltreppe scheint nahezu zu schweben.
The new staircase looks like it is floating.

»Ein Haus, das auf eine ganz besondere Weise die
Geschichte eines ehemaligen Güterbahnhofs fortschreibt:
Der filigrane und selbstbewusste Einsatz von Stahl und
Glas und die entstehenden Räume nehmen den Bestand
ernst, respektieren und vervollständigen ihn. Architektur
ist hier Hülle und Raum – und noch viel mehr: die
Begleitung der Programmatik der Nutzenden, des ZK/U
selbst. Das Haus wächst mit der Nutzung und umgekehrt,
innen wie außen.«

'This is a building that continues the history of a former
freight station in a very special way. The delicate and
confident use of steel and glass, and the resulting spaces,
pay homage to the existing structure, complementing and
respecting it. Here, architecture is both shell and space, and
much more besides: it accompanies the programme of the
users – the ZK/U itself. The building grows with its use,
and vice versa, inside and out.'

–Aline Hielscher

»Peter Grundmann und das ZK/U sind ein ideales
Paar. Der experimentierfreudige Architekt und die
Avantgarde-Institution haben sich zusammengetan
und auf einer Brache am Rand der Berliner Innenstadt
eine Kulturmaschine geschaffen, wie sie so nur in der
deutschen Hauptstadt möglich ist.«

'Peter Grundmann and the ZK/U are a perfect match.
The experimental architect and the avant-garde institution
have joined forces to create a cultural hub on a piece of
wasteland on the outskirts of Berlin's city centre –
a project that could only be realised in the German capital.'

–Dijane Slavic, Uwe Bresan

»Ist das schon illegal? Oder einfach mutig, wie hier
Standards locker über Bord geworfen werden? Endlich
diskutieren wir über die *basics* des heutigen Bauens!«

'Is that already illegal? Or is it simply a case of courage
here, given the casual disregard for standards? At last,
we are discussing the basics of modern construction!'

–Oliver Elser

Die neue Stahl-Glas-Hülle fügt
der ehemaligen Lagerhalle eine
Raumschicht hinzu.
The new steel and glass
shell adds a spatial layer to
the former warehouse.

»Zwischen festgelegter Planung und situativer handwerklicher Umsetzung, zwischen Haus und Objekt sucht das Projekt eine architektonische Unbestimmtheit, die konstante Dynamik und potenzielle Fehlbarkeit möglich macht. Inmitten des Moabiter Stadtgartens entrückt schwebend, findet die Architektur damit eine exakte Entsprechung zur Nutzung und Arbeit des Kulturzentrums – als lebendiger, offener und zeitgenössischer Ort in Berlin.«

'The project seeks an architectural indeterminacy that allows for constant dynamism and potential fallibility, balancing fixed planning and situational craftsmanship, and house and object. Floating in the middle of Moabit's Stadtgarten, the architecture thus finds an exact counterpart to the use and work of the cultural centre as a lively, open, and contemporary place in Berlin.'

–*Martin Rein-Cano*

»Peter Grundmann erfrischt und zeigt uns wieder die Möglichkeiten von Architektur und architektonischem Raum, Sinn zu stiften und Gemeinschaft zu feiern. Für wenig Geld, dafür aber mit sehr viel Mut, klarer Haltung und Optimismus. Dafür vielen Dank.«

'Peter Grundmann refreshes and shows us once again the possibilities of architecture and architectural space to create sense and celebrate community. For little money, but with a great deal of courage, clarity, and optimism. Thank you very much for that.'

–*Peter Cachola Schmal*

»Auf den ersten Blick wirkt es so, als wäre hier jenseits aller Regeln gebaut worden. Doch sobald man die Räume durchläuft, merkt man: Alles folgt einem klaren Plan, und genau das überzeugt.«

'At first glance, it seems as though this building was constructed without any regard for the rules of design. However, as soon as you walk through its rooms, you realise that it is actually the result of a clear plan, which is precisely what makes it so convincing.'

–*Sven Fröhlich*

Die Tragkonstruktion des ehemaligen Bahnsteigdachs blieb erhalten.
The supporting structure of the former platform roof has been preserved.

Peter Grundmann Architekten
ZK/U Zentrum für Kunst und Urbanistik, Berlin

Kritik **Peter Cachola Schmal**

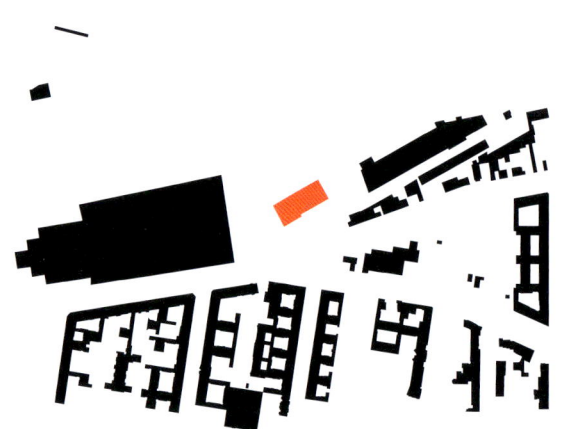

Architekten/Architects
Peter Grundmann Architekten
Hochstraße 33
13357 Berlin
www.petergrundmann.com
petergrundmann@gmx.info

Projektteam/Project team
Peter Grundmann, Entwurf, Phasen 1–5
Uwe Zinkahn, Phasen 6–8

Bauherren/Clients
KUNSTrePUBLIK e. V., Berlin

**Projektsteuerung/
Project management**
Matthias Einhoff, Berlin

**Tragwerksplanung/
Structural engineering**
Jens Quittenbaum, Berlin

**Heizung, Sanitär/
Plumbing and heating**
Müller & Partner, Riesa

Elektro/Electrical engineering
Ingenieurbüro Berg, Berlin

**Bauphysik/Building physics
Akustik/Acoustics**
Jens Quittenbaum, Berlin

Lichtplanung/Lighting design
Ingenieurbüro Berg, Berlin

Brandschutz/Fire prevention
Thomas Pohl, Berlin

Fassadenplanung/Façade planning
Peter Grundmann, Berlin

Standort/Location
Siemensstraße 27
10551 Berlin

Fertigstellung/Completion
September 2024

Fotografie/Photography
Peter Grundmann, Berlin
(S. 15 oben rechts/top right)
Yizhi Wang, Berlin
Elisa Georgi, Berlin (S. 15 oben
links/top left)

**Der ehemalige Güterbahnof 2016.
Im Hintergrund der Westhafen.**
The former freight station in 2016.
The Westhafen (West Harbour) is in
the background.

Die Lagerhalle des ehemaligen Güterbahnhofs mit neuer Stahl-Glas-Hülle von der Straße aus gesehen.
The warehouse of the former freight station with its new steel and glass shell, seen from the street.

Kommentar der Userin »aino« auf BauNetz zur Meldung über die Finalisten des DAM Preis 2026 am 26. September 2025: »Bringen die großen Herausforderungen unserer Zeit eine neue Ästhetik hervor? Ja, bestimmt. Wird sie gewöhnungsbedürftig sein? Ja, wahrscheinlich. Muss sie dafür alle grundlegenden Qualitäten guter Architektur vernachlässigen? Eine klare städtebauliche Antwort, einen Hang zur sauberen Konstruktion, liebevoll gestaltete Details, großen Gestaltungswillen und außerordentliches Können – kurzum: ein schönes Konzept mit architektonischer Haltung und wunderbarer Gestaltung?« Im Weiteren verneint die anonyme Leserin all diese richtig von ihr gestellten Fragen: »Es ist kein Projekt dabei, das mir die Augen öffnet, mir etwas beibringt oder zumindest einen Moment großer Freude beschert.«

The following comment was posted by a user named 'aino' on *BauNetz* regarding the announcement of the finalists for the DAM Preis 2026 on 26 September 2025: 'Will the great challenges of our time lead to a new aesthetic? Yes, definitely. Will it take some getting used to? Yes, probably. Does it have to neglect all the fundamental qualities of good architecture to do so? A clear urban planning response, a penchant for clean construction, lovingly designed details, great creative drive, and extraordinary skill – in short, a beautiful concept with architectural attitude and wonderful design?' The anonymous reader goes on to answer all these questions in the negative: 'There is not a single project here that opens my eyes, teaches me something, or gives me even a moment of great joy.'

Nicht nur beim Berliner Preisträger Zentrum für Kunst und Urbanistik ZK/U von Peter Grundmann Architekten sehe ich das genau andersherum. Ja, dieses Bauwerk öffnete mir die Augen (und den Mund vor Staunen) sogar so weit, dass ich den Funken Hoffnung wieder spüre, der in der Wahrnehmung von großartiger Architektur so deutlich ist. Gestaltungswille und Können, Haltung und Gestaltung – es ist alles im Übermaß vorhanden. Es geht sogar um die Essenz von Architektur. Die einem den Glauben an die Architektur zurückgeben kann, den man im Lauf der Jahre angesichts zu vieler Kompromisse in der gebauten Umwelt schon fast verloren hat.

Dieser Bau ist klar und einfach nachzuvollziehen. Er wurde fein und sorgsam gefügt, ein Element ans andere, ein Element auf dem anderen. Lasten werden sichtbar und ablesbar auf neuen Stützen abgetragen neben alten Wänden, die nicht mehr belastet werden und stehenbleiben durften. Der Bestand ist unverändert geblieben, ungedämmt, unverputzt und nicht übermalt. Mit allen Graffiti, egal welchen Inhalts. Als eine der wichtigen Schichten der Vergangenheit, die den früheren Güterbahnhof Moabit und seine Transformation zu einem lebendigen Kunstort ausmachen.

2012 gründete sich der Verein KUNSTrePUBLIK in einem Teil des leer stehenden Bahnhofs und etablierte sich mit einem breit aufgestellten Programm – von Public Viewing über Reparaturworkshops und Nachbarschaftsmärkte bis zu Ausstellungen, Performances und heute 13 Künstler-Residencies. Eine Erweiterung musste her. Es wurden Fördermittel in Höhe von sechs Millionen Euro genehmigt, und aus einem europaweiten Vergabeverfahren ging das Berliner Büro Peter Grundmann Architekten 2019 erfolgreich hervor. Eine sehr glückliche Fügung, wie man heute sehen kann.

It's not just the case with the Berlin award winner, the Zentrum für Kunst und Urbanistik ZK/U (Centre for Art and Urbanistics) by Peter Grundmann Architekten, that I see things exactly the other way around. This building opened my eyes (and my mouth in amazement) so wide that I can feel the spark of hope that great architecture inspires once again. Creative will, skill, attitude, and design are all present in abundance. It's even about the essence of architecture. This building can restore your faith in architecture, which you have almost lost over the years due to too many compromises in the built environment.

This construction is clear and easy to understand. It was assembled finely and carefully, one element after another, one element on top of another. Loads are visibly and clearly transferred to the new supports next to the old walls, which are no longer loaded and have been left standing. The existing structure remains unchanged: uninsulated, unplastered, and unpainted. This includes all the graffiti, regardless of its content. It is one of the important layers of the past that make up the former Moabit freight station and its transformation into a lively art venue.

In 2012, the KUNSTrePUBLIK association was founded in part of the vacant railway station and established itself with a wide-ranging programme, including public viewings, repair workshops, neighbourhood markets, exhibitions, performances, and today, 13 artist residencies. An expansion was needed. Funding of six million euros was approved, and Peter Grundmann Architekten, based in Berlin, emerged as the successful bidder in a Europe-wide tender process in 2019. This was a very fortunate coincidence, as can be seen today.

Das Dach der alten Lagerhalle wurde entfernt. Ein Stahlgerüst umfängt die Halle und ermöglicht das neue Obergeschoss und die Dachterrasse.
The roof of the old warehouse has been removed. A steel framework surrounds the hall, enabling the construction of a new upper floor and roof terrace.

Der Vorplatz des ZK/U. Links die eingehauste ehemalige Lagerhalle mit Aufstockung und Dachterrasse. Der Gebäudeteil rechts beherbergt die Künstlerunterkünfte.
The forecourt of the ZK/U. On the left is the enclosed former warehouse with an extension and roof terrace. The part of the building on the right houses the artists' residencies.

**Das ZK/U ist von einem kleinen
öffentlichen Park umgeben.**
The ZK/U is surrounded by
a small public park.

Die alte Giebelwand muss heute nichts mehr tragen, charakterisiert aber den Raum.
The old gable wall no longer has to bear any weight, but it characterises the space.

Im Obergeschoss befinden sich Büros, Atelier- und Aufenthaltsräume. Alte Schultafeln dienen als Raumteiler.
The upper floor contains offices, studios, and communal areas. Old blackboards are used as room dividers.

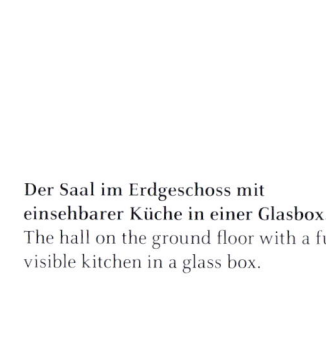

Der Übergang zwischen alter Lagerhalle und neuer Hülle.
The transition between the old warehouse and the new shell.

Der Saal im Erdgeschoss mit einsehbarer Küche in einer Glasbox.
The hall on the ground floor with a fully visible kitchen in a glass box.

Der wilde ehemalige Schiffskonstrukteur Peter Grundmann, der sich mit waghalsigen Wohnhäusern in Brandenburg und um Berlin herum einen Namen gemacht und an der Kunsthochschule Berlin-Weißensee gelehrt hat, kann nicht nur Konstruktionen planen. Die komplexesten Anschlüsse der Fassaden hat er den Baufirmen gar nicht erst überlassen – denn das hätte zu erheblichen Mehrkosten geführt –, sondern mit seinen Freunden selbst gebaut. Diese Methode hatte er schon bei dem kleinen Haus Fügener am Hainer See nahe Leipzig demonstriert[1], wo er die Fassaden ebenfalls selbst und kostengünstig gebaut hatte. Ich habe so ein ungewöhnliches Vorgehen noch nie erlebt. »Ungewöhnlich« ist noch milde ausgedrückt. Eigentlich unvorstellbar.

Vom Grundriss her sieht alles noch sehr einfach aus. Die alte Lagerhalle im Erdgeschoss des Bahnhofs wurde als Hülle stehen gelassen und definiert den Veranstaltungsraum. Darunter befindet sich der atmosphärische Gewölbekeller – jetzt mit Ausstellungsfläche und Bar. Der Bestand wird von einer leichten und ephemeren zweiten Raumschicht aus Glas und sehr wenig Stahl umfasst. Diese Hülle dient als Wärmeschutz und erreicht die energetischen Vorgaben auch ohne Dämmung. Auf der Eingangsseite hat sie 1,80 Meter Tiefe, die als Foyer und Windfang dienen. Auf der Gartenseite sind es sechs Meter, die einen eigenen Raum mit Bar definieren. Darüber liegt ein zweites Geschoss auf einer vorgespannten Decke. Die Fassaden sind hier ebenfalls 1,80 Meter zurückgesetzt. So wird nicht nur der Sonnenschutz hergestellt, sondern zudem ein angenehm breiter und variabel nutzbarer Laubengang gebildet, der alle Räume erschließt und dadurch eine große Flexibilität an Nutzungen auch im Inneren ermöglicht. Umlaufende, ebenso breite Stahltreppen, die fast zu schweben scheinen, führen aus dem Erdgeschoss hoch und verbinden beide Ebenen mit der 570 Quadratmeter großen Dachterrasse. Das ZK/U spricht von seiner »Urbanen Bühne« mit einem weiten Blick in alle Richtungen.

Peter Grundmann, the wild former shipbuilding engineer who made a name for himself with daring residential buildings in Brandenburg and around Berlin and who taught at the Berlin-Weißensee Art Academy, is capable of more than just planning constructions. Rather than leaving the most complex connections of the façades to construction companies, which would have led to considerable additional costs, he built them himself with his friends. He already demonstrated this method with the small Fügener house on Hainer See lake near Leipzig[1], where he built the façades himself at low cost. I have never seen such an unusual approach before. 'Unusual' doesn't even begin to cover it. In fact, it's unimaginable.

From the floor plan, everything still looks very simple. The old warehouse on the ground floor of the station has been left as a shell to define the event space. Below that is the atmospheric vaulted cellar, which now houses an exhibition space and a bar. The existing structure is enclosed by a light and ephemeral second layer of glass and a minimal amount of steel. This shell provides thermal insulation and meets the energy requirements without the need for additional insulation. On the entrance side, it extends 1.8 metres and serves as a foyer and vestibule. On the garden side, it extends 6 metres, creating an additional room with a bar. Above this is a second floor supported by a prestressed ceiling. The façades are also set back 1.8 metres here. This provides not only sun protection, but also creates a wide, versatile pergola that opens up all the rooms and allows for flexibility of use inside. Surrounding this are steel staircases of equal width, which appear to float and lead up from the ground floor, connecting both levels with the 570-square-metre roof terrace. ZK/U refers to this as its 'urban stage', offering a wide view in all directions.

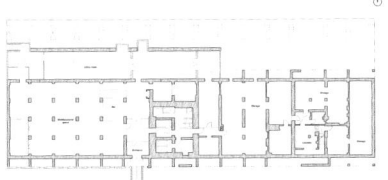

Grundriss Untergeschoss
Basement floor plan

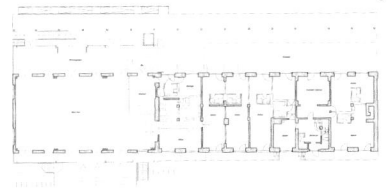

Grundriss Erdgeschoss
Ground floor plan

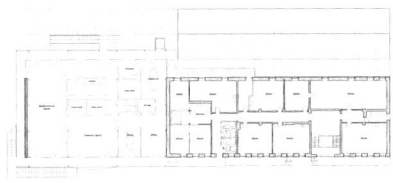

Grundriss Obergeschoss
Upper floor plan

Detailansicht Außentreppe.
Detailed view of the external staircase.

Die Gartenseite des ZK/U. Ein Aufzug und die kaskadenartige Außentreppe führen bis hoch auf die Dachterrasse.
The garden side of the ZK/U. A lift and the cascading external staircase lead up to the roof terrace.

Neu trifft Alt. Die Graffiti wurden belassen.
New meets old. The graffiti has been left untouched.

In der Realität ist der fertige Komplex leider kaum fotografierbar, die einzelnen Tragglieder sind zu fein, die Reflexionen des Lichts und die Hell-Dunkel-Kontraste zu stark. Die Bilder können das Erlebnis vor Ort nicht wiedergeben. Wenn man aber genauer hinschaut, sieht man, wie Peter Grundmann Architekten die Gesetzmäßigkeiten von Tragwerksplanung und die der Stahlkonstruktionen genauestens nutzen. Hier wird nicht getäuscht und getrickst oder für viel Geld Eleganz erkauft. Es ist alles echt und haptisch erfahrbar. Man glaubt fast, es gäbe keine Energieeinspargesetze mehr, und ein Gefühl von kalifornischer Leichtigkeit breitet sich aus. Die Gedanken schweifen zurück zu filigranen Vorbildern der Mid-Century-Moderne, wie dem *Case Study House Stahl* von Pierre Koenig über den Hängen von Los Angeles, oder zu Lacaton & Vassals ersten Häusern in Bordeaux und Floriac. Das sind wahre Geschwister im Geist. Und schon kommt die Frage auf: Wie ist das überhaupt nur möglich heute in Deutschland?

Fassungslos nimmt man darüber hinaus noch zur Kenntnis, dass die Baukosten minimal ausgefallen sind und nur bei knapp über 2.000 Euro pro Quadratmeter Bruttogeschossfläche liegen (einschließlich Dachterrasse umfasst das erweiterte ZK/U nun 3.000 Quadratmeter). Das ist die Hälfte von dem, was normale Wohnbauten heute kosten. Peter Grundmann kann also auch noch rechnen. Hut ab vor diesem Baumeister!

Diese exzellente architektonisch-räumlich sowie konstruktiv und ästhetisch überzeugende Leistung kürte die Jury unter dem Vorsitz der Leipziger Architektin Aline Hielscher mehrheitlich zum Gewinner des DAM Preis 2026 – einen herzlichen Glückwunsch an den Bauherrn, den Verein KUNSTrePUBLIK, sowie an das Team von Peter Grundmann Architekten.

1 Siehe Förster, Yorck; Gräwe, Christina: Haus Fügener, in: Deutsches Architektur Jahrbuch 2025, Berlin 2025, S. 158.

Unfortunately, the finished complex is almost impossible to photograph in reality. The supporting elements are too delicate and the reflections of light and light-dark contrasts are too strong. Images cannot convey the experience of being there. However, if you look more closely, you can see the meticulous application of structural design and steel construction principles by Peter Grundmann Architekten. There is no deception or trickery here, nor has elegance come at great expense. Everything is genuine and can be experienced first-hand. You almost believe that energy-saving laws no longer exist, and a feeling of Californian lightness spreads. Your thoughts wander to the filigree models of mid-century modernism, such as Pierre Koenig's Stahl Case Study House above the hills of Los Angeles, or to Lacaton & Vassal's early homes in Bordeaux and Floriac. These are true kindred spirits. The question arises: how is this even possible in Germany today?

It is also astonishing that the construction costs were so low at just over 2,000 euros per square metre of gross floor space. Including the roof terrace, the expanded ZK/U now covers 3,000 square metres. This is half the cost of normal residential buildings today. Peter Grundmann clearly knows how to manage costs. Hats off to this master builder!

This excellent architectural, spatial, structural, and aesthetic achievement was selected by a majority vote of the jury, chaired by Leipzig architect Aline Hielscher, as the winner of the DAM Preis 2026. Congratulations to the client, the KUNSTrePUBLIK association, and the team at Peter Grundmann Architekten!

1 See Förster, Yorck; Gräwe, Christina: "Haus Fügener", in: *Deutsches Architektur Jahrbuch 2025*, Berlin 2025, p. 158.

Straßenansicht
Street view

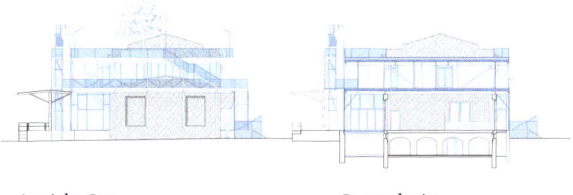

Ansicht Ost
East elevation

Querschnitt
Cross section

Finalisten Architektur in Deutschland

Finalists Architecture in Germany

—

2026

Aretz Dürr Architektur
Wohnen F//9 – Modulare Nachverdichtung in Köln

Kritik **Paul Andreas**

Architekten/Architects
Aretz Dürr Architektur BDA
Severinstraße 121
50678 Köln
www.aretzduerr.de
info@aretzduerr.de

Projektteam/Project team
Sven Aretz, Inhaber
Jakob Dürr, Inhaber
Martin Haack, Architekt
Ben Schumann, Architekt

**Tragwerksplanung/
Structural engineering**
bfh Ingenieure GbR INGENIEURE
FÜR STATIK, KONSTRUKTION UND
BAUPHYSIK, Bonn

Bauphysik/Building physics
bfh Ingenieure GbR INGENIEURE
FÜR STATIK, KONSTRUKTION UND
BAUPHYSIK, Bonn

Sonstige/Others
W. u. J. Derix GmbH & Co.,
Niederkrüchten

Standort/Location
Jakobstraße 28
50678 Köln

Fertigstellung/Completion
Januar 2025

Fotografie/Photography
Luca Claussen Fotografie, Hünxe

Die Hofseite des neuen Wohnhauses. Links hinter den Bäumen versteckt sich der flachere Gebäudeteil.
The courtyard side of the new residential building. Hidden behind the trees on the left is the lower part of the building.

Wunder geschehen – selbst in Köln: Mitten im verdichteten Geflecht der Südstadt konnte nach dem Entwurf des noch relativ jungen Architekturbüros Aretz Dürr auf dem begrenzten Grundstück einer Hinterhofbrache ein modulares Wohngebäude errichtet werden, das Leichtigkeit mit Einfachheit verbindet. Auch eine gewisse Erschwinglichkeit der sieben entstandenen Wohnungen stand in Aussicht.

Aber von Anfang an: Der Eigentümer des Vorderhauses war an die Architekten mit dem Wunsch herangetreten, Wohnraum im hinteren Teil des schmalen, lang gestreckten Hofs zwischen zwei Nachbargebäuden zu schaffen. Ein ehemals vorhandenes Hinterhaus wurde nach Kriegszerstörungen nicht wiederaufgebaut und der durch Brand- und Gartenmauern begrenzte Hof seitdem überwiegend als versiegelte Parkfläche für die Bewohnerschaft genutzt.

Miracles do happen – even in Cologne. A modular residential building was constructed on a limited plot of wasteland behind a row of houses in the densely populated Südstadt district. It combines lightness with simplicity and was based on a design by the relatively young architectural office Aretz Dürr. The seven apartments created are also expected to be reasonably affordable.

But let's start at the beginning. The owner of the front building approached the architects asking them to create living space at the back of the narrow, elongated courtyard between two neighbouring buildings. A former rear building was not rebuilt after being destroyed in the war, and the courtyard, bordered by fire walls and garden walls, has since been used primarily as a sealed parking area for residents.

Das Haus wurde aus vorgefertigten Modulen zusammengesetzt, ...
The house was constructed using prefabricated modules ...

Die dem Parkplatz zugewandte Fassade lässt nicht unbedingt sofort auf ein Wohnhaus schließen.
The façade facing the car park does not necessarily immediately suggest that this is a residential building.

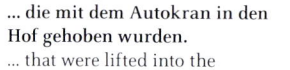

... die mit dem Autokran in den Hof gehoben wurden.
... that were lifted into the courtyard by a mobile crane.

Der hinter dem Grundstück angrenzende Parkplatz eines Supermarkts machte es möglich, für das neue Gebäude eine Lösung zu verfolgen, die die Belastungen des Bauprozesses vor Ort begrenzt und die Bauzeit deutlich verkürzt hat: 32 vorgefertigte Holzmodule konnten vom Autokran innerhalb von zehn Tagen in der 25 Meter breiten Baulücke als Grenzbebauung nebeneinander platziert und inklusive der darin vorinstallierten Treppen- und Aufzugsschächte übereinandergestapelt werden. Die Gebäudekubatur wurde dabei durch eine Zweiteilung präzise auf die vorgefundene städtebauliche Situation abgestimmt: So hat ein bis zu zwölf Meter tief konzipierter Gebäudeteil aufgrund des Nachbarhauses drei Geschosse erhalten, wohingegen der westliche Gebäudeteil einer Grundstücksverengung folgend weniger tief ausgebildet wurde und nur zwei Volletagen umfasst – plus einen großzügigen Dachgarten auf der dritten Etage. Der war ursprünglich als Gemeinschaftsgarten konzipiert, wird mittlerweile aber vom Bauherrn als Einheit mit der benachbarten Wohnung genutzt.

Die drei Meter breiten Module aus Brettsperrholz sind alles andere als starre Raumbehälter: Sie werden miteinander zu großzügigen Ein- bis Drei-Zimmer-Einheiten kombiniert – an Wänden und Decken mit Holzsichtqualität, werkseitig weiß lasiert. Neben der angenehmen warmen Haptik fördert das zudem das Raumklima. Durch und durch *mass-customised*, übernehmen die Module dabei sogar die schräg verlaufende Grundstücksgrenze. Zudem wurden sie samt Elektro- und Wasserinstallationen, Aluminiumfenstern und Türen sowie der von außen eingeblasenen Zellulosedämmung an die Baustelle geliefert – lediglich der Zementestrich mit Fußbodenheizung, die Aufzugsinstallation und die Verkleidung der hinterlüfteten Fassade mussten noch vor Ort erfolgen.

Während die nach Süden ausgerichtete Gartenfassade maximal transparent gehalten ist und mit einer filigranen Stahlkonstruktion mit recht tiefen Holzbalkonen und reduzierten Brüstungen aus Lochblech für notwendigen sommerlichen Sonnenschutz sorgt, sind die anderen Fassadenseiten partiell oder komplett geschlossen. Vor allem die Rückfassade ist mit ihren unterteilten Fensterformaten und den salbeigrün durchgefärbten Faserzementplatten an Kölner Rasterfassaden der Nachkriegsdekaden orientiert.

The adjacent supermarket car park behind the property made it possible to find a solution for the new building that limited the construction process's impact on site and significantly reduced construction time. Within ten days, a mobile crane placed 32 prefabricated wooden modules side by side in the 25-metre-wide gap between buildings, forming a boundary development, and stacked them on top of each other, including the pre-installed stairwells and elevator shafts. The building's cubature was adapted precisely to the existing urban situation by dividing it into two parts. Due to the neighbouring building, one section was designed to be up to 12 metres deep and comprises three storeys, whereas the western section was made shallower due to the narrowing of the property and comprises only two storeys, plus a spacious roof garden on the third floor. Originally designed as a communal garden, it is now used by the client as an extension to the neighbouring apartment.

The three-metre-wide modules made of cross-laminated timber are far from rigid containers; they can be combined to form spacious one- to three-room units with factory-finished, white-glazed walls and ceilings made of visible wood. This not only gives them a pleasant, warm feel, but also improves the indoor climate. The modules are thoroughly mass-customised and even follow the sloping property line. They were delivered to the construction site complete with electrical and water installations, aluminium windows and doors, and blown-in cellulose insulation – only the cement screed with underfloor heating, lift installation, and cladding of the rear-ventilated façade had to be completed on site.

While the south-facing garden façade is kept as transparent as possible, providing the necessary summer sun protection through a delicate steel construction featuring fairly deep wooden balconies and reduced perforated sheet metal parapets, the other sides of the façade are partially or completely closed. The rear façade, in particular, with its subdivided window formats and sage green fibre cement panels, takes inspiration from Cologne's grid façades of the post-war era.

Vor den Holz-
modulen steht ein
Balkon-»Regal« aus
Holz und Stahl.
A balcony 'shelf' made
of wood and steel is
located in front of the
wooden modules.

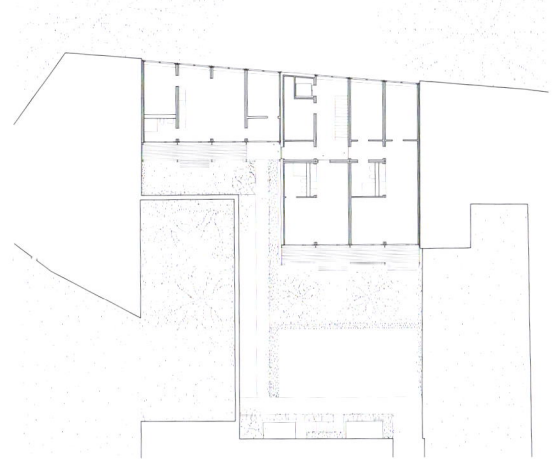

Grundriss Erdgeschoss
Ground floor plan

Die tiefen Balkone bieten zugleich Sonnenschutz.
The deep balconies also provide sun protection.

Der kleinere, inzwischen üppig grüne Hof vor dem flacheren Gebäudeteil.
The smaller, now lush green courtyard in front of the flatter part of the building.

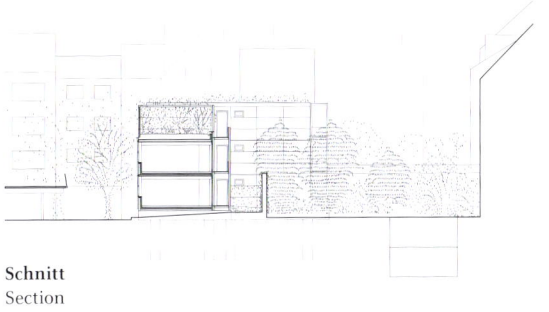

Schnitt
Section

Intelligent ist die Lösung, die für das Fundament gefunden wurde: Statt auf eine konventionelle Fundamentplatte wurde der Neubau samt der Balkonkonstruktion auf fünf Streifenfundamente gesetzt, die auch die Anschlüsse an die Infrastruktur – Wasser, Strom, Fernwärmenetz etc. – bereitstellen. Einem Hochparterre vergleichbar, schafft das Sichtabstand zu den Autos des benachbarten Parkplatzes und unterstreicht von der Hofseite zugleich die schwebende Leichtigkeit des Gebäudes. Vor allem erspart es aber auch viel Stahl und Beton und dämpft so die Baukosten – womit wir bei der eingangs erwähnten Erschwinglichkeit wären.

Mit dem hohen Grad an modularer Vorfertigung, dem ressourcenschonenden Einsatz von Material und einem konsequenten Lowtech-Ansatz bei der Haustechnik wurde hier vieles richtig gemacht, um innerstädtische Nachverdichtung mit dem sogenannten Normalverdiener kompatibel zu halten. Allerdings hätte alles noch kostengünstiger werden können: Denn aus ursprünglich anvisierten 16 Euro Kaltmiete wurden durch die Zwänge der Stellplatzverordnung und das zweifache, vor den Balkonen platzierte Tiefparksystem schnell 20 Euro. Acht Fahrzeuge können so im Untergrund der knappen verbliebenen Hoffläche untergebracht werden – wobei die Sinnhaftigkeit dieser Lösung nicht zuletzt auch wegen der komplizierten Rangiermanöver, die jedes Mal beim Verlassen des Hofs nötig werden, durchaus bezweifelt werden darf. Aber alle Vorstöße der Architekten, den »ruhenden Verkehr« aus dem Hof zu bannen, scheiterten leider auch an der komplexen Kölner Ämterstruktur, die zwar mittlerweile eine prozessbeschleunigende Bauleitstelle besitzt, diese neue Task Force allerdings erst bei Bauvorhaben oberhalb der 50-Wohneinheiten-Marke zum Einsatz bringt – bei Nachverdichtungen im Hof eher die Ausnahme.

Trotzdem haben die mittlerweile selbst mit ihrem Büro im Veedel angekommenen Architekten schon den nächsten benachbarten Parkplatz im Visier, über dem sich leichtens ein vergleichbares Projekt planen ließe – Wunder geschehen, vielleicht gerade auch (wieder) in Köln.

The solution found for the foundation is an intelligent one. Instead of a conventional slab foundation, the new building and balcony construction were placed on five strip foundations, which also provide connections to the infrastructure, such as water, electricity, and the district heating network. This is comparable to a raised ground floor and creates visual distance from the cars in the neighbouring car park. At the same time, it emphasises the building's floating lightness from the courtyard side. Most importantly, this approach also saves a significant amount of steel and concrete, thus reducing construction costs and addressing the issue of affordability mentioned at the beginning.

Thanks to the high degree of modular prefabrication, the efficient use of materials, and a consistent low-tech approach to building services, much has been done to ensure that inner-city densification remains affordable for average earners. However, it could have been even more cost-effective: the originally targeted basic rent of 16 euros per square metre quickly rose to 20 euros per square metre due to constraints relating to parking space regulations and the double underground parking system located in front of the balconies. Although eight vehicles can be accommodated underground in the limited remaining courtyard space, the usefulness of this solution is questionable, not least because of the complicated manoeuvring required each time a vehicle leaves the courtyard. Unfortunately, all attempts by the architects to ban 'stationary traffic' from the courtyard failed due to Cologne's complex administrative structure. While the city now has a process-accelerating building control office, it only uses this new task force for construction projects above the 50-unit mark, which is rather the exception for redensification projects in courtyards.

Nevertheless, the architects, who have now set up their office in the neighbourhood, are already looking to the next car park, where a similar project could easily be planned – perhaps miracles do happen once again in Cologne.

Das neue Haus fügt sich in die Hinterhoflage gut ein.
The new building blends in well with the rear courtyard.

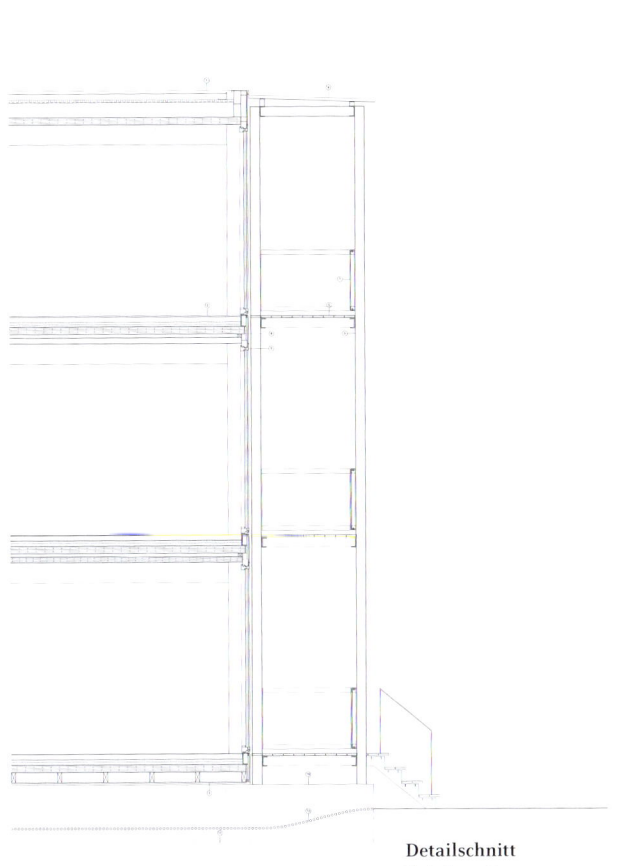

Detailschnitt
Detail section

Das Balkon-»Regal« ist eine Stahl-Holz-Konstruktion.
The balcony 'shelf' is a steel and wood construction.

etal.
Das robuste Haus – Mehrgenerationenhaus Görzer Straße, München

Kritik **Anna-Maria Mayerhofer**

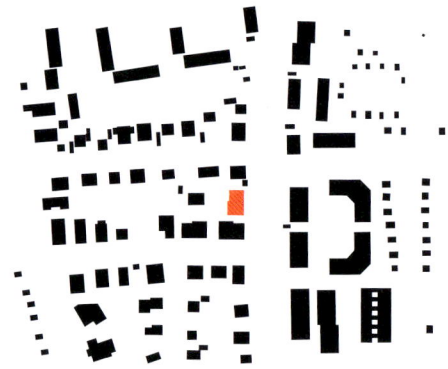

Architekten/Architects
etal.
Heimeranstraße 68
80339 München
www.etal.cc
mail@etal.cc

Projektteam/Project team
Gesche Bengtsson, Büroinhaberin
Elena Masla, Büroinhaberin
Zora Syren, Büroinhaberin

Bauherren/Clients
Görzer128 GmbH – Selbstverwaltetes,
solidarisches Wohnen in München

**Beteiligtes Architekturbüro/
Other architects involved**
uns® – Architektur Städtebau
Interieurs
Zenettistraße 17
80337 München
www.uns-architektur.de
Roland Liesegang, Bauüberwachung

**Tragwerksplanung/
Structural engineering**
Seeberger Friedl Planungsgesellschaft
mbH Ingenieurbüro für
Tragwerksplanung, München

**Haustechnik/Building
services engineering**
en.hil Beratende Ingenieure
Hiller PartG mbB Büro für Energie-
und Gebäudetechnik, München

Elektro/Electrical engineering
Ing.-Büro T. Metzker, Eresing

Bauphysik/Building physics
Ingenieurbüro Ulrich Bauphysik,
Energiekonzepte, München

Brandschutz/Fire prevention
K33 Riedner Wagner Gerhardinger
Architekten PartGmbB, München

**Landschaftsarchitektur/
Landscape architecture**
Peter Wilhelm Landschaftsarchitekt
(Eingabeplanung), München

Fassadenplanung/Façade planning
Timin GmbH (ausführende Firma),
Eurasburg

Standort/Location
Görzer Straße 128
81549 München

Fertigstellung/Completion
Dezember 24

Fotografie/Photography
Federico Farinatti, Zürich
Zora Syren, München (S. 37 unten/
bottom)

Der Eingangsbereich und der Gemeinschaftsraum. Rechts die Straßenfassade mit gestülpter Schalung aus Fichte und Stahltrapezblechen.
The entrance area and the communal room. On the right, the street façade, which is clad in spruce weatherboarding and trapezoidal steel sheets.

»Die Häuser denen, die drin wohnen« ist seit den 1970er Jahren ein beliebter Slogan der Hausbesetzer- und »Recht auf Stadt«-Bewegung. Er drückt die Ablehnung von Immobilienspekulation und die Forderung nach selbstbestimmtem Wohnraum aus. Der Spruch fiel auch beim Gespräch mit einer jungen Bewohnerin im gemütlichen Gemeinschaftsraum der »Görzer128«. Das Haus ist im Kollektiveigentum und wird selbst verwaltet. Es ist erst das zweite Projekt des Mietshäuser Syndikats in München. Knapp 200 gibt es in Deutschland. Die Gebäude gehören einzelnen Hausbesitz-GmbHs, die zu Beginn jedes neuen Projekts von einem Hausverein und dem Mietshäuser Syndikat gegründet werden. Diese Struktur schützt die Häuser vor der Privatisierung und sichert stabile Mieten. 11,50 Euro sind es in der Görzer Straße, knapp 10 Euro weniger als die Durchschnittsmiete in dem etwa fünf Kilometer vom Münchner Zentrum entfernten Viertel Ramersdorf-Perlach.

'Houses for those who live in them' is a popular slogan of the squatting and 'right to the city' movements and has been used since the 1970s. It expresses a rejection of property speculation and a demand for self-determined living spaces. This slogan also arose during a discussion with a young resident in the cosy communal area of *Görzer128*. This building is collectively owned and self-managed. It is only the second project of the Mietshäuser Syndikat (Tenement House Syndicate) in Munich. There are just under 200 such projects in Germany. The buildings belong to individual property-owning limited companies, which are established at the start of each new project by a housing association and the Mietshäuser Syndikat. This structure protects the buildings from privatisation and ensures stable rents. Rent in Görzer Straße is 11.50 euros per square metre, which is almost 10 euros less than the average rent in the Ramersdorf-Perlach district, located around five kilometres from the centre of Munich.

Die Wohnprojekte des Mietshäuser Syndikats entstehen meistens im Bestand. Alte, sanierungsbedürftige Gebäude werden gekauft und hergerichtet, oft mit Beteiligung der Bewohnerschaft. Die Görzer128 ist nicht nur ein Neubau, sondern hat diesen zurückhaltend-verspielten, manchmal augenzwinkernden Pragmatismus, den man eigentlich eher aus dem zeitgenössischen Schweizer Wohnungsbau kennt.

Um das etwas grobe Gebäudevolumen in kleinere Einheiten zu gliedern, wurde der Treppenkern im Grundriss schräg herausgedreht. Die Fassade liest sich als Collage unterschiedlicher Materialien: Die Holzschalung aus heimischer Fichte ist geschossweise gestülpt. Die Gebäudeecken sind durch Fensterbänder und auskragende Trapezbleche betont. Auskragend deshalb, weil sie die Holzrollläden vor dem Wetter schützen. Wie Rüschen an einem Kleid verleihen sie dem Haus außerdem eine dekorative Lebendigkeit, die von der Besonderheit des Projekts erzählt. Mit der rohen Holzfassade gehen die silbernen Bleche und Stahlbrüstungen eine reizvolle Verbindung ein – Ökohaus trifft auf Industriehalle.

»Viele Leute bleiben stehen, wenn sie an dem Haus vorbeigehen«, meint ein anderer Bewohner bei einer kurzen Begegnung auf dem Bürgersteig. »Manche sind schockiert. Für andere ist es das schönste Haus der Straße.« Dass das neue Gebäude im Viertel polarisiert, liegt vermutlich nur zum Teil an der ungewohnten Fassade. Anders als bei den Nachbarn gibt es keinen Gartenzaun. Statt der Thujenhecke wuchert die Blumenwiese über die Grundstücksgrenze. Schon von Weitem sieht man Lastenräder, Palettenmöbel und Blumentöpfe mit Tomatenpflanzen. Ein ausgetretener Trampelpfad führt um das Haus herum. »Hier blüht es für Bienen, Hummeln & Co«, steht auf einem bunten Schild.

Most of the Mietshäuser Syndikat's housing projects are developed from existing buildings. Old buildings in need of renovation are purchased and refurbished, often with the involvement of the future residents. *Görzer128* is not only a new building, but it also has a restrained, playful, sometimes tongue-in-cheek pragmatism that is more commonly associated with contemporary Swiss housing construction.

To divide the somewhat rough building volume into smaller units, the staircase core was rotated diagonally within the floor plan. The façade reads like a collage of different materials: the wooden cladding made of local spruce is weatherboard on each floor. The corners of the building are accentuated by ribbon windows and cantilevered trapezoidal panels. These are cantilevered to protect the wooden shutters from the weather. Like ruffles on a dress, they also lend the house a decorative liveliness, showcasing the project's uniqueness. The combination of the raw wooden façade, the silver sheets, and the steel balustrades creates an attractive aesthetic – an eco-house meets industrial hall.

'Many people stop when they walk past the house,' says another resident during a brief encounter on the pavement. 'Some are shocked. Others think it's the most beautiful house on the street.' The fact that the new building polarises opinion in the neighbourhood is probably only partly due to its unusual façade. Unlike its neighbours, it has no garden fence. Instead of a thuja hedge, a flower meadow sprawls across the property line. Even from a distance, you can see cargo bikes, pallet furniture, and flowerpots containing tomato plants. A well-trodden path leads around the house. 'Here it blooms for bees, bumblebees, and more' reads a colourful sign.

Die Südfassade mit Eckfenster. Der leicht herausgedrehte Gebäudeteil nimmt den Eingang und das Treppenhaus auf.
The south façade with corner window. The slightly protruding section of the building houses the entrance and stairwell.

Die Kerngruppe der späteren Bewohnerschaft hatte sich bei einer Informationsveranstaltung kennengelernt. Als die Stadt München das Grundstück in Ramersdorf im Konzeptvergabeverfahren ausschrieb und dabei zum ersten Mal auch die Bewerbung von Mietshäuser-Syndikat-Projekten erlaubte, reichte sie ein Konzept ein: ein ökologisches Haus, in dem die Grenzen zwischen Privat und (Halb-)Öffentlich verschwimmen und das durch flexibel anpassbare Räume auch für zukünftige Generationen nutzbar ist. Die Gruppe bekam den Zuschlag und beauftragte die Architektinnen Gesche Bengtsson, Elena Masla und Zora Syren mit ihrem frisch gegründeten Büro etal. Das Haus in der Görzer Straße ist ihr beeindruckendes Erstlingswerk. Ein gemeinsames Studium in Weimar hat die drei zusammengebracht. Sie sprechen die gleiche klare Sprache, wenn es um das räumliche Konzept geht: »Der Grundriss wurde geknetet, bis er gesessen hat.«

Auf jedem Geschoss sind sieben etwa gleich große Zimmer mit 18 Quadratmetern um einen Kern mit zwei Bädern angeordnet. Je nach Wohnkonstellation können die Räume anders miteinander gekoppelt werden. Dafür sorgen eingeplante Wanddurchbrüche, sogenannte Sollbruchstellen. Dass diese durch unverputzte Stürze und hölzerne Bodenschwellen ablesbar sind, macht sowohl die übergeordnete Idee der Nutzungsflexibilität als auch die Tektonik des Holzbaus erlebbar. Eine besondere Qualität entsteht durch die übereck liegenden Bandfenster mit schmaler Rundstütze und tiefen Fensterbänken.

Zwölf Menschen (zwei Paare, eine Familie, fünf Einzelpersonen) wohnen knapp ein Jahr nach Fertigstellung auf den 930 Quadratmetern Bruttogeschossfläche. Bei dieser Auslastung sieht man über die großzügig angelegten Verkehrsflächen und die gelegentlichen Doppelungen bei Küchen und Wohnzimmern – mal privat, mal gemeinschaftlich – hinweg. In der Maximalbesetzung könnten bis zu 21 Personen unterkommen. Im Erdgeschoss gibt es einen weiteren Gemeinschaftsraum, der aber in naher Zukunft auch der Nachbarschaft zugänglich sein soll. Im Untergeschoss sind ein Waschraum, ein Hobbykeller und eine Werkstatt untergebracht.

The core group of future residents met at an information event. When the city of Munich put the property in Ramersdorf up for tender through a concept award procedure, and for the first time allowed applications from Mietshäuser Syndikat projects, the group submitted a concept for an ecological building where the boundaries between private and (semi-)public spaces are blurred and which can be adapted for use by future generations thanks to its flexible rooms. The group was awarded the contract and commissioned the architects Gesche Bengtsson, Elena Masla, and Zora Syren, who had recently founded the practice etal., to design the building. The building on Görzer Straße is their impressive debut project. Studying together in Weimar brought the three of them together. They share a clear vision when it comes to the spatial concept: 'The floor plan was moulded until it was just right.'

There are seven rooms of approximately equal size (18 square metres) on each floor, arranged around a core with two bathrooms. Depending on the desired living arrangement, the rooms can be connected in various ways. This is achieved through planned wall openings, referred to as predetermined breaking points. These are highlighted by unplastered lintels and wooden thresholds, which bring to life the overarching idea of flexible use and the tectonics of timber construction. The corner ribbon windows, with their narrow round supports and deep window sills, create a special quality.

Just under a year after completion, the 930 square metres of gross floor space are home to 12 people (two couples, one family, and five individuals). Given this occupancy rate, one can overlook the generously proportioned circulation areas and the occasional duplication of kitchens and living rooms, which are sometimes private and sometimes communal. The building could accommodate up to 21 people at maximum occupancy. Another common room is located on the ground floor and will be made accessible to the neighbourhood in the near future. The basement houses a laundry room, a hobby room, and a workshop.

Ein Wohnraum mit Eckfenster und tiefer Fensterbank.
A domestic space with a corner window and a deep windowsill.

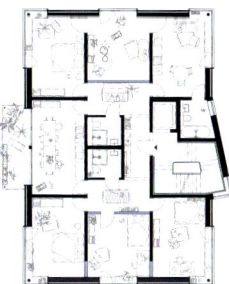

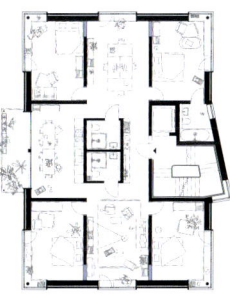

Grundrisse Umbauszenarien
Conversion scenarios, floor plans

Hier können Wände nach
Bedarf geschlossen oder
geöffnet werden.
The walls here can be closed
or opened as required.

Ein Eckzimmer im
obersten Geschoss.
A corner room on the
top floor.

Das alles ist das erfreuliche Ergebnis eines mehrjährigen kooperativen Planungsprozesses, der vor allem deshalb so erfolgreich war, weil Baugruppe und Architekturbüro gleichermaßen immer wieder eine Extrameile gegangen sind. Jeden Dienstagabend traf sich die Baugruppe fürs Plenum, Entscheidungen wurden im Konsens getroffen. Vor allem die Fassade war ein längerer Aushandlungsprozess: Bei metallischen Materialien war die Baugruppe zunächst skeptisch, ähnlich bei dem im Streifenmuster gefliesten Sockel, der – wie die Holzschalung und das Trapezblech – die Vertikale angenehm betont. Auch die dunkelgrünen Holzrollläden sind eine Gemeinschaftsleistung: Durch die stundenlange Recherche fanden etal. einen spanischen Hersteller, der die günstige Lowtech-Variante anbot. Da keine Firma die Montageplanung übernehmen wollte, schraubte die Baugruppe selbst. Spätere Reparaturen sind dadurch unaufwändig.

Weniger unaufwändig war es, die Finanzierung des Projekts auf die Beine zu stellen. Erst gab es enorme Baukostensteigerungen. Als eine große Förderung ausblieb, hing das Projekt kurzzeitig in der Luft, bevor die Stadt München einsprang. Ein Drittel der Kosten, insgesamt drei Millionen Euro, finanzierte die Baugruppe über Direktkredite. Etwa 80 Personen (viele aus dem Bekanntenkreis der Bewohnerschaft) »parken« zwischen 500 und 50.000 Euro in dem Haus – ein übliches Konzept bei den Projekten des Mietshäuser Syndikats. Mit einem Teil der Mieteinnahmen werden die Zinsen ausbezahlt. Auch die Projektsteuerung hat die Baugruppe selbst gemacht. Am Ende hat das Ganze vier Jahre gedauert. »Ich glaube, ich würde es nicht noch mal machen«, meint die Bewohnerin. Dass solche inspirierenden Projekte anscheinend nur durch Unmengen von unbezahlter Arbeit möglich sind, ist frustrierend. Aber der große Einsatz hat sich gelohnt: »Wir lieben dieses Haus.«

All of this is the gratifying result of a cooperative planning process that lasted several years. This process was so successful primarily because both the building group and the architectural firm repeatedly went the extra mile. Every Tuesday evening, the building group held a plenary session and made decisions by consensus. The façade, in particular, was the subject of lengthy negotiations: the building group was initially sceptical about metallic materials and the striped pattern of the tiled base. However, both of these features now pleasantly emphasise the vertical lines, as does the wooden formwork and trapezoidal sheet metal. The dark green wooden roller shutters are also the result of collaboration: after extensive research, etal. found a Spanish manufacturer offering an inexpensive, low-tech version. As no company was willing to take on the installation planning, the building group did it themselves. This makes subsequent repairs easy.

Securing financing for the project was less easy. Firstly, construction costs increased significantly. When a substantial grant failed to materialise, the future of the project was uncertain for a time, until the city of Munich stepped in. The building group financed one third of the costs, totalling three million euros, through direct loans. Around 80 people (many of whom are acquaintances of the residents) have 'parked' between 500 and 50,000 euros in the building – a common concept in Mietshäuser Syndikat projects. Part of the rental income is used to pay the interest. The building group also managed the project itself. In the end, the whole process took four years. 'I don't think I'd do it again,' says the young resident in the communal area. It is frustrating that such inspiring projects seem possible only through vast amounts of unpaid work. But the great effort was worth it: 'We love this building.'

Blick aus dem nördlichen Nachbargarten.
View from the northern neighbouring garden.

Das Trapezblech wird zum Wetterschutz für die hölzernen Jalousien.
The trapezoidal sheet metal provides weather protection for the wooden blinds.

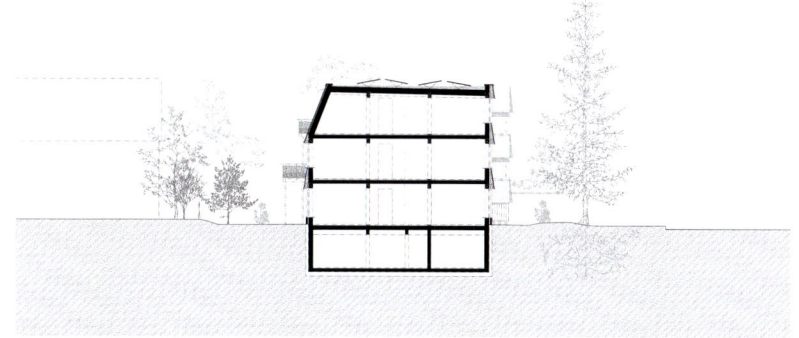

Schnitt
Section

Hild und K Architekten
Übernachtungsschutz mit medizinischer Einrichtung, München

Kritik **Katharina Matzig**

Architekten/Architects
Hild und K Architekten
Lindwurmstraße 88
80337 München
www.hildundk.de

Projektteam/Project team
Matthias Haber,
projektverantwortlicher
Geschäftsführer
Andreas Hild, Geschäftsführer
Dionys Ottl, Geschäftsführer
Katharina Benz, Projektleiterin

Bauherren/Clients
Landeshauptstadt München,
Kommunalreferat, vertreten durch
Baureferat – Hochbau H 1

**Projektsteuerung/
Project management**
Drees & Sommer, München

**Tragwerksplanung/
Structural engineering**
Sailer Stepan Tragwerkteam, München

**Haustechnik/Building
services engineering**
Planunion GmbH, München

Elektro/Electrical engineering
IBM-TGA, München

Bauphysik/Building physics
Möhler + Partner, München

Brandschutz/Fire prevention
K33 Brandschutz, München

**Landschaftsarchitektur/
Landscape architecture**
Studio Vulkan, München

Sonstige/Others
Dobler Bauunternehmung, Kaufbeuren

Standort/Location
Lotte-Branz-Straße 5–7
80939 München

Fertigstellung/Completion
März 2024

Fotografie/Photography
Michael Heinrich, München (S. 39,
S. 40 unten/bottom, S. 42 unten/
bottom, S. 44, 45 oben/top)
Florian Holzherr, Gauting
(S. 40 oben/top, S. 42 oben/top,
S. 45 unten/bottom)
Martinus KE, Wikipedia Creative
Commons (S. 38)

Das Ledigenheim (Theodor Fischer, 1927)
ist noch heute ein Männerwohnheim.
The Ledigenheim (Theodor Fischer, 1927) is
still a men's hostel today.

Der Übernachtungsschutz lehnt sich typologisch an das Ledigenheim Theodor Fischers an.
The design of the overnight shelter is inspired by Theodor Fischer's Ledigenheim.

Der Spiegel für 39 Euro, den das Outlet an der Lotte-Branz-Straße 6 anbietet, passt nicht in die Plastiktüten. Und auch das Angebot für Boxspringbetten vom Matratzenhändler um die Ecke zieht die Männer und Frauen, zum Teil mit kleinen Kindern, nicht in den Euro-Industriepark im Norden Münchens. Wer morgens bepackt mit Beuteln und Taschen die Lotte-Branz-Straße 5 verlässt, hat die Nacht in einem Stockbett verbracht und im gemeinschaftlichen Waschraum nicht in einen Spiegel geschaut, sondern auf dünne, spiegelnde Metallplatten. Der Sicherheit zuliebe, Spiegelglas wäre zu gefährlich. Denn die Klientinnen und Klienten, die im Übernachtungsschutz mit medizinischer Einrichtung der Stadt München, den das Evangelische Hilfswerk betreibt, zwischen 17 und 22 Uhr dank eines weißen Berechtigungsschreibens einchecken und das Haus bis 9 Uhr am nächsten Morgen wieder verlassen, sind besondere: Es sind vor allem sogenannte nicht anspruchsberechtigte Personen, EU-Bürger, die Arbeit haben oder Arbeit suchen, darunter viele Rumänen und Bulgaren. Gemeinsam ist ihnen, dass sie noch kein Obdach gefunden haben.

The 39-euro mirror offered by the outlet at Lotte-Branz-Straße 6 does not fit into plastic bags. Neither does the selection of box spring beds from the mattress dealer around the corner attract men and women, some with small children, to the Euro-Industriepark in the north of Munich. Those who leave Lotte-Branz-Straße 5 laden with bags in the morning have spent the night in a bunk bed and, in the communal washroom, have looked at thin, reflective metal plates instead of mirrors. For safety reasons, mirror glass would be too dangerous. This is because the clients with a white authorisation letter who stay at the overnight shelter with medical facilities run by Munich City Council – checking in between 5 p.m. and 10 p.m. and leaving by 9 a.m. – are special: they are primarily so-called non-eligible persons – EU citizens who have jobs or are looking for work, including many Romanians and Bulgarians. What they have in common is that they have not yet found shelter.

Die »Bordüre« hat die Opferbretter im autochthonen Holzbau zum Vorbild, dient aber auch dem Wetterschutz.
The 'border' is modelled on the so-called sacrificial boards (protective wooden panelling) used in traditional timber construction. It also serves to protect against the weather.

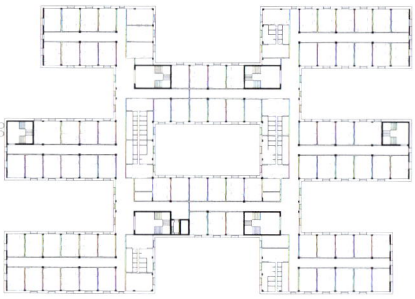

Grundriss 2. Obergeschoss
Second floor plan

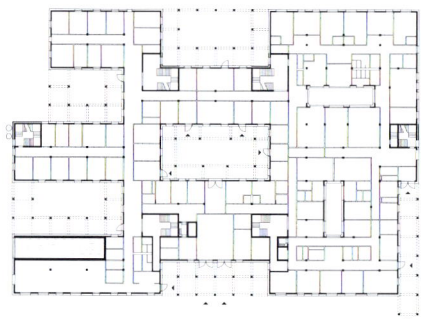

Grundriss Erdgeschoss
Ground floor plan

Das Motto »leben und leben lassen« nimmt die Stadt München, in der die Mieten nach einem Immobilienportal momentan bei durchschnittlich etwas über 20 Euro pro Quadratmeter liegen und laut Sozialreferat 10.458 Menschen akut wohnungslos sind, in ihrem Fall tatsächlich ernst: In München muss und soll niemand auf der Straße leben. Seit 2013 stellt die Stadt daher Übernachtungsangebote für Obdachlose bereit; behelfsmäßig wurden sie bislang untergebracht in der ehemaligen Bayern-Kaserne, in Zwölfbettzimmern. Ein Umzug wurde nötig: Das knapp 60 Hektar große Gelände unweit des Euro-Industrieparks wird als Quartier Neufreimann zu einem Stadtviertel mit 5.500 Wohnungen entwickelt, im April 2025 wurden die ersten bezogen. 2018 beschloss die Stadt daher einen Neubau. Erst gedacht als reiner Kälteschutz, wurde zugunsten einer ganzjährigen Unterkunft samt Tagestreff, medizinischer Versorgung und Beratungsmöglichkeit entschieden – nicht ohne vorher überprüft zu haben, ob dieses Angebot nicht einen Pull-Effekt erzeugt. Die Evaluation war eindeutig: Eine gesteigerte Nachfrage erzeugt ein solches Angebot nicht. Üblich ist es trotzdem nicht, das Konzept ist deutschlandweit einzigartig.

Mit der Machbarkeitsstudie für das neue Haus wurde das Münchner Büro Hild und K beauftragt, es folgte ein VgV-Verfahren, das das Büro für sich entschied. Im Mai 2024 zogen die ersten Klientinnen und Klienten ein. Wobei: Einzug ist das falsche Wort, schon formal ist das neue Haus kein Wohnraum. Es ist auch keine Pension. Wer mehrmals hier unterkommt, hat keinen Anspruch auf das Bett oder den Spind, den er in der Nacht vorher zugeteilt bekommen hat. 730 Übernachtungsplätze bietet das Haus, ausgebucht ist es bisher allerdings nie. Es ist zudem als Puffer gedacht, um kurzfristig Platz zu haben für Kriegsflüchtlinge, Brandgeschädigte, Quarantänepatienten. Damit war räumliche Flexibilität Maßgabe für die Planung. Und auch die unterschiedlichen Nutzergruppen – Männer, Frauen und Familien, Behinderte oder Menschen mit Hund – sollten jede für sich sicher, das heißt getrennt voneinander untergebracht werden können.

The city of Munich takes the motto 'live and let live' seriously. According to a property portal, rents currently average just over 20 euros per square metre, and the social welfare department reports that 10,458 people are currently homeless. In Munich, no one should have to live on the streets. Since 2013, the city has therefore been providing overnight accommodation for homeless people. Until now, they have been housed in temporary accommodation in the former Bayern barracks in rooms with 12 beds. However, a move has become necessary as the 60-hectare site, located near the Euro-Industriepark, is being developed into the Neufreimann district, which will comprise 5,500 apartments. The first of these were occupied in April 2025. In 2018, the city therefore decided to build a new facility. Initially intended purely to provide protection from the cold, the decision was made to offer year-round accommodation, including a day centre, medical care, and counselling facilities. However, this decision was preceded by an evaluation to determine whether this offer would create a pull effect. The evaluation was clear: such an offer would not generate increased demand. Nevertheless, this is not common practice; the concept is unique in Germany.

Munich-based firm Hild und K was commissioned to conduct a feasibility study for the new building and subsequently won the VgV procedure (VgV: *Vergabeverordnung*, or Public Procurement Ordinance). The first clients moved in in May 2024. However, 'moving in' is the wrong term, as the new building is not technically a residential facility. Nor is it a guesthouse. Guests who stay multiple times are not entitled to keep the bed or locker they were assigned the night before. The building offers 730 beds for overnight stays but has never been fully booked. It is also intended to provide short-term accommodation for war refugees, fire victims, and quarantine patients. Spatial flexibility was therefore a key requirement in the planning process. The different user groups – men, women, families, disabled people, and people with dogs – should each be able to stay safely and separately from each other.

Die Kammstruktur wurde aus den funktionalen Vorgaben entwickelt: Die einzelnen Gruppen sind getrennt voneinander untergebracht. Zugleich bietet sie eine gewisse Durchlässigkeit. The comb structure was developed based on functional requirements, with the individual groups housed separately from one another. At the same time, it allows for a certain degree of permeability.

Die bepflanzten Dächer tragen zu Regenwassermanagement und Biodiversität bei.
The planted roofs contribute to rainwater management and biodiversity.

Die Höfe wirken der schmucklosen Lage im Gewerbegebiet entgegen.
The courtyards offset the austere location in the industrial estate.

Bullaugenfenster beleben das Fassadenbild und lassen Licht in die Flure.
Porthole windows enliven the façade and allow light into the corridors.

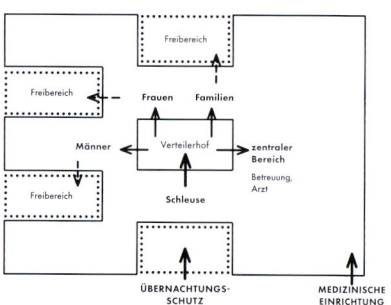

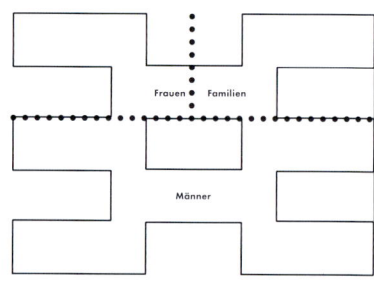

Verteilung der Personengruppen im Erdgeschoss und in den Obergeschossen.
Distribution of groups of people on the ground floor and upper floors.

Hild und K organisierten die Vierbettzimmer, die Wasch- und die Gemeinschaftsräume, den Tagestreff und eine Abteilung für medizinische Behandlung – diese teilt sich das Haus mit dem angrenzenden Ankunftszentrum, das der Freistaat Bayern gerade ausbaut – als Kammstruktur. Jeweils drei unterschiedlich lange Gebäudefinger strecken sich, dem Grundstücksschnitt folgend, von einem zentralen Verteilerhof aus nach Westen und Osten. Dem sinnfälligen Grundriss verdanken sich somit zudem diverse geschützte Freiräume, die den Klientinnen und Klienten dank ihrer nahezu klösterlichen Umfassung mit einer Pergola Orte der Ruhe und Beruhigung anbieten. Das Aggressionspotenzial nämlich ist hoch, Überwachungskameras sind hier ebenso selbstverständlich wie Security rund um die Uhr und Bewegungsmelder an den Verbindungstüren. Und natürlich ist es kein Zufall, dass sich diese Aufteilung typologisch anlehnt an Münchens Ledigenheim von Theodor Fischer aus dem Jahr 1927, das sich seither und noch immer für die Nutzer wie für die Betreiber bestens bewährt.

Auch nach außen, zum Straßenraum hin, fasst eine Pergola, robust gefertigt aus Beton, die dreigeschossigen Finger und den viergeschossigen Zentralbau. Betonsandwichelemente geben dem Haus einen Sockel, vorgefertigte Holzrahmenelemente füllen die Betonskelettstruktur aus Fertigteilen. Serielle Wirtschaftlichkeit, Funktionalität dank Flexibilität sowie nachhaltige Langlebigkeit allerdings reichen dem Anspruch der Architekten an dieses beispielhaft besondere Gebäude nicht. Auch ästhetisch sollte der neue Übernachtungsschutz nichts mit Kasernen und Containern gemein haben, sondern Würde und Wertschätzung vermitteln, sowohl den Klienten als auch der Stadtgesellschaft. Für warmes Rostrot entschied sich das Büro Hild und K bei der vertikalen Lattung der Baukörper, schwarz schimmert die Windsperre zwischen den Hölzern. Eine Bordüre unter den flachen, begrünten Fotovoltaikdächern, die sich an den Gebäudeecken zu minimalistischen Säulenkapitellen fügt, sorgt für schlichte, dem Material entsprechende Schönheit, wie sie auch das rote Ziegelkleid des Ledigenheims ziert. Brandriegel wurden zum Gestaltungselement, runde Fenster am Ende der Gänge sind ein simples Mittel, um für Licht zu sorgen und die Fassade zu gliedern. Sie machen zudem den Tagestreff und die medizinische Abteilung nach außen ablesbar.

Hild und K organised the four-bed rooms, laundry and communal areas, day centre, and medical treatment department – the latter of which is shared with the adjacent arrival centre, which is currently being expanded by the Free State of Bavaria – in the structure of a comb. Three wings of varying lengths stretch both to the west and east from a central distribution courtyard, following the property's layout. This clear floor plan also provides various open spaces offering protection and tranquillity to clients, thanks to their almost cloister-like enclosure with a pergola. As the potential for aggression is high, surveillance cameras, round-the-clock security, and motion detectors on the connecting doors are all standard features. It is also worth noting that this layout is typologically based on Theodor Fischer's Munich Ledigenheim (home for single people) from 1927, which has proven successful for both users and operators ever since.

On the outside, facing the street, a sturdy concrete pergola frames the three-storey wings and the four-storey central building. The base of the building is formed from concrete sandwich elements, while the concrete skeleton structure is filled with prefabricated timber frame elements, also made from prefabricated parts. However, serial economy, functionality thanks to flexibility, and sustainable durability were not enough to meet the architects' requirements for this special, exemplary building. Aesthetically, too, the new overnight shelter was not to resemble barracks or containers, but rather convey dignity and respect to both clients and the urban community. Hild und K opted for a warm rust-red colour for the building's vertical battens, with the black wind barrier shimmering between the timbers. A border beneath the flat, green photovoltaic roofs, which forms minimalist column capitals at the corners of the building, adds to the simple beauty of the structure, as does the red brick cladding of the Ledigenheim. Fire barriers have been incorporated into the design, while round windows at the end of the corridors provide light and help to structure the façade. They also make the day centre and the medical department visible from the outside.

Im Inneren beschränkt sich das Dekor auf wenige Farben für Türen und Zargen, die zudem der Orientierung dienen. Linoleum wurde auf dem Boden verlegt, die Waschräume sind robust gefliest. Strapazierfähigkeit ist geboten: Schon nach gut einem Jahr sind die Cola- und Spucke-Flecken auf den im Muster verlegten Betonpflastersteinen in den Höfen trotz täglicher Reinigung nicht zu übersehen. Doch die Architektur, da ist sich die Leiterin der Einrichtung sicher, trägt dazu bei, dass sehr viel weniger Polizei-Einsätze stattfinden müssen als noch in der Bayern-Kaserne. Damit ist viel geleistet und gewonnen. Als präzise und sorgsam gestalteter, ansprechender Stadtbaustein setzt das neue Haus zudem jetzt schon den Maßstab für die Entwicklung des gesichtslosen Gewerbegebiets, das in Zukunft zu einem gemischt genutzten, lebenswerten Stadtviertel werden könnte.

Inside, the decoration is limited to a few colours for the doors and frames, which also helps with orientation. Linoleum has been laid on the floor, and the washrooms are tiled to ensure durability. This is essential: after just over a year, the cola and spit stains on the patterned concrete paving stones in the courtyards are impossible to overlook despite daily cleaning. But the head of the facility is certain that the architecture is contributing to a significant reduction in the number of police interventions compared to the Bayern barracks. This is a major achievement and a great success. As an attractive, precisely, and carefully designed urban building block, the new building is setting a standard for the development of the industrial estate into a mixed-use, liveable neighbourhood.

Der (inzwischen möblierte) Tagestreff.
The day centre (since furnished).

Statt in Zwölfbettzimmern werden die Schutzsuchenden jetzt in Vierbettzimmern untergebracht.
Those seeking shelter are now accommodated in four-bed rooms instead of 12-bed rooms.

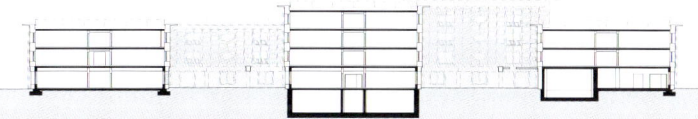

Schnitt
Section

Im Innenraum kamen strapazierfähige Materialien wie Holz, Linoleum, geschliffener Estrich oder Keramikfliesen zum Einsatz.
Hard-wearing materials such as wood, linoleum, polished screed, and ceramic tiles were used in the interior.

PPAG architects
Doppelschule Allee der Kosmonauten, Berlin

Kritik **Christian Brensing**

Architekten/Architects
PPAG architects ztgmbh
Gumpendorfer Straße 65
1060 Wien
www.ppag.at
ppag@ppag.at

Projektteam/Project team
Anna Popelka, Projektleitung
Georg Poduschka, Projektleitung
Petra De Colle, Stv. Projektleitung
Christian Wegerer, Stv. Projektleitung
Paul Fürst, Architekt

Bauherren/Clients
HOWOGE Wohnungsbaugesellschaft
mbH, Berlin

Generalplaner/General planner
ARGE FC|P|PAG, Wien
(FCP Fritsch, Chiari & Partner und
PPAG architects)

**Projektsteuerung/
Project management**
Drees & Sommer, Berlin

**Beteiligtes Architekturbüro
Ausführungsplanung/
Other architects involved
Execution planning**
ZOOMARCHITEKTEN
Choriner Straße 54
10435 Berlin
www.zoomarchitekten.de

**Tragwerksplanung/
Structural engineering**
FCP Fritsch, Chiari & Partner
ZT GmbH, Wien

**Haustechnik, Heizung, Sanitär,
Akustik/Building services
engineering, plumbing and heating,
acoustics**
Bauklimatik GmbH, Wien

Elektro/Electrical engineering
Kubik Project GesmbH,
Wiener Neudorf

Bauphysik/Building physics
FCP Fritsch, Chiari & Partner
ZT GmbH, Wien

Brandschutz/Fire prevention
brandschutz plus GmbH, Berlin

Fassadenplanung/Façade planning
Dr. Pfeiler GmbH, Graz

**Leit- und Orientierungssystem/
Guidance and orientation system**
Bleed Design Studio, Wien

Innenarchitektur/Interior design
PPAG architects ztgmbh, Wien

**Landschaftsarchitektur/
Landscape architecture**
EGKK Landschaftsarchitektur, Wien

Standort/Location
Allee der Kosmonauten 22
10315 Berlin

Fertigstellung/Completion
Juni 2024

Fotografie/Photography
Jan Bitter, Berlin

Die Doppelschule ist Identifikations- und Kommunikationspunkt für das erweiterte Umfeld.
The dual school serves as a point of identification and communication for the wider community.

Die intergalaktischen Assoziationen der Allee der Kosmonauten an der Berliner Bezirksgrenze von Marzahn und Lichtenberg wirken an deren südwestlichem Ende regelrecht irdisch, gar geerdet. Dort, direkt gegenüber dem 37.000 Quadratmeter großen und intensiv begrünten Schulgelände mit altem Baumbestand, weidet das Pommersche Schaf in den idyllischen Ausläufern des Landschaftsparks Herzberge. Wäre da nicht die silbern-glänzende Aluminiumfassade des fünfgeschossigen Schulneubaus ADKosmos, die Straßenbenennung hätte fast ihre Sinnhaftigkeit eingebüßt.

Als Doppelschule für eine integrierte Sekundarstufe und ein Gymnasium mit insgesamt 1.600 Schülern ausgelegt, ist ADKosmos ein prominenter Bestandteil der Berliner Schulbauoffensive (BSO). Die 2017 aufgestellte BSO ist eines der größten Investitionsvorhaben der Hauptstadt, mit dem man versucht, sowohl den steigenden Schülerzahlen als auch dem Sanierungsstau gerecht zu werden. So entstand auf dem Gelände einer Berufsschule aus DDR-Zeiten ein wegweisender Schulneubau nach dem Modell der Berliner Compartmentschule. Die HOWOGE, eines der sechs kommunalen

At its south-western end, the intergalactic associations of the Allee der Kosmonauten (Cosmonauts' Avenue) in the Berlin district border between Marzahn and Lichtenberg seem down-to-earth, even grounded. There, directly opposite the 37,000 -square-metre school grounds with their intensive greenery and old trees, Pomeranian sheep graze in the idyllic foothills of the Herzberge Landscape Park. Were it not for the shiny silver aluminium façade of the five-storey ADKosmos school building, the street name would almost have lost its meaning.

Designed as a dual school for integrated secondary education and a grammar school with a total of 1,600 pupils, ADKosmos is a prominent part of Berlin's school building initiative (*Berliner Schulbauoffensive*, BSO). Established in 2017, the BSO is one of the capital's largest investment projects, aiming to address rising pupil numbers and the renovation backlog. This led to the construction of a pioneering new school building on the site of a vocational school from the GDR era, based on the model of Berlin's Compartment School. HOWOGE, one of Berlin's

Wohnungsunternehmen Berlins, zeichnet sich hier erstmals auch durch die Finanzierung und die Beauftragung einer Schule aus. Aber nicht nur ungewohnte ökonomische Methoden verschmelzen an dieser Ganztagsschule miteinander, sondern ebenso neuere pädagogische Konzepte in Fusion mit der ambitionierten architektonischen Definition von Raum, Materialität und Funktion nach dem Entwurf von PPAG architects. Die Architektursprache der ADKosmos verfolgt das klassisch-humanistische Bildungsethos einer so klaren wie direkten Benennung und Gestaltung der Dinge. Das Verweilen auf den großdimensionierten und vielfältigen Freiflächen zum Basketballspiel, Bouldern oder Gärtnern auf dem Schulhof oder in den Foren der jeweiligen Compartments wird dadurch beflügelt.

Schüler und Lehrkräfte bleiben immer erkennbar und sichtbar. Keiner verschwindet auf endlosen Fluren und Fluchten in Klassenräumen, um nach einer Unterrichtsstunde wieder aufzutauchen und erneut in den habituellen Strukturen des Schulalltags unterzutauchen. Stattdessen viel Tageslicht, häufige Durchblicke nach außen und innen, hohe wie großzügig dimensionierte Räume mit hellem Linoleumboden, was ein Sehen und Gesehenwerden nach dem Prinzip der Offenheit und Transparenz befördert. Ganz wesentlich dabei ist das Konzept der Compartmentschule. »Der Paradigmenwechsel zu offenen Lernlandschaften kündigt sich schon seit etwa 10 bis 15 Jahren an, wo die Antwort auf gesellschaftliche und pädagogische Entwicklungen die Ganztagsschule mit Inklusion ist. All dem liegt ein klassenübergreifendes Organisationskonzept zugrunde. Demzufolge kultivieren wir einen Werkstatt-Charakter in all unseren Schulgebäuden«, sagt Georg Poduschka von PPAG.

six municipal housing companies, is also distinguishing itself here for the first time by financing and commissioning a school. However, it is not only unusual economic methods that converge at this all-day school; it also fuses newer educational concepts with an ambitious architectural definition of space, materiality, and function, as designed by PPAG architects. The architectural language of ADKosmos follows the classical humanist educational ethos of clear and direct naming and design of things. This encourages pupils to spend time in the large, diverse open spaces for activities such as basketball, bouldering, and gardening in the schoolyard, or in the forums of the respective compartments.

Both pupils and teachers remain visible and recognisable at all times. Nobody disappears into endless corridors and rows of classrooms, only to reappear after a lesson and submerge themselves once again in the habitual structures of everyday school life. Instead, there is plenty of daylight and frequent views of the outside and inside. The rooms are high and generously sized with light-coloured linoleum flooring, which promotes the principle of openness and transparency by facilitating seeing and being seen. The concept of the compartment school is essential here. 'The paradigm shift towards open learning landscapes has been on the horizon for about 10 to 15 years, with all-day inclusive schools being the answer to social and educational developments. All of this is based on a cross-class organisational concept. Consequently, we are cultivating a workshop character in all our school buildings,' says Georg Poduschka of PPAG.

Die Bibliothek erstreckt sich über zwei Ebenen.
The library spans two levels.

Ein »Marktplatz«, um den sich die anderen Räume jedes Compartments gruppieren.
A 'marketplace' around which the other rooms in each compartment are grouped.

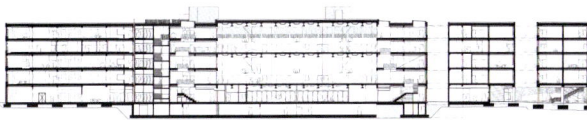

Schnitt
Section

Zwei der Treppen erinnern an Stufentempel und dienen neben der Erschließung auch als Orte für kleinere Veranstaltungen.
Two of the staircases are reminiscent of step temples. As well as providing access, they also serve as venues for smaller events.

Erschließungsbereiche sind nie reine Passagen, sondern auch Treffpunkte.
Access areas are not just passageways; they are also meeting places.

Ein wichtiger Ausgleich für
die unterrichtsfreie Zeit ist
der Schulgarten.
The school garden provides an
important counterbalance to
time spent away from lessons.

Einer der Pausenbereiche:
geschützt und dennoch
draußen.
One of the break areas:
sheltered yet still outdoors.

Grundriss 1. Obergeschoss
First floor plan

Die Schule ist in Grün- und
Sportflächen mit einem großen
Angebot für Aktivitäten sowie
auch Ruhezonen eingebettet.
The school is surrounded by
green spaces and sports facilities
offering a wide range of activities,
as well as quiet areas.

Definiert wird das Compartment als die stabile räumliche Einheit – sozusagen ein schulisches Zuhause – für bis zu 100 Schüler und Lehrkräfte. Die Grundkonstellation aus baugleichen Elementen auf allen fünf Stockwerken besteht jeweils aus vier Stammgruppenräumen, vier Teilungsräumen, je einem Teamraum, Pflegebad, Ruheraum sowie Lager- und Sanitärräumen. Jedes Compartment legt sich rund um ein Forum. Das sind keine Pausenräume oder bloßen Flure, sondern der zentrale wie soziale Dreh- und Angelpunkt jedes Lernhauses. Die Bespielung dieser Einheiten erfolgt meist als Mehrstufencluster; so bilden Schüler unterschiedlicher Jahrgänge und Kurse über Jahre hinweg eine feste Gemeinschaft. Anna Popelka von PPAG stellt diesen sozial-integrativen Aspekt ihrer Planung besonders heraus: »Die Wurzel eines Compartments ist immer ein vertikal verbundener Bereich, der eine kommunikative Übergangszone zwischen den einzelnen Compartments darstellt. Wir wollten immer auch Zwischenzonen für Individualfreiheiten schaffen, um zu wandern oder sich zurückzuziehen.«

Ähnlich vielseitig – buchstäblich gemeint (!) – stehen die Gebäudeteile mit ihren Vor- und Rücksprüngen, aber auch die teils freigehaltenen Erdgeschosszonen in einem fortwährenden Dialog miteinander. Höfe entstehen, Durchblicke geschehen, Schatten bilden sich, kurzum: Das Bild eines frisch-dynamisch-modernen Schulgebäudes wird vermittelt. Wüsste man nicht um ihre spezifische Nutzung, könnte die ADKosmos auch eine Universität beherbergen. Vom Grundriss her zeigt das Gebäude leichte Anklänge an den russischen Konstruktivismus – etwa an die Architektons von Kasimir Malewitsch. Weniger architekturhistorisch sprechen PPAG architects von der »Brokkoli-Struktur« des Grundrisses. Betrachtet man die zwei großen, übereinandergestapelten Sporthallen mit je drei Spielfeldern als den Nukleus der Raumkonfiguration, so docken die einzelnen Compartments, fast wie bei einer Raumstation, daran an. Auf diese Weise kommt nicht nur eine exzellente Durchwegung der Einheiten zustande, sondern auch ein sehr gutes A / V-Verhältnis (Außenfläche zu Volumen), was sich organisatorisch und auch energetisch positiv bemerkbar macht.

The compartment is defined as a stable spatial unit – a school home, so to speak – for up to 100 pupils and teachers. The basic configuration of identical elements on all five floors consists of four core group rooms, four partitioned rooms, one team room, one care bathroom, one relaxation room as well as storage and sanitary rooms. Each compartment is arranged around a forum. These are not just break rooms or corridors, but the central social hub of each learning house. These units are usually organised as multi-level clusters, enabling pupils from different year groups and courses to develop a strong sense of community throughout their time at school. Anna Popelka from PPAG particularly emphasises the socially integrative aspect of their design: 'The foundation of a compartment is a vertically connected area representing a communicative transition zone between individual compartments. We always wanted to create intermediate zones for individual freedom, for wandering, or retreating.'

Similarly versatile – literally (!) – the building sections with their projections and recesses, as well as the partially open ground floor areas, engage in a continuous dialogue with each other. Courtyards are created, vistas open up, and shadows are cast, conveying the image of a fresh, dynamic, modern school building. If you didn't know its intended use, you could easily mistake the ADKosmos for a university. In terms of its floor plan, the building shows slight echoes of Russian Constructivism, for example, Kasimir Malevich's Architektons. Less concerned with architectural history, PPAG Architects refer to the 'broccoli structure' of the floor plan. If we consider the two large, stacked sports halls, each with three playing areas, to be the nucleus of the spatial configuration, then the individual compartments dock onto them almost like a space station. This results in excellent circulation between the units and a very good ratio of external surface area to building volume, positively impacting organisation and energy efficiency.

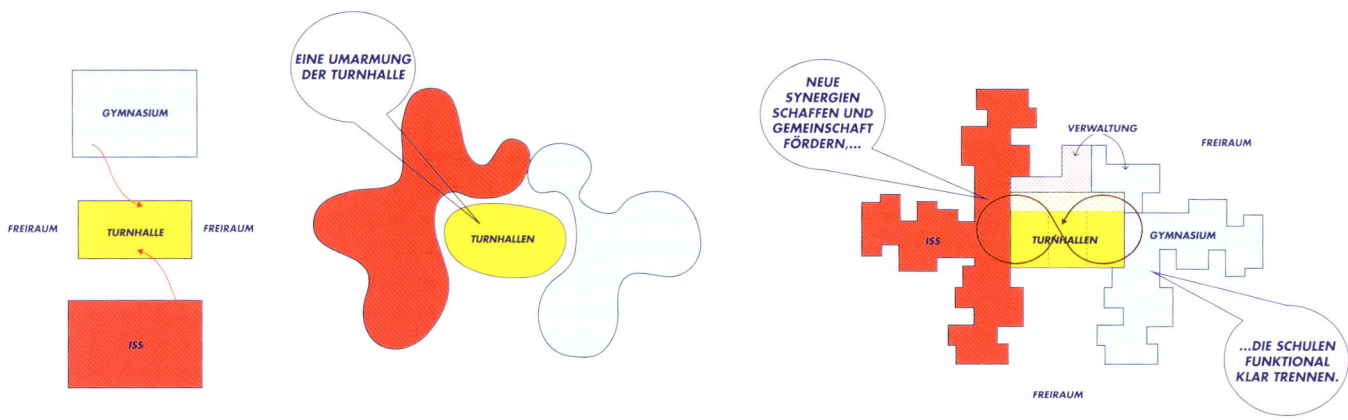

Aus drei Häusern wird eins.
Three buildings become one.

Die bereits erwähnte silbern-glänzende Gebäudefassade setzt sich aus gedämmten Holzrahmenelementen und einer Wetterschale aus profiliertem Aluminium zusammen. Das Skelett des Gebäudes (Stützen, Balken, Decken), das ursprünglich in Holzbauweise geplant war, wurde aus Mangel an vertretbaren Angeboten (2021) in einer – auf Reuse und Recycle optimierten – Massivbaukonstellation aus Fertigteilen, Halbfertigteilen und Ortbeton realisiert.

Bei allen Bauten der Öffentlichen Hand für die breite Gesellschaft stellt sich heute sehr schnell die Frage der Mehrfachnutzung. Wie können die Bewohner des Bezirks, außer deren Kinder, die dort zur Schule gehen, den Mehrwert der Schule erfahren? Nach diesen Kriterien wurde auch die ADKosmos-Schule konsequent ausgerichtet. Es entstanden ein großer unterteilbarer Mehrzwecksaal mit Gartenzugang und Empfangsbereichen in den Mensen, zwei Plenumstreppen für kleinere Veranstaltungen und eine – sogar von außen zugängliche – Bibliothek. Auch die Musikräume können außerhalb der Unterrichtszeiten genutzt werden, die Werkstätten sowie Sporthallen sind ebenfalls autonom und zu außerschulischen Zeiten zugänglich. Und irgendwie sind wir da wieder beim Thema Kosmonauten gelandet – nur, dass neben den Schüler-Kosmonauten diese Raumstation auch andere Teile der Nachbarschaft einlädt.

The aforementioned shiny silver building façade comprises insulated wooden frame elements and a weather shell made of profiled aluminium. The building's skeleton (columns, beams, and ceilings), originally planned as a timber construction, was realised as a solid configuration optimised for reuse and recycling. This consisted of prefabricated and semi-prefabricated parts, as well as in-situ concrete, due to a lack of acceptable offers in 2021.

The question of multiple use quickly arises in all public buildings designed for the wider community. Apart from their children who attend school there, how can local residents experience the added value of the school? The ADKosmos School was designed with these criteria in mind. The result is a large, divisible multipurpose hall with garden access, reception areas in the canteens, and two plenary staircases for smaller events. You can even access the library from outside. The music rooms can be used outside school hours, as can the workshops and sports halls. We have somehow ended up back on the topic of cosmonauts, only this time the space station invites not only pupil cosmonauts, but also other parts of the neighbourhood.

Zwei übereinandergestapelte Sporthallen bilden den Kern der Schule.
The school's core is formed by two sports halls stacked on top of one another.

Vorworte
Prefaces

—

**Yorck Förster, Christina Gräwe,
Peter Cachola Schmal (Hg.)**

Deniz Turgut (JUNG)

Das *Deutsche Architektur Jahrbuch* begleitet das Baugeschehen in Deutschland schon seit 1980, das erste Buch, von Heinrich Klotz herausgegeben, hieß noch: »Jahrbuch für Architektur. Neues Bauen 1980/1981«. Und auch der DAM Preis für Architektur in Deutschland existiert bereits seit 2007, die erste Preisverleihung fand im Januar 2008 statt. Buch und Preis sind seither eng aneinandergekoppelt. Das Jahr 2016 brachte wichtige Veränderungen: Seitdem – nun also zum zehnten Mal – wird der Preis vom DAM in Kooperation mit der Firma JUNG verliehen. Seither gibt es mit der Webseite (www.dam-preis.de) eine stetig wachsende Datenbank aller für den DAM Preis nominierten Gebäude und damit ein wertvolles Rechercheinstrument zur aktuellen Architektur. Inzwischen stehen bereits gut 1.000 Projekte im Inland und 102 Projekte im Ausland dort zur Auswahl. Außerdem fand ein Verlagswechsel zu DOM publishers, Berlin, statt, der zu einem neuen Erscheinungsbild des *Deutschen Architektur Jahrbuchs* und zu einer zweiten Publikation geführt hat: Warum, so die Idee, nicht alle etwa 100 nominierten Gebäude eines Jahrgangs veröffentlichen? Diese Nominierungen erfolgen schließlich nicht wahllos, sondern als eine Stufe eines gestaffelten Verfahrens um den DAM Preis – nach gründlicher Recherche seitens des DAM sowie Vorschlägen der Architektenkammern der meisten Bundesländer und eines eingeladenen Expertenbeirats, in der Mehrzahl Landesvorsitzende des BDA.

Das Verfahren

Diese Nominierungen, die »Longlist«, finden also seit zehn Jahren Eingang in den *Architekturführer Deutschland*. Im *Deutschen Architektur Jahrbuch* erscheint dann zur Preisverleihung im Januar die »Shortlist« als engere Auswahl von etwa 23 Projekten. Von der Größe, der Bausumme, der Typologie und der Nutzung sind weder Long- noch Shortlist bestimmt. Es gilt lediglich ein Zeitfenster der Fertigstellung sowie jüngeren Büros eine besondere Aufmerksamkeit. Eine wechselnde Jury wählt bei ihrer ersten Sitzung nicht nur die Gebäude der Shortlist, sondern darunter eine kleine Gruppe hervorgehobener Bauten, von denen sie den Eindruck hat, es mit besonders interessanten und/oder Maßstäbe setzenden Beispielen zu tun zu haben: die vier oder fünf potenziellen Finalisten. Um diesen Eindruck zu schärfen, findet als zweiter Teil des Juryverfahrens eine Reise zu diesen Bauten statt. Den Abschluss dieser Reise bilden zwei Entscheidungen: Wird aus dem vorläufigen ein offizieller Finalistenstatus und – vor allem – wer gewinnt den DAM Preis?

The *German Architecture Annual* has covered construction activity in Germany since 1980. The first book, published by Heinrich Klotz, was entitled *Jahrbuch für Architektur. Neues Bauen 1980/1981 (Yearbook for Architecture: New Buildings 1980/1981)*. The DAM Preis for Architecture in Germany has also existed since 2007, with the inaugural awards ceremony taking place in January 2008. Since then, the book and the prize have been closely linked. The year 2016 brought important changes: starting then – now for the tenth time – the DAM has been awarding the prize in cooperation with the JUNG company. The website (www.dam-preis.de) now provides a constantly growing database of all buildings nominated for the DAM Preis, making it a valuable research tool for anyone interested in contemporary architecture. There are now over 1,000 German projects and 102 international projects to choose from. Additionally, the publisher changed to DOM publishers in Berlin, resulting in a new look for the *German Architecture Annual* and a second publication. Why not publish all 100 or so nominated buildings from a given year? These nominations are not made at random, but as part of a multi-stage process for the DAM Preis. Following thorough research by the DAM, proposals are made by the chambers of architects in most federal states and an invited advisory board of experts, the majority of whom are state chairpersons of the BDA (*Bund Deutscher Architektinnen und Architekten*, Association of German Architects).

The Process

These nominations, known as the 'long list', have been included in the *Architekturführer Deutschland* for ten years. In January, around 23 projects are selected for the 'short list' and published in the *German Architecture Annual* to coincide with the award ceremony. The long and short lists are not determined by size, construction cost, typology, or use. The only criteria are the timeframe for completion and the special attention paid to newer practices. At its first meeting, the rotating jury selects the buildings for the shortlist and a small group of outstanding buildings that it considers to be particularly interesting and/or setting new standards: the four or five potential finalists. To reinforce this impression, the second part of the jury process involves a trip to these buildings. This concludes with two decisions: Will the preliminary finalists become official finalists, and most importantly, who will win the DAM Preis?

Das Gewinnerteam und die Jury des DAM Preis 2026 (von links nach rechts):
Leon Schiffer (Peter Grundmann Architekten), Uwe Zinkahn (ZK/U), Alisa Buslaeva, Jonathan Trescher, Peter Grundmann (alle Peter Grundmann Architekten), Elisa Georgi (ZK/U), Aline Hielscher (Aline Hielscher Architektur, Juryvorsitzende), Dijane Slavic (JUNG), Sven Fröhlich (AFF Architekten, Gewinner DAM Preis 2025), Uwe Bresan (JUNG), Mark Prepper (Architekt/Künstler), Martin Rein-Cano (Topotek 1), Peter Cachola Schmal (Direktor DAM), Teresa Fankhänel (KIT Karlsruhe), Philip Horst (ZK/U), Christina Gräwe (freie Kuratorin DAM/Vorjury/Redaktion), Oliver Elser (Kurator DAM), Anna Moldenhauer (Chefredakteurin Stylepark), Yorck Förster (freier Kurator DAM/Vorjury/Redaktion), vorne: Enzo.

The winning team and the jury of the DAM Preis 2026 (from left to right):
Leon Schiffer (Peter Grundmann Architekten), Uwe Zinkahn (ZK/U), Alisa Buslaeva, Jonathan Trescher, Peter Grundmann (all Peter Grundmann Architekten), Elisa Georgi (ZK/U), Aline Hielscher (Aline Hielscher Architektur, chairwoman of the jury), Dijane Slavic (JUNG), Sven Fröhlich (AFF Architekten, winner DAM Preis 2025), Uwe Bresan (JUNG), Mark Pepper (architect/artist), Martin Rein-Cano (Topotek 1), Peter Cachola Schmal (director DAM), Teresa Fankhänel (KIT Karlsruhe), Philip Horst (ZK/U), Christina Gräwe (freelance DAM curator/preliminary jury/editor), Oliver Elser (curator DAM), Anna Moldenhauer (editor-in-chief Stylepark), Yorck Förster (freelance DAM curator/preliminary jury/editor), in front: Enzo.

Die Jury auf der nördlichen Gartenseite des ZK/U.
The jury on the northern, garden side of the ZK/U.

Start des Rundgangs im ZK/U, Mitglieder des Gewinnerteams.
Start of the tour at ZK/U, members of the winning team.

Rundgang durch die Schule Allee der Kosmonauten, Berlin. Links: Georg Poduschka von PPAG architects.
Tour of the Allee der Kosmonauten school, Berlin. Left: Georg Poduschka from PPAG architects.

Auf einer Dachterrasse des Übernachtungsschutzes München. Zweiter von links: Matthias Haber, Hild und K.
On a roof terrace at the Munich overnight shelter. Second from left: Matthias Haber, Hild und K.

Im Hof von Wohnen F//9, Köln. Dritter und Vierter von links: Sven Aretz, Jakob Dürr, Aretz Dürr Architektur.
In the courtyard of Wohnen F//9, Cologne. Third and fourth from left: Sven Aretz, Jakob Dürr, Aretz Dürr Architektur.

Im Garten des Mehrgenerationenhauses Görzer Straße, München.
In the garden of the multi-generational house on Görzer Straße, Munich.

Der DAM Preis 2026 und die Finalisten

Um es vorwegzunehmen: Im Jahr 2026 erhält das Zentrum für Kunst und Urbanistik ZK/U in Berlin den DAM Preis. Das Team von Peter Grundmann Architekten hat hier in enger Kooperation mit den Nutzenden, dem gemeinnützigen Verein KUNSTrePUBLIK e. V., mit überdurchschnittlich viel eigener Handarbeit sowie bescheidenem (und eingehaltenem!) Budget die ehemalige Lagerhalle eines Güterbahnhofs mit einer leichten Stahl-Glas-Konstruktion umhüllt. Die Räume auf allen Ebenen einschließlich Gewölbekeller und Dachterrasse sind nun flexibel nutzbar. Die detaillierte Würdigung lesen Sie ab Seite 12.

Konkurrierend traten vier weitere Gebäude an: ebenfalls in Berlin die Doppelschule Allee der Kosmonauten von PPAG architects aus Wien, die das Raumprogramm einer Clusterschule in eine kompakte und zugleich vielschichtige Architektur übersetzt haben. Näheres dazu ab Seite 46. Außerdem sind unter den Finalisten zwei auf unterschiedliche Art bemerkenswerte Wohnhäuser zu finden. Das eine steht in Köln und stammt von Aretz Dürr Architektur. Sie haben in einer beengten Hinterhoflage mit vorgefertigten Holzmodulen eine überzeugende Antwort auf das Nachverdichten in Innenstädten gegeben (ab Seite 22). Das andere Haus ist der erste Neubau des Mietshäuser Syndikats im teuren München. Das Syndikat hat sich auf die Fahnen geschrieben, gemeinwohlorientierten, selbstorganisierten und damit bezahlbaren Wohnraum zu schaffen. Moderierend, planend und bauend begleitet wurde dieser Prozess vom Büro etal., das damit sein Erstlingswerk realisiert hat. Zum Ineinandergreifen von Architektinnen und Baugruppe und zum Ergebnis ab Seite 30. Der Übernachtungsschutz mit medizinischer Einrichtung schließlich richtet sich an Wohnungslose, speziell an EU-Wanderarbeiter, die keinen Anspruch auf Sozialleistungen haben. München, wo das Haus in einem Gewerbegebiet entstanden ist, verfolgt auf diesem Feld ein deutschlandweit bisher einmaliges Modell – Hild und K mussten auf sehr spezielle Anforderungen eine maßgeschneiderte Antwort finden. Wie ihnen das gelungen ist, lesen Sie ab Seite 38.

The DAM Preis 2026 and the Finalists

To get straight to the point: in 2026, the Centre for Art and Urbanistics ZK/U in Berlin will receive the DAM Preis. In collaboration with users and the non-profit association KUNSTrePUBLIK e.V., and with an above-average amount of manual labour and a modest (and adhered to!) budget, the team at Peter Grundmann Architekten has transformed the former freight yard warehouse with a light steel and glass construction. The rooms on all levels, including the vaulted cellar and roof terrace, can now be used flexibly. You can read the detailed citation on page 12.

There were four other buildings in the running as well: the Allee der Kosmonauten dual school by PPAG architects from Vienna, which is also in Berlin and which translated the spatial programme of a cluster school into a compact yet multi-layered architecture. You can find out more starting on page 46. The finalists also include two remarkable residential buildings. One is located in Cologne and was designed by Aretz Dürr Architektur. Despite its cramped backyard location, it provides a convincing answer to inner-city densification using prefabricated wooden modules (more on this from page 22). The other building is the first new construction by the Mietshäuser Syndikat in expensive Munich. The Syndikat is committed to creating affordable, self-organised housing oriented towards the common good. This process was accompanied by the etal. office, which moderated, planned, and built the project, thus realising its first work. Read more about the collaboration between the architects and the building group, and the outcome, from page 30 onwards. Finally, the overnight shelter with medical facilities is intended for homeless people, particularly EU migrant workers who are not eligible for social benefits. Munich, where the building was constructed in an industrial estate, is pursuing a model in this field that is unique in Germany. To very specific requirements, Hild und K had to find a tailor-made solution. Read how they succeeded from page 38.

Im Gemeinschaftsraum des Mehrgenerationenhauses Görzer Straße, München.
Zweite und Dritte von links: Zora Syren, Elena Masla, etal.
In the communal room of the multi-generational house on Görzer Straße, Munich.
Second and third from the left: Zora Syren, Elena Masla, etal.

Kleine Rückschau

Wir möchten hier einmal davon abweichen, anhand von Kurzporträts einen Vorgeschmack auf die einzelnen, ausführlicheren Architekturkritiken in diesem Buch zu geben. (Nur so viel: Die Auswahl ist facettenreich wie immer, die Autorinnen und Autoren haben sich wieder vor Ort genau umgesehen und so ihre eigenen Eindrücke mit den Fakten zu individuellen Beiträgen geformt.) Stattdessen ist das zehnjährige Jubiläum der neuen Form des DAM-Preis Anlass zu einer kleinen Rückschau. Denn es steht nicht nur jedes Jahrbuch für sich – in der Serie ergibt sich eine Art Chronik des Baugeschehens in Deutschland, ein Spiegel der Debatten und wie sich diese wandeln.

Der Blick in die Bücher und damit in die Shortlists der letzten zehn Jahre soll hier genügen. Was rasch auffällt: Eine Konstante bildet der hohe Anteil an Wohnungsbauten – eine Aufgabe, die über die Jahre an Brisanz gewonnen hat. Die Geschichten erzählen vom Infragestellen konventioneller Grundrisse und ihrer Weiterentwicklung hin zu nutzungsoffenen, flexibel zu- und wegschaltbaren Zimmern für sich ändernde Lebensentwürfe. Sie berichten von für Wohnzwecke umgenutzten Kuhställen oder Bürohäusern, vom Aufstocken zuvor flacher Supermarktgebäude mit Wohnungen und ja, auch von dem einen oder anderen

A Brief Review

This time, we would like to deviate from our usual practice of providing a preview of the detailed architectural critiques in this book in the form of short portraits. (Suffice it to say that the selection is as diverse as ever and that, once again, the authors have taken a close look at the sites themselves, shaping their impressions with facts to create their unique contributions.) Instead, the tenth anniversary of the new format of the DAM Preis provides an opportunity for a brief review. Each year-book is a standalone publication, but collectively they serve as a historical record of building activity in Germany, reflecting the evolving discourse and its transformation over time.

A brief look at the books and shortlists from the last ten years should suffice. It quickly becomes apparent that one constant is the high proportion of residential buildings, which has become an increasingly important task over the years. The stories tell of questioning conventional floor plans and developing them into flexible spaces that can be used for a variety of purposes and added to or removed to accommodate changing lifestyles. They cover cowsheds and office buildings that have been converted for residential use, the addition of storeys to

Die Jury des DAM Preis 2026 bei der Abschlussdiskussion. The jury of the DAM Preis 2026 at the final discussion.

originellen Einfamilienhaus. Es finden sich Beispiele von Baugruppen, von selbstverwaltetem Wohnen und genossenschaftlich organisierten Projekten oder auch von Ausbauhäusern, deren Wohnungen die Bewohnerschaft je nach eigenen Fähigkeiten bereits im Rohbau übernehmen kann. Vor allem in den Jahren 2017 bis 2019 tauchen vermehrt Unterkünfte für Geflüchtete auf und zeigen, dass diese Häuser über eine Container-Ästhetik weit hinausgehen können. Nicht wenige der Projekte beantworten als Prototypen Fragen zum Umgang mit Bestandsgebäuden, wie etwa Hochhaussanierungen und -erweiterungen oder das Nachverdichten.

Politische Entscheidungen fängt das Jahrbuch zeitversetzt auch an anderer Stelle ein: Nachdem seit 2013 jedem Kind unter drei Jahren ein Betreuungsplatz zugesichert ist, finden sich vermehrt Kitas – eine Tendenz, die mit den inzwischen geburtenärmeren Jahrgängen wieder rückläufig ist. Bleiben wir bei den Bildungsbauten: Hier lässt sich an Lernhaus- oder Clusterschulen an der Architektur direkt erkennen, wie pädagogische Programme sich wandeln und dafür neue Räume brauchen. Und auch, wie große Einrichtungen mit vierstelligen Schülerzahlen differenzierte Schullandschaften mit Identifikationspotenzial hervorbringen.

Kulturbauten – ob Museen, Theater, Konzertsäle, Bibliotheken oder Mischformen – spielen in jedem Jahrgang (mit leichten Schwankungen) eine Rolle. Gewandelt hat sich ihr Auftritt, äußerlich wie programmatisch. Es sind weniger die schillernden Solitäre, die um sich selbst kreisen, als mehr sorgsam gesetzte Stadtbausteine, Umbauten und Sanierungen oder Teile eines Ensembles, vielleicht auch mal gänzlich unsichtbar, weil eingegraben. Aber ob neu oder umgebaut: Viele Häuser öffnen sich inzwischen einem breiteren Publikum als nur den reinen Theater-, Konzert- oder Museumsbesuchenden. Die Bühnengrößen variieren, die Spielzeiten erweitern sich in die Tagesstunden, die Spielpläne wenden sich an unterschiedliche Altersgruppen. Bibliotheken hüten heute nicht nur Bücher, sondern sind Medienzentren mit angeschlossenen Werkstätten. Museen bieten neben dem Kunstgenuss ein pädagogisches Vermittlungsprogramm mit Workshops, und da sich die Häuser immer mehr als »Dritte Orte« verstehen, kommt keines mehr ohne Gastronomie aus.

Städtebauliche Projekte spielen ebenfalls eine Rolle. Die Zentren kleiner Orte rücken wieder in den Fokus der Kommunen und Dorfgemeinschaften. Die verlorenen Mitten (Stichwort Donut-Effekt) haben das Potenzial zu belebten Treffpunkten; oft entstehen hier Ensembles aus saniertem Bestand in Kombination mit durchdachten Ergänzungen. Top-down funktionieren solche Prozesse eher nicht. Diese Teilhabeverfahren

previously single-storey supermarket buildings to create flats, and even the occasional original detached house. There are also examples of building groups, self-managed living, and cooperatively organised projects, as well as extension buildings whose apartments residents can take over as shell constructions depending on their own skills. Particularly between 2017 and 2019, there was an increase in the number of shelters for refugees, showing that these buildings can transcend the aesthetic of containers. Many of these projects serve as prototypes that address issues such as renovating and extending high-rise buildings or densification.

The yearbook also documents political decisions relating to another type of building with a time lag. Since 2013, for example, every child under the age of three has been guaranteed a childcare place, resulting in an increase in daycare centres. However, this trend is now declining due to lower birth rates. Sticking with educational buildings, the architecture of learning houses and cluster schools directly reflects changing educational programmes and the need for new spaces. It also demonstrates how large institutions with four-digit pupil numbers are shaping differentiated school landscapes with potential for identification.

Cultural buildings such as museums, theatres, concert halls, libraries, or hybrid spaces play a significant role throughout the year, albeit with slight variations. Their appearance has changed, both externally and in terms of their programming. Rather than being dazzling solitaires revolving around themselves, they are now carefully placed urban building blocks, conversions and renovations, or parts of an ensemble. Some are even completely invisible because they are buried underground. However, many buildings, whether new or converted, are now opening up to a wider audience than just theatre, concert, or museum visitors. Stage sizes vary, performance times extend into the daytime, and programmes cater to different age groups. Libraries today house not only books, but also media centres with attached workshops. As well as offering enjoyment of art, museums provide educational programmes with workshops, and as buildings increasingly see themselves as 'third places', catering is an essential feature.

Urban development projects also play a role. The centres of small towns are once again becoming the focus of local authorities and village communities. Centres that have been lost (think the doughnut effect) have the potential to become lively meeting places, and often ensembles of renovated buildings combined with well-considered additions are created here. Such processes tend not to be top-down. These participatory procedures

erfordern Durchhaltevermögen, Verhandlungsgeschick und mutige Entscheidungen von den Gemeindeverwaltungen. Sie werden im besten Fall professionell von Expertinnen und Experten begleitet, die die Wünsche der Menschen vor Ort in ihre Planungen frühzeitig miteinbeziehen. Wenn dieses Zusammenspiel gelingt, bestehen echte Chancen auf die Wiederbelebung brachgefallener oder ausgedünnter Ortszentren.

Wie das Jahrbuch aktuelle Debatten spiegelt, lässt sich an all den genannten Gruppen ablesen, an zwei Themen aber besonders deutlich: dem Holzbau und dem Weiterbauen. Die Anzahl an Holz- oder Holzhybridbauten hat in den letzten Jahren kontinuierlich zugenommen. Seit der Ausgabe 2023 stellen sie knapp die Hälfte der präsentierten Gebäude. Diese Entwicklung geschieht unabhängig von der Typologie und Nutzung wie auch vom Kontext. Ob Schule, Wohnhaus oder Salzlager – Holz- und Holzhybridhäuser finden sich auf dem weiten Land genauso wie in der engen Stadt.

Schließlich das Weiterbauen, oft in Kombination mit Sanierungen und Umbauten: Der Anteil dieser Beispiele wächst ebenfalls zuverlässig und zeigt neben überzeugenden Ansätzen, die es verdienen, in die Breite gestreut zu werden, auch, dass sich das Berufsbild Bauschaffender wandelt. Die Architektenschaft baut nicht mehr vorrangig neu, sondern zunehmend bewahrend und / oder erweiternd im Bestand. Denn der ist nun mal da, kommt in die Jahre, zeigt Sanierungs- und Umnutzungsbedarf. Eine junge, aber umso emotionaler und intensiver geführte Diskussion ist also: Umbau statt Abriss des Bestands.

Die Essays
Mit den beiden längeren Essays im Buch versuchen wir den Blick zu weiten und übergeordnete Themen zu durchleuchten, die entweder ohnehin in der Luft liegen oder durch entsprechende Architekturbeispiele im jeweiligen Band angeregt und veranschaulicht werden.

In dieser Ausgabe greift ein Beitrag von Karin Berkemann ein Thema (erneut) auf, dass viele andere wie Umnutzung, Denkmalschutz und Identitätsstiftung bündelt: Wie umgehen mit dem Kirchenleerstand? Wie organisiert man einen solchen – immer auch emotionalen – Prozess? Kann die Umnutzung entwidmeter Sakralbauten diese vor dem Verfall und Abriss retten, kann sie sogar einen Mehrwert für die Gemeinschaft bilden? Und wir schauen ins Ausland, genauer nach Dubai und Osaka, wo LAVA zur Expo 2020 beziehungsweise Expo 2025 die Deutschen Pavillons gebaut hat. Tobias Wallisser spricht im Interview über die Gestaltung nach den Prinzipien der Zirkularität und temporärer Pavillons, sowie darüber, was sich durch die Erfahrungen dabei auch auf andere Aufgaben übertragen lässt.

require perseverance, negotiation skills, and courage on the part of local authorities to make difficult decisions. Ideally, they are supported by experts who incorporate the wishes of local people into their plans from the outset. If this interaction is successful, there are real opportunities for the revitalisation of abandoned or de-populated town centres.

As can be seen from the groups mentioned, the year-book reflects current debates, but two topics stand out in particular: timber construction and continued building. The number of timber or hybrid-timber buildings has increased steadily in recent years. Since the 2023 edition, these buildings have accounted for nearly half of those presented. This development is independent of typology, use, and context. Timber and hybrid-timber buildings can be found in the countryside as well as in densely populated urban areas, whether they are schools, residential buildings, or salt storage facilities.

Finally, there is continued building, often in combination with renovations and conversions, and the proportion of these examples is also growing steadily, which, in addition to convincing approaches that deserve to be widely disseminated, also show that the job profile of professionals in the construction industry is changing. Rather than primarily building new structures, architects are increasingly preserving and / or expanding existing buildings. After all, these buildings are already there, are getting older, and are in need of renovation and conversion. Consequently, a young but all the more emotional and intense discussion is taking place: conversion instead of demolition of existing buildings.

The Essays
In the two longer essays in this book, we aim to broaden our perspective by examining overarching themes that are either already under discussion or inspired by, and illustrated with, relevant architectural examples from the respective volume.

In this issue, Karin Berkemann (once again) addresses the topic of how to deal with vacant churches, combining many other issues such as repurposing, monument protection, and identity creation. How is such an always-emotional process organised? Can repurposing deconsecrated sacred buildings save them from decay and demolition? Can it even add value to the community? And we look abroad, more specifically to Dubai and Osaka, where LAVA built the German pavilions for Expo 2020 and Expo 2025 respectively. In this interview, Tobias Wallisser discusses design based on circular principles and temporary pavilions, and how the experience gained can be transferred to other projects.

Herzlichen Dank ...

... möchten wir all denen aussprechen, die den DAM Preis und die beiden Publikationen so tatkräftig unterstützen: Da ist zunächst das Team von JUNG, namentlich Dijane Slavic, Uwe Bresan und Deniz Turgut. Der Agentur Richter und hier Dirk Oberhoff, Klaas Bahnen und Robin Ruttkamp danken wir sehr für die technische Betreuung des digitalen Archivs unter www.dam-preis.de. Großer Dank für die kollegial-professionelle Zusammenarbeit und Geduld geht wie immer an DOM publishers: an Philipp Meuser, Björn Rosen, Nicole Wolf, Uta Keil und Sandie Kestell.

Außerdem danken wir den Architektenkammern der Länder Bayern, Hessen, Niedersachsen, Nordrhein-Westfalen, Rheinland-Pfalz, Sachsen und Thüringen für ihre Vorschläge für die Longlist. Florian Dreher von der Architektenkammer Hessen hat dafür dankenswerterweise die Koordination übernommen. Den externen Expertinnen und Experten, die wir um ihre Assistenz als Beirat baten, gilt ebenfalls unser Dank: Ursula Baus, Christina Beaumont, c/o now, Lukas Fink, Florian Fischer, Florian Heilmeyer, Angelika Hinterbrandner, Christian Holl, David Kasparek, Katja Knaus, Moritz Kölling, Mario Krämer, Katharina Matzig, Eun-A Pauly, Elina Potratz, Jan O. Schulz, Something Fantastic, Heiner Stengel, Finn Warncke, Christian von Wissel und Uta Winterhager.
Und nicht zuletzt danken wir allen beteiligten Architektinnen und Architekten, ihren Teams, ihrer Bauherrschaft sowie den Fotografinnen und Fotografen für ihr kooperatives Engagement und gratulieren zu den gelungenen Projekten!

Yorck Förster, Christina Gräwe, Peter Cachola Schmal

We Would Like to Express our Sincere Thanks ...

... to everyone who has shown such enthusiastic support for the DAM Preis and the two publications. Firstly, we would like to thank the team at JUNG: Dijane Slavic, Uwe Bresan, and Deniz Turgut. We are also very grateful to the Agentur Richter – particularly Dirk Oberhoff, Klaas Bahnen, and Robin Ruttkamp – for their technical support with the digital archive at www.dam-preis.de. We would also like to thank DOM publishers for their collegial and professional cooperation and patience. Special thanks go to Philipp Meuser, Björn Rosen, Nicole Wolf, Uta Keil, and Sandie Kestell.

We would also like to thank the Chambers of Architects of Bavaria, Hesse, Lower Saxony, North Rhine-West-phalia, Rhineland-Palatinate, Saxony, and Thuringia for their suggestions for the longlist. Florian Dreher, from the Chamber of Architects of Hesse, kindly took on the task of coordinating this process. We would also like to thank the external experts who agreed to assist us as advisors: Ursula Baus, Christina Beaumont, c/o now, Lukas Fink, Florian Fischer, Florian Heilmeyer, Angelika Hinterbrandner, Christian Holl, David Kasparek, Katja Knaus, Moritz Kölling, Mario Krämer, Katharina Matzig, Eun-A Pauly, Elina Potratz, Jan O. Schulz, Something Fantastic, Heiner Stengel, Finn Warncke, Christian von Wissel, and Uta Winterhager. Finally, we would like to thank all the architects, their teams, clients, and photographers involved for their commitment and congratulate them on their successful projects!

Yorck Förster, Christina Gräwe, Peter Cachola Schmal

Grußwort von JUNG

Was zeichnet Architektur heute aus? Die Antwort liegt nicht nur im Entwurf oder der Bauweise, sondern vor allem im bewussten Umgang mit den Bedingungen, unter denen gebaut wird. Die Finalisten des DAM Preis 2026 zeigen eindrucksvoll, wie unterschiedlich und zugleich konsequent diese Herausforderungen architektonisch interpretiert werden können.

Das Projekt »Wohnen F//9« in Köln von Aretz Dürr Architektur beantwortet die Frage nach der Nachverdichtung in innerstädtischen Lagen mit modularer Klarheit und erstaunlicher Leichtigkeit. Für die minimalinvasive Setzung in einer Baulücke wurden vorgefertigte Holzmodule genutzt und in kürzester Bauzeit hochwertiger, heller Wohnraum geschaffen. Mit dem »Robusten Haus« in München hat das Architekturbüro etal. ein Wohnprojekt realisiert, das sowohl in der Planung als auch in der Nutzung konsequent auf Gemeinschaft und Selbstorganisation setzt. Die Doppelschule »Allee der Kosmonauten« in Berlin verbindet ein modernes pädagogisches Raumverständnis mit einer neuen baulichen Qualität. Der Entwurf von PPAG architects setzt mit seiner offenen Struktur und klaren Funktionstrennung neue Maßstäbe für den Bildungsbau in Großstädten. Ein weiterer Finalist ist der »Übernachtungsschutz mit medizinischer Einrichtung« im Münchner Norden von Hild und K. Dieses Projekt zeigt, wie sich soziale Infrastruktur in hochwertiger Architektur ausdrücken lässt, ohne dass die Funktionalität beeinträchtigt wird. Das »Zentrum für Kunst und Urbanistik ZK/U« in Berlin wiederum wurde in einem ehemaligen Güterbahnhof realisiert. Peter Grundmann Architekten zeigen damit beispielhaft, wie kulturelle Programme und Architektur zusammenwirken. Diese fünf Finalisten stehen für die Vielfalt an Bauaufgaben und Haltungen. Jede der Arbeiten zeigt eine eigenständige Position und reagiert auf aktuelle Fragestellungen mit konkreten architektonischen Antworten. Als Unternehmen, das eng mit der Architektur verbunden ist, nehmen wir bei JUNG diese Vielfalt als wertvollen Spiegel unserer Zeit wahr.

Allen Finalistinnen und Finalisten – vor allem dem Preisträger, dem Zentrum für Kunst und Urbanistik ZK/U – gratulieren wir herzlich.

Foreword by JUNG

What defines architecture today? The answer lies not only in the design or construction method, but above all in how the conditions under which the building is constructed are handled. The finalists for the DAM Preis 2026 impressively demonstrate the variety of ways in which these challenges can be interpreted architecturally, while still maintaining consistency.

The 'Wohnen F//9' project in Cologne, designed by Aretz Dürr Architektur, provides a clear and simple answer to the issue of densification in urban areas. Prefabricated wooden modules were used for the minimally invasive construction on a vacant plot, creating high-quality, bright living spaces in a very short amount of time. The architectural firm etal. has realised a residential project in Munich called the 'Robust House' that consistently focuses on community and self-organisation in both its planning and use. The 'Allee der Kosmonauten' dual school in Berlin combines a modern understanding of pedagogy and space with new architectural quality. The design by PPAG architects, with its open structure and clear separation of functions, sets new standards for educational buildings in large cities. Another finalist is the 'Overnight Shelter with Medical Facility' in northern Munich by Hild und K. This project demonstrates how social infrastructure can be expressed through high-quality architecture without compromising functionality. The 'ZK/U – Centre for Art and Urbanistics' in Berlin, on the other hand, was realised in a former freight depot. Peter Grundmann Architekten demonstrate how cultural programmes and architecture can work together here. These five finalists represent the diversity of construction tasks and approaches. Each work takes an independent position, responding to current issues with concrete architectural solutions. As a company closely linked to architecture, we at JUNG perceive this diversity as a valuable reflection of our times.

Congratulations to all the finalists, especially the winner: the ZK/U – Centre for Art and Urbanistics!

Ein besonderes Projekt für uns selbst ist die neu genutzte Gründervilla von JUNG in Schalksmühle – geplant und realisiert von Nehse & Gerstein Architekten. Das Ensemble zeigt, wie ein respektvoller Umgang mit der Geschichte und eine klare architektonische Haltung einen Ort schaffen können, der Vergangenheit und Zukunft sinnvoll verbindet. Diese Transformation verstehen wir als Teil unseres aktiven Beitrags zur Baukultur. Die Gründervilla hat Eingang in das Jahrbuch gefunden, im Wettbewerb zum DAM Preis 2026 lief sie selbstverständlich außer Konkurrenz.

Der DAM Preis ist für uns über die Jahre zu einem wichtigen Gradmesser geworden. Das *Deutsche Architektur Jahrbuch* fasst die daraus gewonnenen Anregungen zusammen, verdichtet sie zu einem Panorama zeitgenössischer Baukultur und regt dazu an, über Architektur neu nachzudenken. In der Zusammenarbeit mit dem Deutschen Architekturmuseum (DAM) erleben wir immer wieder, wie relevant und inspirierend dieser Dialog ist. Und wie wichtig es ist, Räume und Strukturen zu schaffen, in denen eine solche Auseinandersetzung überhaupt möglich wird.

Ihr
Deniz Turgut
JUNG Head of Marketing

A special project for us is the newly utilised JUNG founder's villa in Schalksmühle, which was planned and realised by Nehse & Gerstein Architekten. This project demonstrates how a respectful approach to history and a clear architectural vision can create a meaningful connection between the past and the future. We consider this transformation to be our active contribution to building culture. The founder's villa has been included in the yearbook and, of course, was not eligible for the DAM Preis 2026 competition.

Over the years, the DAM Preis has become an important benchmark for us. The *German Architecture Annual* summarises the insights gained from it and presents them as a panorama of contemporary building culture, encouraging us to reconsider architecture. Through our collaboration with the Deutsches Architekturmuseum (DAM), we have experienced first-hand how relevant and inspiring this dialogue can be. We also recognise the importance of creating spaces and structures that facilitate such dialogue.

Yours,
Deniz Turgut
JUNG Head of Marketing

Essay

—

**Ewig war gestern
Kirchenbauten zwischen Erbe
und Anspruch**
Eternal was Yesterday
Church Buildings between Heritage
and Ambition

Karin Berkemann

Ewig war gestern Kirchenbauten zwischen Erbe und Anspruch

Eternal was Yesterday Church Buildings between Heritage and Ambition

Karin Berkemann

Schon mit ihrer Einweihung steckt eine Kirche in einem Dilemma: Eigentlich macht sie sich selbst überflüssig. Denn, darin sind sich die christlichen Konfessionen überraschend einig, alle menschlichen (Bau-)Werke tragen ihr Ende bereits in sich. Bis zum Anbruch einer neuen Zeit, die Tradition spricht vom Jüngsten Gericht, sollen Kirchenräume nicht mehr und nicht weniger sein als Zuflucht auf dem Weg. Entsprechend drehen sich viele der biblischen Raumbilder um das Zelt in der Wüste. Dennoch, oder gerade deshalb, werden Gottesdiensträume samt Ausstattung meist mit so viel Herzblut und Kunstfertigkeit hergerichtet, dass sie einen Anspruch auf Dauer, vielleicht auf Ewigkeit erheben. Diese sensible Balance, die einen Teil der Faszination für jene Baugattung ausmacht, gerät aktuell ins Wanken. Immer sichtbarer werden Kirchen geschlossen, abgerissen, um- und nachgenutzt. Und in Dorf und Stadt merkt man häufig erst zu spät, was mit diesen traditionsreichen öffentlichen Orten verloren gegangen ist.

Gefühlte Größe

Die Diskussion um brachfallende Kirchen ist nicht neu. Bereits um 1970 mahnten Theologen, dass man gegen weniger Mitglieder nicht mit mehr Beton ankäme. Kirchen(neu)bau sei nicht gleichbedeutend mit Gemeindeaufbau. Dieser Ruhephase auf westdeutscher Seite stand eine kurze Blüte in der DDR gegenüber. Hier ermöglichte das sogenannte Sonderbauprogramm ab 1973/74 ein Tauschgeschäft. Der Westen zahlte, und die DDR errichtete bis zur Wendezeit – vor allem am Rand der Großwohnsiedlungen – rund 100 neue Kirchen. Ab den 1980er Jahren, mit der Wiederentdeckung der Altstadt, erprobte man dies- und jenseits der Mauer, auch historische Kirchen lebendiger zu nutzen: mit Einbauten im Schiff, mit einer Abtrennung unter der Empore oder schlicht mit einer Ausstattung, die sich je nach Bedarf flexibel ausrichten ließ.

Solche Konzepte erleben jetzt eine Renaissance, denn die beiden großen christlichen Konfessionen verlieren dramatisch an Mitglieder- und Finanzstärke. Daher schätzen Expertinnen und Experten, dass von rund 45.000 evangelischen und römisch-katholischen Gemeindekirchen in Deutschland künftig ein Drittel bis die Hälfte infrage gestellt wird. Ganz zu schweigen von den ungezählten Andachtsräumen in Kliniken,

Karin Berkemann

Even when it is first consecrated, a church faces a dilemma: it renders itself superfluous. This is because all Christian denominations agree that all human works (including buildings) already carry their own end within them. Until the dawn of a new era, which tradition refers to as the Last Judgement, church buildings should be nothing more and nothing less than a refuge along the way. Accordingly, many biblical images of space revolve around the tent in the desert. Nevertheless, perhaps precisely because of this, places of worship and their furnishings are created with such passion and craftsmanship that they lay claim to permanence, or even to eternity. This delicate balance, which is part of the fascination surrounding this type of building, is currently being disturbed. Churches are increasingly being closed, demolished, converted, and repurposed. In villages and towns, people often only realise what has been lost with these traditional public places once it is too late.

Perceived Size

The debate surrounding abandoned churches is not a new phenomenon. As early as 1970, theologians warned that an increase in the number of churches would not be enough to counteract declining membership. Building (new) churches did not necessarily lead to the formation of new communities. While West Germany experienced a period of stagnation, the GDR enjoyed a brief boom. Here, the *Sonderbauprogramm* ('Special Construction Programme') of 1973/1974 enabled a barter deal. The West paid for it, and by the time of reunification, the GDR had built around 100 new churches, mainly on the outskirts of large housing estates. From the 1980s onwards, as the old town was rediscovered, attempts were made on both sides of the Wall to make historic churches more lively places: with installations in the nave, with a partition under the gallery, or simply with furnishings that could be flexibly arranged as required.

Such concepts are experiencing something of a renaissance, as the two major Christian denominations are losing members and financial strength at a dramatic rate. Experts therefore estimate that between a third and half of Germany's approximately 45,000 Protestant and Roman Catholic parish churches will come under scrutiny in the future. This does not even take into

Klöstern und freikirchlichen Gemeinschaften, die meist einen leisen Tod sterben. Neben den harten Zahlen ist die gefühlte Größe nicht weniger von Belang. Im bundesweiten Schnitt kommen auf eine Gemeindekirche rund 1.000 Mitglieder. Nach den Bemessungsschlüsseln der meisten Bistümer und Landeskirchen reicht das höchstens für eine halbe Pfarrstelle – und damit wackelt der Standort. Aus der Sicht eines Fördervereins hingegen genügen schon wenige, aber engagierte Menschen, um das Dach dicht und den Kirchhof gepflegt zu halten. Was drei Gottesdienstbesucher vielleicht als übergroßen Raum empfinden, kann für Ruhesuchende von erholsamer Weite sein. In dieser Raumreserve auch einen ideellen Reichtum zu sehen und zu bewahren, braucht einen Blick über den Tellerrand der Kerngemeinde hinaus.

Deutungsvielfalt

»Das ist nun mal der größte Raum, den man als Kind erleben darf«, erinnert sich Peter Cachola Schmal, Direktor des Deutschen Architekturmuseums (DAM), an seine ersten Kirchenbesuche in Mülheim an der Ruhr. Im Podcast mit dem Mainzer Bischof Peter Kohlgraf am 22. Oktober 2025 sprechen beide über die identitätsstiftende Rolle religiöser Räume – und über das *Kirchenmanifest*, zu dessen Erstunterzeichnern Schmal zählt. Im Mai 2024 forderten darin elf baukulturelle Akteure, darunter die Verfasserin dieses Beitrags, Kirchen als Gemeingüter zu schützen und zu nutzen. Verliert eine Kirche ihre gottesdienstliche Nutzung, büße sie damit nicht automatisch ihre Existenzberechtigung ein. Als Marke im Ortsbild, als nachhaltiger Baukörper, als Erinnerungsspeicher und Kulturerbe seien solche besonderen Räume von bleibender Bedeutung. Vor diesem Hintergrund ruft das Manifest dazu auf, dem drohenden Kirchensterben »mit neuen Formen der Trägerschaft zu begegnen: mit einer Stiftung oder Stiftungslandschaft für Kirchenbauten und deren Ausstattungen«.

Statt Schwarz-Weiß-Lösungen – nur Kirche oder gar nichts – werden aktuell zunehmend Mischformen ausgelotet. Der Gedanke einer solch hybriden Nutzung diente als roter Faden der Summer School 2025 des Deutschen Nationalkomitees für Denkmalschutz (DNK) in Kooperation mit der mecklenburg-vorpommerschen Landesdenkmalpflege, der Hochschule Wismar und der Verfasserin dieses Beitrags. In Greifswald wurden Ansätze ausgelotet, liturgische und weitere Funktionen unter einem Dach zu vereinen. Die Bandbreite der studentischen Ideen reichte von einem performativen Stadtrundgang durch das Plattenviertel über die Neuordnung des grünen Kirchenumfelds bis zu vermittelnden Impulsen in der gotischen Halle der St.-Jacobi-Kirche: Hier knüpften die Studierenden eine Schaukel unter das hohe Gewölbe.

account the countless prayer rooms in hospitals, monasteries, and free church communities, most of which are slowly disappearing. In addition to hard figures, perceived size is also important. On average, there are around 1,000 members per parish church in Germany. According to the assessment criteria of most dioceses and regional churches, this is only enough for half a parish position, meaning the location is in jeopardy. However, from the perspective of a support association, a few dedicated individuals are sufficient to ensure the roof remains watertight and the churchyard is well maintained. What three churchgoers might perceive as an oversized space could provide a peaceful retreat for those seeking tranquillity. Recognising and preserving the spiritual wealth of this space requires looking beyond the core congregation.

Diversity of Interpretation

'It's simply the largest space a child can experience,' recalls Peter Cachola Schmal, director of the Deutsches Architekturmuseum (DAM), reminiscing about his early visits to churches in Mülheim an der Ruhr. In a podcast with Mainz Bishop Peter Kohlgraf on 22 October 2025, the two discuss the identity-forming role of religious spaces, as well as the *Kirchenmanifest* ('Church Manifesto'), to which Schmal was one of the first signatories. In May 2024, 11 architectural players, including the author of this article, campaigned for churches to be protected and used as community spaces. If a church loses its religious function, it does not automatically lose its *raison d'être*. As landmarks in townscapes, sustainable buildings, and repositories of memories and cultural heritage, such special spaces are of lasting importance. Against this backdrop, the manifesto calls for the impending demise of churches to be countered 'with new forms of sponsorship: a foundation or landscape of foundations for church buildings and their furnishings'.

Rather than black-and-white solutions – either a church or nothing at all – hybrid forms are increasingly being explored. This concept was the central theme of the 2025 Summer School organised by the German National Committee for Monument Protection (Deutsches Nationalkomitee für Denkmalschutz, DNK), in collaboration with the Mecklenburg-Western Pomerania State Office for the Preservation of Historical Monuments, Wismar University of Applied Sciences, and the author of this article. In Greifswald, approaches were explored to combine liturgical and other functions under one roof. The students' ideas ranged from a performative city tour through the prefabricated housing estate, to redesigning the green church surroundings, and introducing mediating elements into the Gothic hall of St Jacobi Church. There, the students attached a swing to the high vaulted

In der Greifswalder Kirche St. Jacobi knüpften Studierende der Summer School 2025 eine Schaukel unter das gotische Gewölbe.
In St. Jacobi Church in Greifswald, students from the 2025 Summer School hung a swing beneath the Gothic vaulted ceiling.

Die Montag Stiftung Urbane Räume setzt sich für den Erhalt der Mannheimer Hafenkirche als gemeinwohlorientierter Ort ein.
The Montag Stiftung Urbane Räume is committed to preserving Mannheim's Harbour Church as a place dedicated to the common good.

Unter dem hohen Dach der Rostocker Nikolaikirche sind Wohnungen und Gästezimmer entstanden. Im Kirchenschiff finden unterschiedliche Veranstaltungen statt.
Apartments and guest rooms have been created beneath the high roof of Rostock's St. Nicholas Church. The nave is used for various events.

Die ehemalige Christuskirche in Berlin-Schöneberg wurde von Bundschuh Architekten für eine Baugruppe zu Wohnungen umgebaut und durch einen Neubau ergänzt.
Bundschuh Architekten converted the former Christuskirche in Berlin-Schöneberg into flats for a building group, supplementing it with a new building.

Im Hin- und Herschwingen wurden die Gesichter heiter und die Gespräche leichtfüßig. Denn genau solche (vertikalen) Raumreserven fehlen vielerorts. Nicht umsonst stellte das Projekt »Maria als« in Stuttgart auf Zeit ein Trampolin ins neugotische Kirchenschiff. Und bundesweit nutzt man vermehrt ehemalige Gottesdiensträume als Kletterhalle oder als Probebühne für Artistik und Tanz.

Welcher Ort – und wenn ja, wie viele?

Ob mit Turm oder ohne, Kirchen halten das Quartier nicht nur gestalterisch, sondern auch sozial zusammen. Für diese Rolle hat sich in den vergangenen Jahren ein Begriff des US-amerikanischen Soziologen Ray Oldenburg durchgesetzt. Zwischen dem Zuhause (»Erster Ort«) und dem Arbeitsplatz (»Zweiter Ort«) benötige jeder Mensch einen »Dritten Ort« für kulturelle Begegnungen. Diese Aufzählung ergänzt der Innenarchitekt Felix Hemmers um die Sinnerfahrung: Kirchen als »Vierte Orte«. Seine gleichnamige Ausstellung für die Initiative Baukultur Nordrhein-Westfalen tourt mit Videointerviews und Modellprojekten durch betroffene Standorte, stößt Gespräche und neue Prozesse an. Denn meist hat eine Kirche viele unterschätzte Talente, von der hohen künstlerischen Qualität bis zur zentralen Lage. Da lohnt ein Konzeptvergabeverfahren, bei dem der Bau nicht für den höchsten Preis, sondern für die beste Idee in neue Hände gegeben wird. Auch ganz säkulare Träger interessieren sich für die Objekte, wie etwa die Montag Stiftung Urbane Räume für die Mannheimer Hafenkirche (1953, Max Schmechel), die sie mit Initialkapital dabei unterstützt, als gemeinwohlorientierter Raum erhalten zu bleiben.

Kommen Kirchen frei auf den Markt, werden sie oft auf Abriss verkauft und die Grundstücke dicht mit Wohnhäusern überplant. Doch auch im Bestand können neue Mieter einziehen: Über dem rekonstruierten Gewölbe der gotischen Nikolaikirche in Rostock erprobte man bereits 1984 eine profane Nutzung. Heute stehen hier 13 Wohnungen und fünf Gästezimmer bereit, samt grandioser Aussicht. Im darunterliegenden Schiff sind seit 1994 ebenso kulturelle wie liturgische Veranstaltungen willkommen. Kleinere, dörfliche Kirchen vermarktet man vermehrt als Feriendomizil mit Flair. Für die städtische Christuskirche (1922/1952) in Berlin-Schöneberg hingegen war es die Baugruppe »Amen«, die sich im Bestand 2021 ihre Wohnungen einrichtete. So blieb die überlieferte Großform – in unaufgeregtes »Greige« getaucht – erhalten, doch die Binnenstruktur ist ebenso verloren wie die Offenheit zum Quartier. In der durchgrünten Siedlung Wolfen-Steinfurth wurde aus der Friedenskirche, 1977 charmant aus dem Einfamilienhaus-Fertigteilsystem »Bitterfeld« und vorfabrizierten Trogfalten zusammengefügt, bis 2025 tatsächlich ein Eigenheim.

ceiling. As they swung back and forth, their faces lit up and their conversations became more light-hearted. It is precisely this kind of vertical space that is lacking in many places. It is no coincidence that the 'Maria als' project in Stuttgart temporarily installed a trampoline in the neo-Gothic nave. Throughout Germany, former places of worship are increasingly being used as climbing walls or rehearsal spaces for acrobatics and dance.

Which Place – and if so, How Many?

Whether with or without a tower, churches hold the neighbourhood together, both in terms of design and socially. In recent years, the concept of the 'third place', developed by American sociologist Ray Oldenburg, has gained acceptance for this role. Between home ('first place') and work ('second place'), everyone needs a 'third place' for cultural encounters. Interior designer Felix Hemmers adds another dimension to this concept: churches as 'fourth places'. His exhibition of the same name, organised by the Baukultur North Rhine-Westphalia initiative, is touring affected locations with video interviews and model projects, sparking discussions and new processes. After all, churches usually have many underestimated talents, ranging from high artistic quality to central locations. This makes it worthwhile to use a concept award procedure, whereby the building is awarded not to the highest bidder, but to the best idea. Even entirely secular organisations are interested in these properties. For example, the Montag Stiftung Urbane Räume (Montag Foundation for Urban Spaces) is providing initial capital to ensure that the Mannheim Harbour Church (1953, Max Schmechel) remains a space dedicated to the common good.

When churches become available on the property market, they are often sold for demolition, after which the land is densely redeveloped with residential buildings. However, existing buildings can also be occupied by new tenants: as early as 1984, the reconstructed vault of the Gothic St. Nicholas Church in Rostock was used for a non-religious purpose. Today, there are 13 flats and five guest rooms here, all of which boast magnificent views. Since 1994, the nave below has also welcomed cultural and liturgical events. Smaller village churches are increasingly being marketed as characterful holiday homes. In the case of the urban Christuskirche (1922/1952) in Berlin-Schöneberg, the 'Amen' building group set up apartments in the existing building in 2021. The traditional large form, bathed in a subdued 'greige', was preserved, but the internal structure and openness to the neighbourhood were lost. In the green Wolfen-Steinfurth housing estate, the Friedenskirche, charmingly assembled in 1977 from the 'Bitterfeld' prefabricated single-family home system and prefabricated trough

Was der Konstruktion (abgesehen von der dunklen Farbgebung) äußerlich kaum Schaden zugefügt hat, kommt wegen der hohen, blickdichten Zäune städtebaulich einem Totalverlust gleich. Um solche Entwicklungen zu vermeiden, experimentiert man aktuell (zugegebenermaßen eher im urbanen Umfeld) mit genossenschaftlichen Modellen, die das Grundstück für Wohnzwecke erschließen, aber die Kirche als Gemeinschaftsraum bewahren.

Hauptsache sozial?

Blickt man über die Kirchen hinaus, zeigen sich ähnliche Probleme auch bei anderen Baugattungen. Vom Kaufhaus bis zum Kino, immer mehr Architekturen können ihr Glücksversprechen nicht mehr einlösen. Das Forschungsprojekt »Obsolete Stadt« hat solche (drohenden) Leerstände im urbanen Raum geclustert – und festgestellt, dass sich die Schließungen oft an Brennpunkten häufen. Genau hier wäre die Kirche die Letzte, die das Licht ausmacht. Mischnutzungen wie in Lübeck könnten diesem Trend entgegenwirken. Mit Bundesmitteln hat die Hansestadt das Programm »Übergangsweise« aufgelegt, um leerfallende Räume kreativ neu zu bespielen. Unter dem Namen »Übergangsinseln« werden Ruhepunkte angeboten, die von der Buchhandlung bis zur Kulturkirche reichen. Als zentraler Raum dient das ehemalige Karstadt-Kaufhaus (1996, Harald Deilmann) in der Königstraße. 2022 von der Stadt angekauft, steht dieses »Übergangshaus« seit 2024/25 unter der Woche täglich mehrere Stunden offen, für Kultur und Bildung. In Lübeck arbeitet man ebenso am Erhalt der Kirchen in der Welterbe-Altstadt. Mit kirchlicher Anerkennung wirbt die bürgerliche Stiftung »Sieben Türme« gezielt um Spenden von Menschen, die mit der Institution keine positiven Anknüpfungspunkte mehr haben. Perspektivisch könnte auch das Eigentum der Bauten, bei einem dauerhaften gemeindlichen Nutzungsrecht, in die Stiftung übergehen.

Es liegt nahe, auch in Kirchen soziale Funktionen einziehen zu lassen. Entsprechend beliebt war lange die Umwandlung zur Kindertagesstätte. Zum einen brauchte man hier mehr Raum und bekam gute Förderung, zum anderen wirkte der Zweck optimistisch und allgemein verträglich. Doch gesetzliche Auflagen und ein hoher Erwartungsdruck ließen solche Umbauten oft zu teuer oder zu invasiv geraten. Im norddeutschen Geesthacht zog die Kindertagesstätte 2021 nur auf Zeit in die entwidmete evangelische Kirche St. Petri (1963, Horst Sandtmann, Friedhelm Grundmann). Mit reversiblen Trennwänden, die ehemalige Ausstattung beiseite geschoben, verliert der Raum an Weite und gewinnt an Leben. Hinzu kommen schleichende Schließungen, denn nach dem überraschenden Dacheinsturz der

folds, is set to become a private residence by 2025. While the exterior of the building has hardly been damaged (apart from the dark colour scheme), the high, opaque fences represent a total loss in terms of urban planning. To avoid such developments, experiments are currently being conducted with cooperative models that develop land for residential purposes while preserving the church as a community space, albeit primarily in urban environments.

The Main Thing is Social?

Similar problems can be seen in other types of buildings, not just churches. From department stores to cinemas, an increasing number of buildings are failing to fulfil their promise of happiness. The research project 'Obsolete Stadt' (Obsolete City) has identified such (impending) vacancies in urban areas – and found that closures often cluster in social hotspots. This is precisely the point at which the church would be the last to turn off the lights. Mixed-use developments, as in Lübeck, could counteract this trend. With federal funding, the Hanseatic city launched the 'Übergangsweise' (Transitional) programme to repurpose vacant spaces in a creative way. Under the name 'Übergangsinseln' (Transitional Islands), places of rest are offered, ranging from bookshops to cultural centres. The central space is the former Karstadt department store (1996, Harald Deilmann) on Königstraße. Purchased by the city in 2022, this 'Übergangshaus' (Transitional House) has been open for several hours a day during the week since 2024/2025, offering spaces for cultural and educational activities. Work is also underway in Lübeck to preserve the churches in the World Heritage Old Town. With ecclesiastical recognition, the civic foundation 'Sieben Türme' (Seven Towers) specifically solicits donations from people who no longer have a positive connection to the institution. In the future, ownership of the buildings could also be transferred to the foundation, granting the parish a permanent right of use.

Allowing churches to take on social functions makes sense. For a long time, converting them into daycare centres was a popular option. More space was needed, good funding was available, and the purpose seemed optimistic and generally acceptable. However, legal requirements and high expectations often made such conversions too expensive or too disruptive. In Geesthacht, northern Germany, the daycare centre temporarily moved into the deconsecrated Protestant church of St. Petri (1963, Horst Sandtmann, Friedhelm Grundmann) in 2021. With reversible partition walls and the former furnishings pushed aside, the interior loses some of its spaciousness but gains vitality. Added to this are

Zum Einfamilienhaus umgebaut, verschwindet die ehemalige Friedenskirche von 1977 in Wolfen-Steinfurth seit 2025 hinter einem blickdichten Zaun.
Converted into a detached house, the former Friedenskirche (Peace Church) in Wolfen-Steinfurth, built in 1977, has been hidden behind an opaque fence since 2025.

Für eine temporäre Nutzung als Kindertagesstätte wurden in die entwidmete Kirche St. Petri in Geesthacht rückbaubare Trennwände eingezogen.
Removable partition walls were installed in the deconsecrated St. Petri Church in Geesthacht for temporary use as a daycare centre.

Kasseler Elisabethkirche (1960, Armin Dietrich) am 6. November 2023 wurden viele Standorte der Nachkriegszeit überprüft und stillgelegt. Was als Vorsorge guten Sinn ergibt, führt im Windschatten oft zum Aus für angezählte Standorte. Für viele Inkunabeln wie die Wolfsburger Heilig-Geist-Kirche (1962, Alvar Aalto), die im Herbst 2025 (vorübergehend) aus statischen Gründen geschlossen wurde, bleibt das weitere Vorgehen noch offen. Für St. Elisabeth in Kassel hingegen sammelt man vor Ort bereits hoffnungsvoll Ideen für eine künftige geistliche Nutzung des zentralen Standorts.

Reuse the Church

Spätestens seit den 1990er Jahren ist die Silhouette der Städte bunter geworden, denn unterschiedliche religiöse Gemeinschaften haben selbstbewusst ihren Ort an den Straßen und Plätzen eingenommen. Viele ehemalige Kirchen wurden an andere christliche Gemeinschaften abgegeben, auch der Wandel zur Synagoge oder Moschee wurde in Einzelfällen umgesetzt. Da ist es nur konsequent, dass erneut eine Idee aufploppt, die seit dem späten 20. Jahrhundert viele Male gedreht und gewendet wurde. Theologen wie Architektinnen entwerfen Bauten, in denen Menschen jenseits konfessioneller, religiöser und weltanschaulicher Bindungen einzeln oder gemeinsam Ruhe und Sinn finden sollen. Was als Raum der Stille oder Kapelle in Einkaufszentren oder Fußballstadien begann, wandelt sich langsam zum multireligiösen Raum oder Haus der Religionen. Der indische Literaturwissenschaftler Homi K. Bhabha sprach 1994 lieber allgemein von »Dritten Räumen«, in denen kulturelle Differenz immer wieder neu ausgehandelt werde – und lenkte damit den Blick vom festen Ort zum menschlichen Miteinander. Dies entwickelte der Religionswissenschaftler Mehmet T. Kalender 2023 weiter zum »besonderen Sozialraum«, der bei interreligiösen Veranstaltungsformen materielle und gesellschaftliche, institutionelle und diskursive Aspekte verbindet.

Begreift man Kirche (wieder) als eben das, als Handlungsfeld in einem größeren gesellschaftlichen Gefüge, dann wiegt die Raumfrage nicht (mehr) bleischwer. Beim Berliner Kirchbautag 2025, der Fachkonferenz zum Thema im evangelischen Bereich, schlug der Schweizer Kunsthistoriker Johannes Stückelberger vor, das Problem aus einer neuen Perspektive zu betrachten. Man solle nicht länger über die Grenzen der Nach-, Um- und Mischnutzung diskutieren, sondern stattdessen den Kirchenbegriff weiten, so dass er von liturgisch über kulturell bis sozial vieles einschließen könne. Im Geiste dieser neuen Offenheit arbeiten aktuell viele Architektenteams daran, die Kirchenruine Santa Maria Assunta di Settefonti in Ozzano nahe Bologna wieder mit geistlichem Leben zu füllen. Der bis zum Januar 2026 ausgelobte internationale Wettbewerb

creeping closures because, following the unexpected collapse of the Elisabethkirche roof in Kassel (1960, Armin Dietrich) on 6 November 2023, many post-war locations were inspected and shut down. While this may make sense as a precautionary measure, it often leads to the demise of endangered locations. The future of many such incunabula remains unclear, including the Heilig-Geist-Kirche in Wolfsburg (1962, Alvar Aalto), which was closed in autumn 2025 for structural reasons. For St. Elisabeth in Kassel, on the other hand, people are already gathering ideas for its future spiritual use.

Reuse the Church

Since at least the 1990s, city skylines have become more colourful as different religious communities have taken their place confidently on the streets and squares. Many former churches have been handed over to other Christian communities and, in some cases, converted into synagogues or mosques. So, it is only logical that an idea which has been discussed many times since the late twentieth century should resurface. Theologians and architects are designing buildings where people can find peace and meaning individually or collectively, regardless of their denomination, religion, or ideology. What began as a chapel or space of silence in shopping malls or football stadiums is slowly transforming into a multireligious space or house of religions. In 1994, Indian literary scholar Homi K. Bhabha spoke in general terms of 'third spaces', where cultural differences are constantly renegotiated, thus shifting the focus from fixed locations to human coexistence. In 2023, religious scholar Mehmet T. Kalender further developed this concept into a 'special social space' combining material, social, institutional, and discursive aspects in interreligious events.

If we (once again) understand the church as a field of action within a larger social structure, the question of space becomes less significant. At the 2025 Berlin Kirchbautag, the leading Protestant conference on this topic, Swiss art historian Johannes Stückelberger proposed a new approach to the issue. He argued that, rather than discussing the limits of reuse, conversion, and mixed use, we should broaden the concept of the church so that it encompasses many aspects, including the liturgical, cultural, and social. In the spirit of this new openness, many teams of architects are currently working to breathe new life into the ruins of the Santa Maria Assunta di Settefonti church in Ozzano near Bologna. The international 'Reuse the Church' competition, open until January 2026, invites designers to submit proposals for transforming the historic site in the picturesque hilly landscape into an interfaith space. Projects such as this

»Reuse the Church« wirbt um Entwürfe, die den historischen Standort in pittoresker Hügellandschaft als interreligiösen Raum erschließen. Mit solchen Projekten umkreist die Gesellschaft eine neue, (noch) nicht institutionell festgezurrte Raumform, die der Sinnsuche dienlich ist. Dass man dafür ausgerechnet eine Lost-Place-Kirche aufgreift, macht Hoffnung für einen geduldigeren Umgang mit dem Bestand.

›Geht so‹ ist das neue ›perfekt‹

In der Publikation *Leben statt Leere*, die 2025 vom EKD-Kulturbüro zum Kirchbautag herausgegeben wurde, appelliert die Geschäftsführerin des DNK, Ulrike Wendland, an Kirche und Denkmalschutz gleichermaßen. Auf beiden Seiten müsse man sich von (zu) hoch geschraubten Ansprüchen lösen, denn in diesen Umbruchszeiten seien perfekte Lösungen nur noch selten zu erzielen. Es scheint, als beginne der Wandel von Kirchenräumen mehr im Kopf als auf der Baustelle. Auch ganz säkulare Anti-Abriss-Initiativen fordern strukturelle Veränderungen. So sollten die Phase Null, das vorbereitende Denken und Planen, sowie die Phase Zehn, das begleitende Reparieren und Erhalten, stärker gefördert und damit auch entlohnt werden. Um bei all dem die Spielfreude nicht aus den Augen zu verlieren, hat die Stiftung KiBa zum Kirchbautag allen Teilnehmenden ein Kartenspiel in die obligatorische Konferenzstofftasche gepackt. Die bunt bebilderten Anregungen reichen vom Trampolin im Kirchenschiff bis zur Paketstation im Vorraum. Je freier die Gedanken dabei fliegen, desto besser.

one are enabling society to explore a new form of space that is not (yet) institutionally fixed and serves the search for meaning. The fact that a disused church has been chosen for this purpose offers hope for a more patient approach to existing buildings.

'So-so' is the New 'Perfect'

In *Leben statt Leere* ('Life Instead of Emptiness'), a publication by the EKD Cultural Office released on Kirchbautag in 2025, Ulrike Wendland, the managing director of the DNK, appeals to both the church and monument preservationists. She argues that both sides need to let go of overly high expectations because perfect solutions are rarely achievable in these times of upheaval. It seems that the transformation of church spaces is starting more in people's minds than on construction sites. Even entirely secular anti-demolition initiatives are calling for structural changes. Phase zero – the preparatory thinking and planning – and phase ten – the accompanying repair and maintenance – should be promoted and rewarded more strongly. To avoid losing sight of the importance of play, the KiBa Foundation included a card game in the conference bag for all participants at Kirchbautag. The colourfully illustrated suggestions range from a trampoline in the nave to a parcel station in the vestibule. The more freely thoughts fly, the better.

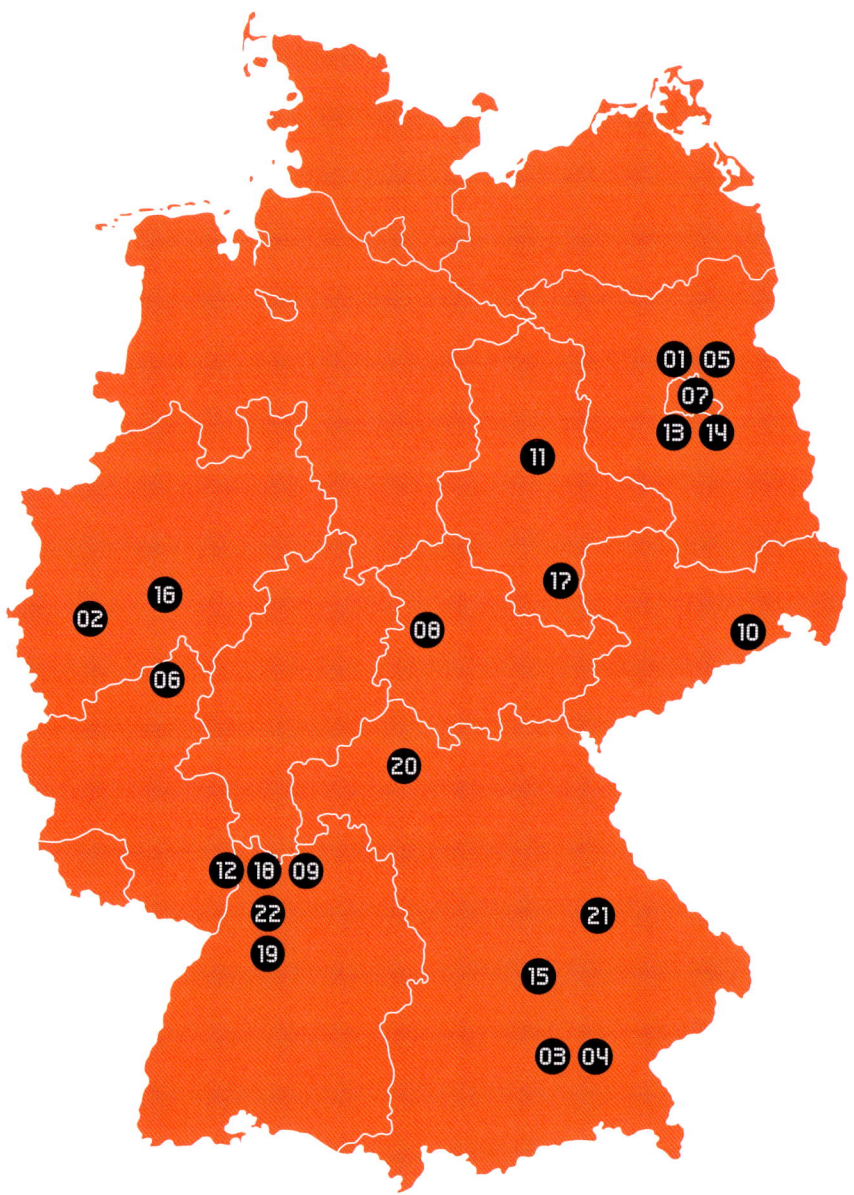

01 Peter Grundmann Architekten
ZK/U Zentrum für Kunst und Urbanistik, Berlin

---

02 Aretz Dürr Architektur
Wohnen F//9 – Modulare Nachverdichtung in Köln

03 etal.
Das robuste Haus – Mehrgenerationenhaus Görzer Straße, München

04 Hild und K Architekten
Übernachtungsschutz mit medizinischer Einrichtung, München

05 PPAG architects
Doppelschule Allee der Kosmonauten, Berlin

---

06 Aretz Dürr Architektur
Halle S//46, Graf-Zeppelin Halle, Altenkirchen

07 BARarchitekten
Wohn- und Atelierhaus LW42, Berlin

08 Büro Voigt
Theaterwerkstätten und Fundus, Landestheater Eisenach

09 Ecker Architekten
Neckarschleuse Schwabenheim, Schwabenheim-Dossenheim

10 FRIDA Architekten
Veranstaltungsgebäude im Walderlebniszentrum Leupoldishain, Königstein

11 gmp · Architekten von Gerkan, Marg und Partner
Hyparschale Magdeburg

12 LRO Lederer Ragnarsdóttir Oei
Grundschule auf FRANKLIN, Mannheim

13 Max Hacke & Leonhard Clemens
Hinterhaus Prototyp 6×9m, Berlin

14 Modersohn & Freiesleben Architekten
Haus im Park – Betreutes Wohnen für Menschen mit Behinderung, Berlin

15 nbundm* Architekten
Stadtteiltreff Augustin, Ingolstadt

16 Nehse & Gerstein Architekten
Umbau und Erweiterung Gründervilla JUNG, Schalksmühle

17 Peter Zirkel Architekten mit Naumann Wasserkampf Architekten
Museum Lützen 1632, Lützen

18 sauerbruch hutton
Franklin Village, Mannheim

19 schleicher.ragaller architekten
Betriebskindergarten, Stuttgart-Weilimdorf

20 Schlicht Lamprecht Kern Architekten
Bürgerzentrum MittenIm, Niederwerrn

21 studiomolter/Stadtbau GmbH Regensburg
Wohnhaus Regensburg

22 Waechter + Waechter Architekten
Innovationsfabrik 2.0, Heilbronn

Shortlist Architektur in Deutschland

Shortlist Architecture in Germany

—

2026

Aretz Dürr Architektur
Halle S//46, Graf-Zeppelin Halle, Altenkirchen

Kritik **Uta Winterhager**

Architekten/Architects
Aretz Dürr Architektur BDA
Severinstraße 121
50678 Köln
www.aretzduerr.de
info@aretzduerr.de

Projektteam/Project team
Sven Aretz, Inhaber
Jakob Dürr, Inhaber
Ben Schumann, Architekt

Bauherren/Clients
Schumann Project GmbH, Altenkirchen

**Projektsteuerung/
Project management**
Schumann Project GmbH, Altenkirchen

**Tragwerksplanung/
Structural engineering**
Ripkens Wiesenkämper
Beratende Ingenieure PartGmbB, Essen

Brandschutz/Fire prevention
SV.Zahn – Sachverständigenbüro für
Brandschutz GbR, Mönchengladbach

Standort/Location
Graf-Zeppelin-Straße 18
57610 Altenkirchen

Fertigstellung/Completion
Januar 2024

Fotografie/Photography
Ben Schumann, Köln

Die einfache Konstruktion der Halle spiegelt sich in ihrer klaren und sauberen Erscheinung.
The hall's simple construction is reflected in its clear and clean appearance.

Zu Gewerbegebieten fällt architekturaffinen Menschen meist wenig Gutes ein: Wildwuchs ungestalter Zweck-bauten und maßloser Flächenfraß wertvollen Acker-lands. Doch die vermeintlichen Abseiten bündeln all jene Orte und Nutzungen, die wir im städtischen Gefüge nicht wollen, aber brauchen. Hier befinden sich Produzenten, Entsorger und Verwerter, Betriebe mit großen Maschinen und Lager voller Waren. Ein Dilem-ma, auch für die Kommunen, denen Ausweisung und Realisierung der Gewerbegebiete Steuereinnahmen und Arbeitsplätze versprechen. So auch in Altenkirchen, einer rund 6.600 Köpfe zählenden kleinen Stadt im Westerwald. Das Gewerbegebiet Graf-Zeppelin-Straße liegt östlich ihres Kerns an der Bundesstraße und wird über eine Stichstraße erschlossen. Es bietet sich das übliche Bild des Zweckmäßigen; erst im letzten Drittel ändert sich das. Dabei ist auch die Halle S // 46 letztlich nur eine Halle.

Those interested in architecture tend not to think highly of industrial estates, which are characterised by the un-controlled growth of unattractive, functional buildings, and the excessive consumption of valuable farmland. However, these supposed eyesores bring together all the places and uses that we don't want in urban areas, but that we nonetheless need. They are home to producers, waste disposal and recycling companies, and businesses with large machinery and warehouses full of goods. This presents a dilemma, also for local authorities, who benefit from the tax revenue and job creation that indus-trial estates provide. Such is the case in Altenkirchen, a small town in the Westerwald region with a population of around 6,600. The Graf-Zeppelin-Straße industrial estate is located to the east of the town centre, on the main road, and can be accessed via a cul-de-sac. It pre-sents the usual picture of practicality, but this changes in the last third. This is despite the fact that Hall S // 46 is ultimately just a hall.

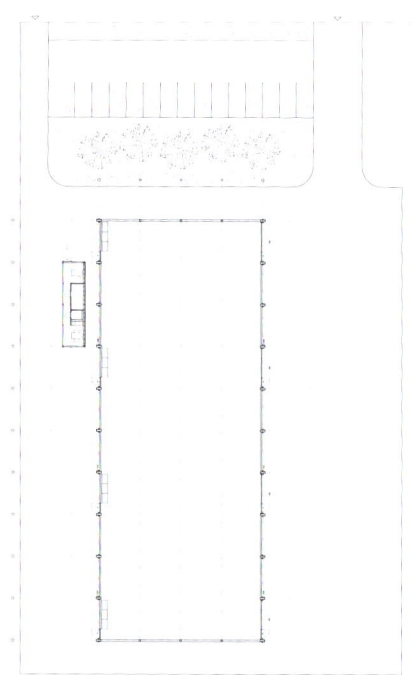

Das Dach aus Trapezblech bleibt innen unverkleidet.
The trapezoidal sheet metal roof remains unclad on the inside.

Eines der vier Falttore in der Ostfassade.
One of the four folding gates in the east façade.

Grundriss, oben links die Bürobox.
Floor plan, office cubicle at top left.

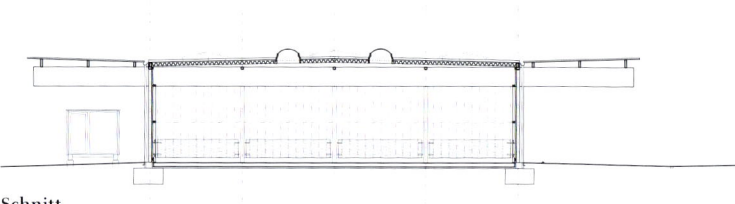

Schnitt
Section

Die Schumann Project GmbH war am Standort bereits ansässig, als sie das Kölner Büro Aretz Dürr mit dem Bau einer Lager- und Produktionshalle beauftragte. Bauherrin und Architekten kannten sich, so dass das *briefing* schnell klar war: eine große Halle – stützenfrei, aber teilbar und flexibel bespielbar, einfach und ästhetisch sowie nachhaltig in Erstellung und Betrieb. Die Halle S // 46 ist 24 mal 60 Meter groß mit einer lichten Höhe von 4,8 Metern, dazu kommen jeweils acht Meter großzügig bemessener Dachüberstand an den beiden Längsseiten. Die nördliche Stirnseite ist zur Straße hin orientiert, so dass der Bau in die Tiefe des Grundstücks wächst. Eine Erweiterung ist dort möglich und planerisch bereits mitgedacht.

Die Holzkonstruktion erschließt sich direkt: Brettschichtholz aus heimischer Fichte, Fassadenelemente aus Polycarbonatplatten, ein mit Trapezblech gedecktes Dach. Gängige Materialien eigentlich – die Planung ist aber trotz oder gerade wegen ihrer »simplen, fast primitiven Füge- und Montagetechniken«, so die Architekten, weit weg von jedem Standard. Dabei gehe es nicht darum, Regeln zu brechen, sondern geltende bauliche Standards zu hinterfragen und den komplexen Anforderungen statt durch technisch aufwändige Lösungen mit baulich einfachen Antworten zu begegnen. Der Holzbau folgt dem Grundprinzip Träger auf Stützen (verbunden mit Koppel- und Druckstäben) und konnte in zehn Tagen errichtet werden. Die elf Leimholzbinder erreichen mit 40 Metern Länge das maximale Produktionsmaß. Sie spannen 24 Meter frei über dem Hallenraum und kragen an beiden Seiten jeweils acht Meter aus, was die großzügigen Dachüberstände bildet. Durch die weite Auskragung und die gezielte Verteilung der Dachlasten konnten die erforderlichen Querschnitte der Träger um 15 Prozent auf 24 mal 120 Zentimeter reduziert werden. Auf den Bindern liegt ein statisch nicht notwendiger Sattelkeil, der (deutlich wirtschaftlicher und ressourcenschonender als Gefälledämmung) einen zweiprozentigen Stich von der Mitte nach außen erzeugt. Möglich wird so die einfache und langfristig sichere außenliegende Entwässerung über Rinnen zwischen Dach und Dachüberstand, wo mit dem Wechsel im Dachaufbau ohnehin eine bauliche Trennung ist. In Ansichten und Untersichten wird kaum mehr als das simple Trapezblech gezeigt; auch die Attika des gedämmten Bereichs ist äußerst filigran.

Schumann Project GmbH was already based at the site when they commissioned Cologne-based architects Aretz Dürr to design and build a warehouse and production hall. As the client and architects knew each other, the brief was agreed quickly: a large, column-free hall that could be divided and used flexibly, with a simple and aesthetic design, and that would be sustainable to construct and operate. Hall S // 46 measures 24 by 60 metres, with a clear height of 4.8 metres and a generously proportioned, eight-metre roof overhang on both long sides. The northern front faces the street, extending the building into the depth of the property. There is scope for an addition there, which has already been factored into the design.

The timber construction is immediately apparent, with glued laminated timber made from local spruce, a polycarbonate panel façade, and a trapezoidal sheet metal roof. While these materials are commonplace, the design is far from standard, according to the architects, despite – or perhaps because of – the 'simple, almost primitive joining and assembly techniques'. The intention is not to break the rules, but rather to challenge current building standards and meet complex requirements with straightforward structural solutions instead of technically complex ones. The timber construction follows the basic principle of beams on supports (connected by coupling and pressure rods) and was erected in ten days. The 11 glued laminated timber trusses measure 40 metres in length, which is the maximum size that can be produced. They span 24 metres above the hall space, projecting eight metres on both sides to form generous roof overhangs. Thanks to the wide overhang and targeted distribution of roof loads, the required beam cross-sections could be reduced by 15 per cent to 24 by 120 centimetres. The trusses are supported by a saddle wedge which is not necessary for structural reasons, and which creates a two per cent slope from the centre to the outside in a much more economical and resource-saving way than sloped insulation would. This enables simple, long-term, secure external drainage via gutters between the roof and the roof overhang, where a structural separation already exists due to the change in roof structure. In elevations and soffits, little more than simple trapezoidal sheet metal is visible, and the parapet of the insulated area is extremely delicate.

Dach und Dachüberstand haben ein sanftes Gefälle; die Entwässerung erfolgt über Rinnen am Übergang zwischen den Flächen.
The roof and roof overhang are gently sloped, and gutters provide drainage at the transition between the two surfaces.

Die Stützen sind mit einem Stahlfuß in Querrichtung teileingespannt. Analog zum Dach stabilisieren pro Seite drei vor der Fassade liegende Druckstäbe die Längsrichtung. Seitliche, bis zur Oberkante des Trägers hochgeführte Flanken sichern die Stützen gegen Kippen und verdecken den dahinterliegenden Anschlag der transluzenten Polycarbonat-Mehrkammerelemente. Das erzeugt allseitig sehr reduzierte und saubere Ansichten. Vier zweiteilige Sektionaltore in der langen Ostflanke und gegenüberliegend vier Eingangstüren sorgen für kurze Wege auch im optional geteilten Zustand und fügen sich rhythmisch in das kontrollierte Gesamtbild.

Der technische Ausbau ist den Anforderungen der Halle für Lagerung und Produktion entsprechend reduziert. Um die konstante Temperatur von 19 Grad zu halten, genügen an den meisten Tagen die konstruktiven Lösungen, wie die mit Dachüberständen und transluzenten Fassaden erzeugte Verschattung und die thermische Trägheit der Bodenplatte als Speichermasse. Über die Rauchabzugsöffnungen im Dach und die im oberen Bereich kippbaren Tore kann die gesamte Hallenfläche natürlich über Nacht ausgekühlt sowie be- und entlüftet werden. Solarpaneele und Wärmepumpen auf dem Dach dienen zum Betrieb der Luftheizung. Neben den Eingangstüren stehen einfache Werkbänke mit Wasseranschluss. Möglich ist die Reduktion des Technischen erst durch die Ergänzung der Halle: Ihr zur Seite gestellt sind Bürocontainer als Miniaturausgabe ihrer selbst. Auch in diesem Maßstab überzeugt die Ästhetik des Funktionalen.

Sven Aretz und Jacob Dürr haben mit ihrem Büro den Weg zurück zum simplen Bauen gefunden. Ihre Häuser, auch die zum Wohnen, muten industriell an, sachlich, aber nie unwohnlich. Was ihre Architektur auszeichnet, ist die wohltuende Direktheit. Wer die Eigenschaften und Zusammenhänge von Material und Struktur kennt, kann sich und der Umwelt das Kaschieren ersparen und zelebrieren, was da ist. Architektur muss nicht teuer und aufwändig sein – ist sie so einfach, so gut, so nachhaltig und skalierbar wie die Halle S // 46, könnten auch Gewerbegebiete bald ganz anders aussehen. Die Architekten könnten sich übrigens vorstellen, mit der Halle in Serie zu gehen.

The supports are partially clamped in the transverse direction using a steel base. Similar to the roof, three pressure bars in front of the façade stabilise the longitudinal direction on each side. Extending up to the upper edge of the beam, side flanks secure the supports against tipping and conceal the stop behind the translucent polycarbonate multi-chamber elements. This creates a very minimalist and clean appearance on all sides. Four two-part sectional doors in the long eastern flank and four entrance doors on the opposite side ensure short distances, even when divided, and fit rhythmically into the controlled overall design.

The technical infrastructure has been scaled down to align with the hall's storage and production requirements. To maintain a constant temperature of 19°C, structural solutions such as shading from roof overhangs and translucent façades, as well as the thermal inertia of the floor slab, are sufficient on most days. The entire hall can be cooled, ventilated, and aired overnight via the roof's smoke vents and the tilting doors in the upper area. Solar panels and heat pumps on the roof operate the air heating system. Simple workbenches with water connections are located next to the entrance doors. The reduction in technical elements would not have been possible without the addition of the hall: next to it are office containers that are miniature versions of the hall itself. Even on this scale, the aesthetic functionality is impressive.

Sven Aretz and Jacob Dürr have found their way back to simple construction with their firm. Their buildings, including residential ones, have an industrial feel – functional, yet never uninhabitable. What sets their architecture apart is its refreshing directness. Those who understand the properties and interrelationships of materials and structures can spare themselves and the environment the need for concealment and celebrate what is there. Architecture does not have to be expensive or elaborate – if all industrial estates were as simple, good, sustainable, and scalable as HallS // 46, they could soon look very different. The architects could even envisage putting the hall into series production.

Der Innenraum während der Montage der Fassade.
The interior during the assembly of the façade.

Geschützt unter dem weiten Dachüberstand dockt eine Miniaturausgabe der Halle mit Büros an.
A miniature version of the hall with offices is attached, protected under the wide roof overhang.

Montage des Holzskeletts.
Assembly of the timber frame.

BARarchitekten
Wohn- und Atelierhaus LW 42, Berlin

Kritik **Jennifer Dyck**

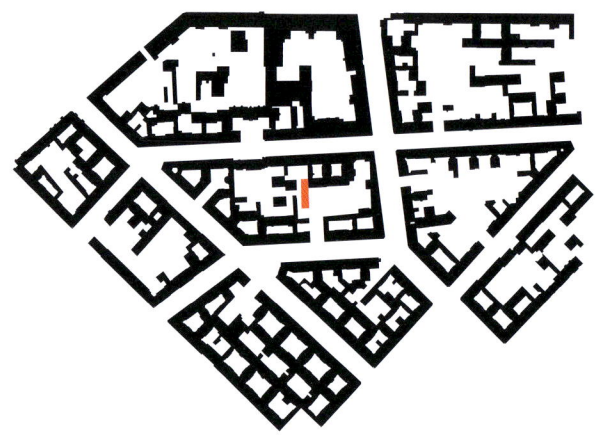

Architekten / Architects
BARarchitekten
Oderberger Str. 56
10435 Berlin
www.bararchitekten.de
mail@bararchitekten.de

Projektteam / Project team
Michael von Matuschka, Partner
Jürgen Patzak-Poor, Partner
Jack Burnett-Stuart, Partner

Bauherren / Clients
LW 42 GbR, Berlin

**Projektentwicklung, -steuerung /
Project development and management**
BARarchitekten, Berlin

Bauleitung / Site management
BARarchitekten mit Felix Haas, Berlin

**Tragwerksplanung /
Structural engineering**
PICHLER Ingenieure GmbH, Berlin

**Haustechnik, Heizung, Sanitär /
Building services engineering,
heating, plumbing**
Azimut GmbH, Berlin

Elektro / Electrical engineering
Azimut GmbH, Berlin

**Bauphysik / Building physics
Akustik / Acoustics**
ISRW Klapdor GmbH, Berlin

Brandschutz / Fire prevention
Ilko-M. Mauruschat GmbH, Potsdam

Standort / Location
Liebenwalder Straße 42a
13347 Berlin

Fertigstellung / Completion
Januar 2024

Fotografie / Photography
Hanns und Jonathan Joosten, Berlin
BARarchitekten, Berlin (S. 84)

Anstelle des Garagenhofs
mit Karosserieschmiede
aus den 1920er Jahren ...
Instead of the garage
courtyard with body shop
from the 1920s ...

... entstanden Ateliers und Wohnungen unter Erhalt von Teilen des Bestands.
... studios and flats were built while preserving parts of the existing structure.

Hinter Berliner Altbaufassaden verbergen sich nicht selten bunt bespielte Hinterhöfe. Ein Teil davon ist die historische Typologie der Hinterhofgarage. In den 1920er Jahren erlebte Berlin einen Bauboom, der als Reaktion auf die wachsende Motorisierung auch Garagenhöfe umfasste. Heute sind solche Anlagen in der Stadt zum Luxus geworden; in der Logik des Markts bleibt für sie oft kein Platz. Angesichts dichter Bebauung und steigender Immobilienpreise sehen Investoren an ihrer Stelle eher Neubauten.

Doch es geht auch anders – wie ein Blick in einen unscheinbaren Weddinger Hinterhof, der in eine gründerzeitliche Blockrandbebauung eingebettet ist, zeigt. Wo einst eine schmale Garagenzeile aus dem Jahr 1927 stand, die als Fuhrunternehmerhof mit Karosseriewerkstatt diente, ist ein lebendiger Ort für Wohnen und Arbeiten entstanden. Hinter dem Umbau und der Erweiterung stehen BARarchitekten, die das Potenzial der Immobilie in einem Online-Inserat entdeckten und das Grundstück gemeinsam mit Mitstreitern erwarben. Ursprünglich plante die Stadt, das Gebäude vollständig abzureißen und durch ein mehrgeschossiges

Hidden behind Berlin's old building façades are often colourful courtyards. One example of this is the historical typology of the courtyard garage. In the 1920s, Berlin experienced a construction boom that saw the addition of garage courtyards in response to the growing popularity of cars. Today, such facilities have become a luxury in the city; the market logic often leaves no room for them. Given dense development and rising property prices, investors tend to favour new buildings.

However, there is another way, as an inconspicuous backyard in Wedding nestled in a Wilhelminian-style perimeter block development shows. Where a narrow row of garages dating from 1927 once stood, serving as a haulage contractor's yard with a body shop, a vibrant living and working space has now been created. BARarchitekten discovered the property's potential in an online advertisement and acquired the site together with fellow investors, converting and extending it. The city had originally planned to completely demolish the building and replace it with a multi-storey transverse building that would reflect Berlin's block typology.

Um die Raumhöhe zu erweitern, wurden Betonstützen sichtbar ergänzt.
To increase the height of the room, the concrete pillars were visibly extended.

Innenausbau des Ateliers mit Büro, Bibliothek, Archiv und Arbeitsraum.
Interior construction of the studio with office, library, archive, and workspace.

Die ehemalige Karosseriewerkstatt ist nun ein doppelgeschossiges Atelier.
The former body shop is now a two-storey studio.

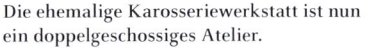

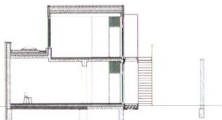

Schnitt
Section

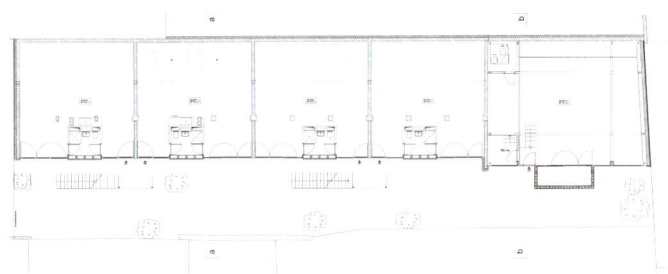

Grundriss Erdgeschoss
Ground floor plan

Quergebäude zu ersetzen, das die Berliner Block-typologie aufgreift. Stattdessen entschieden sich die Architekten dafür, mit dem Vorgefundenen zu arbeiten und die vorhandene Struktur weiterzudenken. Eine Planungsweise, die sich nicht an starren Typologien orientiert, sondern den Bestand als Ausgangspunkt für neue Raumkonzepte begreift.

Das Wohn- und Atelierhaus LW42 erinnert auf den ersten Blick kaum noch an die ursprüngliche Nutzung, es hat sich eine ganz eigene Ästhetik über den Bestand gelegt. Doch beim zweiten Blick wird deutlich, dass Spuren der historischen Substanz zum Bestandteil der neuen Architektur geworden sind. Alt und Neu sind vor allem im Inneren klar ablesbar. Die unterschied-lichen Baumaterialien und -phasen wurden bewusst nicht kaschiert, sondern in ihren spezifischen Eigen-schaften erkennbar gelassen. Bauweisen werden mit-einander kombiniert, ohne einem technischen Dogma zu folgen. So ist ein Konglomerat aus unterschiedlichen Strukturen, Oberflächen und Farben entstanden, das zur vielfältigen Nutzung der Architektur passt.

Im Erdgeschoss wurden 12 der 15 Garageneinheiten erhalten und nichttragende Zwischenwände sowie die ursprüngliche Decke entfernt. Die verbleibenden Mauerwerkswände dienen weiterhin als tragende Struktur, sind aber punktuell mit Stahlbetoneinlagen verstärkt und an einzelnen Stellen in der Höhe erwei-tert worden, um die neue, auskragende Decke und die Lasten der Aufstockung aufnehmen zu können. Jeweils drei Garagen wurden zusammengefasst und nach vorne hin verlängert. Auf diese Weise sind vier Gewerbeeinheiten mit je 70 Quadratmetern Fläche entstanden, die heute als Ateliers unterschiedlicher Art genutzt werden. Besonders hervorzuheben ist die rückwärtige Einheit: ein großzügiges zweigeschossiges Atelier mit 124 Quadratmetern Fläche. Hier wurde eine unterkellerte Werkstatt umgebaut, indem die Planer die Kellerdecke entfernten und das Bodenniveau leicht anhoben. Anschließend wurde der Raum mit einer stützenfreien Stahlkonstruktion überspannt. Statt eines neutralen White Cube dominiert eine Mischung aus bunt lackiertem Stahl – inspiriert von den Farb-experimenten der 1960er Jahre (aber auch an das Bauhaus erinnernd) –, Holz, Beton und altem Mauer-werk. Ergänzt wird dies durch Elemente wie etwa blaue Schiebetüren, hinter denen sich praktischer Stauraum verbirgt.

However, the architects decided to work with the existing structure and further develop it. This planning approach is not based on rigid typologies; rather, it sees the exist-ing structure as a starting point for new spatial concepts.

At first glance, the LW42 residential and studio building bears little resemblance to its original use, having taken on a completely unique aesthetic. Closer inspection re-veals, however, that traces of the historical substance have become an integral part of the new architecture. This is particularly evident in the interior, where old and new are brought together. The different building mate-rials and phases have been deliberately left visible, show-casing their unique characteristics. Construction methods are combined without following any technical dogma. The result is a conglomerate of different structures, sur-faces, and colours that suits the building's diverse uses.

On the ground floor, 12 of the 15 garage units were re-tained and non-load-bearing partition walls and the orig-inal ceiling were removed. The remaining masonry walls continue to serve as the load-bearing structure and have been reinforced with concrete inserts in specific areas. They have also been raised in places to accommodate the new cantilevered ceiling and the additional storey's loads. Three garages were combined and extended towards the front. This created four commercial units, each with an area of 70 square metres, which are now used as studios of various types. Of particular note is the rear unit: a spacious, two-storey studio with an area of 124 square metres. Here, a workshop with a basement was con-verted by removing the basement ceiling and raising the floor level slightly. The space was then spanned with a column-free steel structure. Rather than being a neutral white cube, the space is dominated by colourfully painted steel inspired by the colour experiments of the 1960s (but also reminiscent of Bauhaus), as well as wood, concrete, and old masonry. This is complemented by ele-ments such as blue sliding doors, which conceal practical storage space.

Das bewohnbare Obergeschoss ist eine Aufstockung in Holzbauweise. Sie ist durch notwendige Abstandsflächen zur Nachbarbebauung weniger tief als der darunterliegende Bestand, so dass im hinteren Bereich der Ateliers Oberlichter integriert werden konnten. Zwei außenliegende Stahltreppen führen zu einem Laubengang. Dieser dient als Zugang zu zwei Wohnungen mit je etwa 90 Quadratmetern Fläche, die auch als vier einzelne Wohneinheiten genutzt werden können. Der Laubengang ist mit Rankhilfen versehen, die künftig zur Begrünung beitragen sollen, so wie es das Retentionsdach bereits tut.

Mit LW42 ist ein Projekt gelungen, das exemplarisch zeigt, wie städtischer Bestand ressourcenschonend transformiert und freigewordene Nischen im Stadtraum sinnvoll aktiviert werden können. Es stellt die herkömmliche Trennung von Wohnen und Arbeiten infrage und bleibt offen für unterschiedliche Formen der Aneignung. Gerade in einem heterogenen, sich wandelnden Stadtteil wie Berlin-Wedding sind solche neu gedachten Räume des Austauschs, der Produktion und des Wohnens wichtig. Das Projekt ist aber auch ein Beispiel für strukturelle Hürden im Umgang mit dem Bestand. Zwei Jahre dauerten die Grundstücksteilung und das nachfolgende Genehmigungsverfahren, bevor der Umbauprozess beginnen konnte. Umso erfreulicher, dass LW42 nun für einen Architekturpreis nominiert wurde. Eine Aufmerksamkeit, die hoffentlich zu einem weniger erschwerten Substanzerhalt beitragen wird.

The habitable upper floor is a timber-framed extension. Due to the necessary clearance from neighbouring buildings, it is less deep than the structure below, enabling skylights to be incorporated into the rear of the studio space. Two external steel staircases lead to a pergola. This provides access to two flats, each with an area of around 90 square metres, that can also be used as four individual residential units. The pergola is equipped with climbing aids to contribute to future greening, as the retention roof already does.

LW42 is a successful project that demonstrates how urban spaces can be transformed in a resource-efficient way, putting vacant areas to good use. It challenges the traditional division between living and working spaces and can be used in a variety of ways. Such newly conceived spaces, which facilitate exchange, production, and living, are particularly important in a diverse, evolving district like Berlin-Wedding. However, the project also illustrates the structural hurdles involved in dealing with existing buildings. It took two years to divide the property and complete the subsequent approval process before conversion could begin. Therefore, it is all the more gratifying that LW42 has now been nominated for an architecture award. This recognition will hopefully contribute to making the preservation of existing buildings less difficult.

Wohnung mit Lehmwand.
Flat with clay wall.

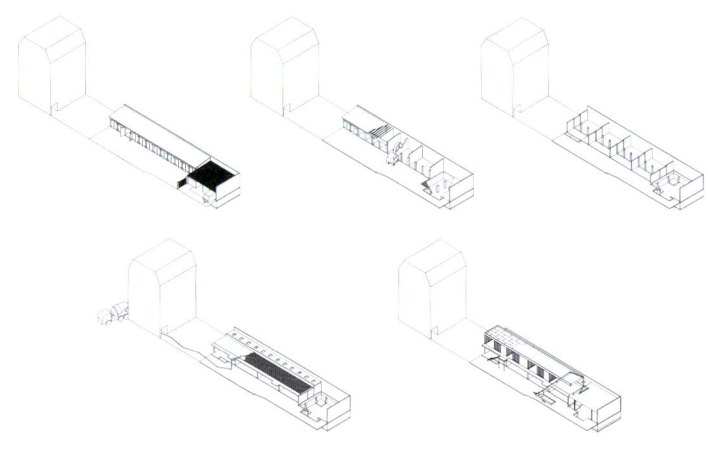

Schematische Darstellung des Bauablaufs
Schematic illustration of the construction process

**Wohnung mit von zwei Seiten zugänglicher
Badbox und Küchenzeile.**
Flat with bathroom box accessible from two
sides and kitchenette.

**Blick in Richtung Vorderhaus
mit Durchfahrt zur Straße.**
View towards the front building
with passageway to the street.

**Ins Erdgeschoss ist unter anderem eine
Keramikwerkstatt eingezogen.**
Among other occupants, a ceramics
workshop has moved into the ground floor.

Büro Voigt
Theaterwerkstätten und Fundus, Landestheater Eisenach

Kritik **Christina Gräwe**

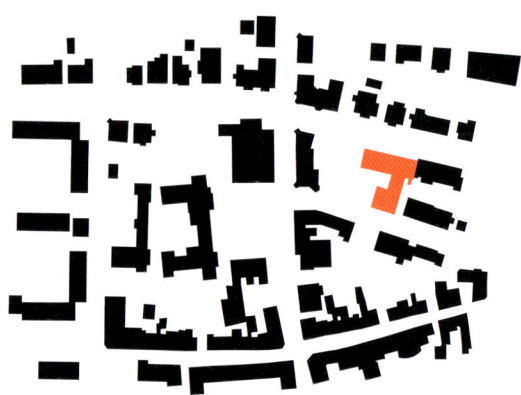

Architekten / Architects
Büro Voigt
Gleisstraße 5b
04229 Leipzig
www.buero-voigt.de
mail@buero-voigt.de

Projektteam / Project team
Florian Voigt, Projektleitung
Tobias Voigt, Projektleitung
Toni Emmrich, Projektarchitekt
Luzia Stallmann, Mitarbeit

Bauherren / Clients
Kulturstiftung Meiningen-Eisenach,
Meiningen

**Bauleitung vor Ort /
On-site construction management**
Müller & Partner, Eisenach

**Tragwerksplanung /
Structural engineering**
H+W Ingenieure, Leipzig

**Haustechnik, Heizung, Sanitär,
Elektro / Building services
engineering, plumbing and heating,
electrical engineering**
TZP Leipzig, Leipzig

Bauphysik / Building physics
AKIB GmbH, Leipzig

Brandschutz / Fire prevention
IB Böhme, Leipzig

Standort / Location
Theaterplatz 4–7
99817 Eisenach

Fertigstellung / Completion
August 2024

Fotografie / Photography
Philip Heckhausen, Zürich
Büro Voigt, Leipzig (S. 90)

Das Werkstattgebäude vor dem Brand. Anstelle des flachen Hauses steht nun der Fundus.
The workshop building before the fire. The stock building now stands in place of the low-rise building.

Das neue Ensemble besteht aus dem sanierten Werkstattgebäude links und dem Fundusneubau rechts.
The new ensemble comprises the renovated workshop building on the left and the new stock building on the right.

Zunächst saß der Schreck tief, waren die Verluste groß: Im Sommer 2018 zerstörte ein Brand die Werkstätten des Landestheaters Eisenach weitgehend. Die Ursache war rasch geklärt: Brandstiftung; eine Vielzahl historischer Kostüme konnte nur noch entsorgt werden. Nach dem Brand mussten Tischlerei, Malsaal, Schlosserei und Dekoration auf verschiedene Standorte verteilt werden, die Schneiderei zog provisorisch in das Verwaltungsgebäude der Intendanz. Der Logistikaufwand wuchs erheblich; da das Werkstattgebäude in Sichtweite zum Theater selbst liegt, waren die Wege zuvor kurz gewesen.

Sechs Jahre später, im August 2024, konnten alle Gewerke unter dem Dach des grundlegend sanierten Gebäudes wieder vereint werden. Und nicht nur das: Hinzugekommen ist ein Neubau für den Requisiten- und Kulissenfundus – ein großer Zugewinn für den Theaterbetrieb. Der Bühnenbau des heutigen Landestheaters war am 1. Januar 1879 eröffnet worden und beheimatet heute die Sparten Musik-, Puppen- und Junges Theater, Konzert, Ballett und Schauspiel. Ein ehrgeiziges Programm für eine schrumpfende Stadt – dem wird mit der Erweiterung des Einzugsgebiets durch ein in Thüringen einmaliges Kooperationsmodell zwischen Eisenach, Gotha, Meiningen und Rudolfstadt begegnet.

Initially, the shock was profound and the losses were significant: In the summer of 2018, a fire largely destroyed the Landestheater Eisenach's workshops. The cause was quickly determined to be arson. A large number of historical costumes had to be disposed of. Following the fire, the carpentry workshop, painting studio, metal workshop, and decoration department were distributed across various locations, while the tailoring department temporarily moved into the administration building. This considerably increased the logistical effort, as the workshop building was within sight of the theatre itself and the distances involved had previously been short.

Six years later in August 2024, all departments were reunited in the completely renovated building. What's more, a new building has been added to house the props and scenery collection, which is a great asset for the theatre. Today's Landestheater stage opened on 1 January 1879, and it now hosts music, puppet, and youth theatre, as well as concerts, ballet, and drama. This ambitious programme for a shrinking city is being addressed by expanding the catchment area through a unique cooperation model in Thuringia involving Eisenach, Gotha, Meiningen, and Rudolstadt.

Die Mitarbeitenden sind sich einig: Die Arbeitsbedingungen und räumlichen Qualitäten haben sich durch das neue Werkstattgebäude enorm verbessert. Für das *happy end* nach der Brandzäsur sorgten die Teilung der Kosten von knapp sechs Millionen Euro zwischen dem Land Thüringen, der Stadt Eisenach und dem Wartburgkreis sowie die Entscheidung, das Leipziger Büro Voigt zu beauftragen, das mit seinem Vorschlag im Verhandlungsverfahren 2020 überzeugt hatte. Der Besuch des Ensembles zusammen mit der Verwaltungsdirektorin, der Kollegin der Technischen Abteilung, die hier jede Schraube kennt, und dem Projektleiter Toni Emmrich zeigt rasch, dass Auftraggeberseite und Planende eine gemeinsame Haltung vertreten: Die Maßnahmen sollten sich auf das Notwendigste beschränken (Kosten, Energie, Ressourcen), und Bestehendes sollte so weit wie möglich einbezogen werden. Die Idee des Architektenteams lautete, ein »Gebäude für Handwerker« herzustellen, die sich alle Bereiche selbst aneignen.

Ein Rundgang offenbart dann auch im Detail, dass und wie das funktioniert. Zunächst wurde der Hof von alten Garagenbauten befreit und entsiegelt. Er dient heute nach wie vor dem An- und Abtransport von Bühnenutensilien, aber auch als Veranstaltungsfläche etwa für Freilichtaufführungen. Die frühere Putzfassade des Werkstattgebäudes wurde zusätzlich mit einer weißen Holzschalung gedämmt, die ästhetisch die nicht gerade anspruchsvollen, aber vorhandenen und intakten Kunststofffenster integriert. Im Haus sind die Werkstätten durch den Tausch von Räumen heute günstiger angeordnet; nur der Kostümfundus ist an alter Stelle unter dem Dach untergebracht. Im Erdgeschoss ist eine Probebühne eingezogen, der Grund für einen der wenigen Rohbaueingriffe. Alte Kräne, Klappen und Geländer wurden instand gesetzt, die Elektrik und die Heiztechnik verlaufen auf Putz, nachträgliche Installationen können problemlos ergänzt werden. Alles ist demontierbar und gut zu reparieren. Die alten (Terrazzo-)Böden und Fliesen blieben erhalten, wurden nur flickenartig ergänzt, die Dielenböden abgeschliffen. Andere Oberflächen wurden lediglich überstrichen. Geschlossene Türöffnungen und Wandabschnitte geben sich durch Sichtmauerwerk zu erkennen – passend zur Herangehensweise, Umbauten und Reparaturen nicht zu kaschieren. Neue verglaste Innentüren machen die Räume durchlässig. Als wiederkehrender Farbtupfer in der ansonsten überschaubaren Palette tauchen ochsenblutrote Details auf. Mit dem Farbton nahmen die Architekten den ortstypischen Wartburg-Sandstein auf; das gedeckte Rot ist auch Teil des Theaterlogos.

The employees agree: The new workshop building has greatly improved their working conditions and spatial qualities. The division of costs of just under six million euros between the state of Thuringia, the city of Eisenach, and the Wartburg district ensured a happy ending after the fire, as did the decision to commission the Leipzig-based firm Voigt, which impressed with its proposal in the 2020 negotiation process. A visit to the complex with the administrative director, a colleague from the technical department who knows every screw here, and project manager Toni Emmrich quickly reveals that the client and the planners share a common approach: the measures should be limited to what is absolutely necessary (costs, energy, resources), and existing structures should be incorporated as far as possible. The architectural team's idea was to create a 'building for craftsmen' that they could take ownership of.

A tour reveals in detail how this works. First, the courtyard was cleared of old garages and resealed. It is still used today for the delivery and removal of stage equipment, but it is also used as an event space, for example, for open-air performances. The workshop building's former plaster façade was insulated with white wooden cladding, which integrates the existing plastic windows that are not particularly aesthetically sophisticated. Inside the building, the workshops have been more conveniently arranged thanks to the exchange of rooms; only the costume stock remains in its original location under the roof. A rehearsal stage has been installed on the ground floor, necessitating one of the few structural alterations. Old cranes, flaps, and railings have been repaired and the electrical and heating systems have been exposed so that subsequent installations can be added without any problems. Everything can be dismantled and easily repaired. The old (terrazzo) floors and tiles have been preserved with only minor repairs, and the floorboards have been sanded down. Other surfaces have simply been repainted. Exposed brickwork reveals closed doorways and wall sections, in keeping with the approach of not concealing conversions and repairs. New glazed interior doors make the rooms feel more open. Oxblood red details appear as splashes of colour throughout the otherwise modest colour scheme. The architects chose this colour to reflect the local Wartburg sandstone, and it is also part of the theatre's logo.

Der Malsaal. Der Balkon verschafft Überblick bei großflächigen Kulissen.
The painting hall. The balcony provides an overview of large-scale backdrops.

Alle Installationen sind wartungsarm auf Putz verlegt.
All installations are surface-mounted and therefore
low-maintenance.

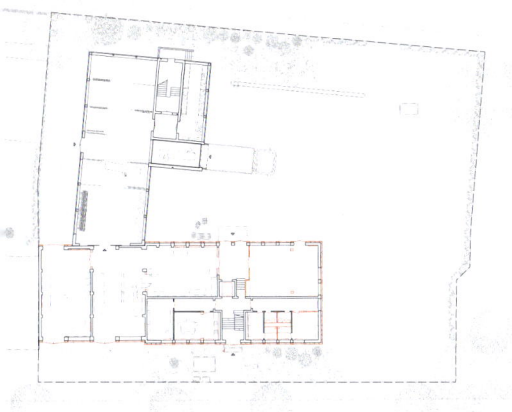

Grundriss Erdgeschoss
Ground floor plan

Das Werkstattgebäude mit neuer Stülpschalung.
The workshop building with new weatherboarding.

Perspektivischer Schnitt
Perspective section

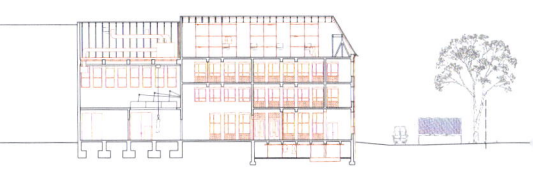

Schnitt Werkstattgebäude
Workshop building, section

Die hohe, übersichtlich
organisierte Halle des Fundus.
The storage building's high,
clearly organised hall.

Blick in den Fundus, obere Ebene.
A view of the collection, upper level.

Der neue Fundus ist bereits vom Theaterplatz aus
sichtbar. Links angeschnitten das Landestheater.
The new storage building can already be seen
from Theaterplatz. On the left, partially visible,
is the Landestheater.

Draußen hebt sich der Sockelbereich mit quer vermauerten roten Ziegeln vom Rest der Gebäudehülle ab, drinnen wiederholt sich das Motiv als Bodenfliese und hochgestellt als Umfassung der Aufzugtüren oder als Spritzwand hinter dem Waschbecken im Malsaal. Auch die Geländer im Treppenhaus sind rot gestrichen. Ein schönes Beispiel für den pragmatischen Umgang mit vorgefundenen Lösungen sind Metallklappen, die in die Decke zwischen Erd- und erstem Obergeschoss eingelassen sind. Sie wurden ertüchtigt und übernehmen die Funktion von Luken, die sich mit Seilwinden öffnen lassen und den Transport der großen Bühnenprospekte zwischen den Etagen vereinfachen.

Und dann ist da noch der neue Fundus. Er steht rechtwinklig zum Werkstattgebäude. Sein Satteldach ist bis an dieses herangezogen, die Zusammengehörigkeit zwischen Alt und Neu eindeutig. Das Haus ist bereits vom Theaterplatz aus sichtbar und die eigentliche Adressbildung. Im unteren Bereich aus Brandschutzgründen ein Betonbau, ist ihm ein überhoher Dachstuhl aus Holz aufgesetzt. Die Gebäudehülle besteht aus Polycarbonat-Stegplatten, erscheint tagsüber silbrig und lässt viel Licht hinein. In den Abend- und Nachtstunden schimmert die Holzkonstruktion scherenschnittartig hindurch.

Für den – vollständig ungedämmten und unbeheizten – Neubau galten dieselben Prinzipien wie für die Bestandssanierung: mit möglichst wenig Material möglichst viel zu erreichen, hier: umschlossenen, dabei flexibel zu bespielenden Raum. Die sieben Meter hohe Halle im Erdgeschoss ist wie ein Hochregallager organisiert. Man erfasst den Raum im Ganzen und findet sich in der Lagersystematik rasch zurecht. Es können hier nicht nur mehr, sondern auch größere Kulissen als unter den alten Bedingungen aufbewahrt werden. Unter dem hohen Dach sind Requisiten und Dekorationsmaterialien untergebracht. Trotz der Brandverluste eine üppige Sammlung teils skurrilster Stücke, Stillleben aus Leiterfamilien und Sofagenerationen, übergroße Fliegenpilze und Ölschinken, dazu Stoffe und Accessoires in allen Farben ... kurz: ein Spiegel des vielfältigen Repertoires des Landestheaters Eisenach.

Outside, the base of the building is distinguished by its cross-laid red bricks; inside, this motif is repeated in the form of floor tiles, a surround for the lift doors and a splashback behind the washbasin in the painting room. The stairwell railings are also painted red. A fine example of pragmatic reuse of existing solutions can be seen in the metal flaps embedded in the ceiling between the ground and first floors. They have been upgraded and now function as hatches that can be opened using rope winches to facilitate the transport of large stage sets between floors.

Then there is the new storage facility. It is positioned at right angles to the workshop building. Its gabled roof extends right up to the workshop, clearly demonstrating the connection between the old and the new buildings. The building is already visible from Theaterplatz and constitutes the actual address. The lower section is a concrete structure for fire safety reasons and is topped by an extra-high wooden roof truss. The building is clad in polycarbonate multi-wall sheets that appear silvery during the day and let in plenty of light. In the evening and at night, the wooden structure is shimmeringly silhouetted.

The same principles were applied to the new building, which was completely uninsulated and unheated, as to the renovation of the existing building: achieving as much as possible with as little material as possible. In this case, the aim was to create an enclosed space that could be used flexibly. The seven-metre-high ground floor hall is organised like a high-bay warehouse. The space can be taken in as a whole, and the storage system is easy to understand. Not only can more backdrops be stored here than before, they can also be larger. Props and decorative materials are stored under the high roof. Despite the fire damage, the collection includes some bizarre pieces, still lifes of ladder families and generations of sofas, oversized toadstools, oil paintings and fabrics and accessories in all colours, reflecting the diverse repertoire of the Landestheater Eisenach.

Ecker Architekten
Neckarschleuse Schwabenheim, Schwabenheim-Dossenheim

Kritik **Anna Scheuermann**

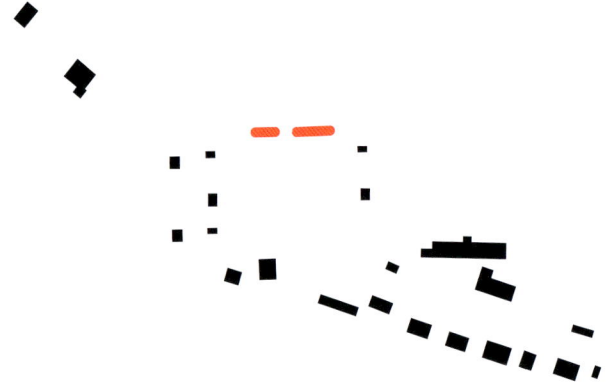

Architekten/Architects
Ecker Architekten
Sofienstraße 3
69115 Heidelberg
www@ecker-architekten.de
buero@ecker-architekten.de

Projektteam/Project team
Dea Ecker, Partnerin
Robert Piotrowski, Partner
Saskia Maier, Projektarchitektin
Joachim Schuhmacher, Bauleitung

Bauherren/Clients
Bundesbau Baden-Württemberg
Staatliches Hochbauamt Heidelberg

**Tragwerksplanung/
Structural engineering**
Bauingenieurbüro Dipl.-Ing. Stephan
Uhrig, Mannheim

**Haustechnik, Heizung, Sanitär/
Building services engineering,
plumbing and heating**
IGS Ingenieurgesellschaft mbH,
Mannheim

Elektro/Electrical engineering
sbi GmbH, Schneider Beratende
Ingenieure, Walldorf

Bauphysik/Building physics
Neckar-Ingenieure Heerdegen GbR,
Freiberg am Neckar

Lichtplanung/Lighting design
Anselm von Held, Berlin

Brandschutz/Fire prevention
Ingenieurbüro San José GmbH,
Heidelberg

Standort/Location
Windhof 15
69221 Dossenheim-Schwabenheim

Fertigstellung/Completion
April 2025

Fotografie/Photography
Brigida González, Stuttgart

Die Schleuse vor der Hügelkette der südlichen Bergstraße, im Vordergrund der Gebäudeteil mit dem Steuerraum.
The lock in front of the chain of hills along southern Bergstraße, with the part of the building containing the control room in the foreground.

Wie selbstverständlich hat sich das neue Technikgebäude der Schleuse Schwabenheim zwischen die nördliche Schleusenkammer und den Neckartal-Radweg gesetzt. Selbstbewusst präsentiert es sich als kleine, aber feine Landmarke vor der Kulisse von Bergstraße und Odenwald. Bei der Annäherung fällt sofort der Dimensionssprung zwischen der bestehenden Schleusenanlage, mit einer Hubhöhe von etwa 8,5 Metern, und dem Neubau, mit einer Gebäudehöhe von etwa 4,5 Metern, auf. Hier zeigt sich unmittelbar die Herausforderung, der sich Ecker Architekten gestellt haben: das Zusammenbringen von Technik und Mensch in einem dichten Komplex, bei dem es auf Präzision ankommt.

Der Neckar wurde im 20. Jahrhundert zu einer Bundeswasserstraße ausgebaut. Mit der Mehrzahl der erforderlichen Staustufen und Schleusen war der unter anderem für den 1928 fertiggestellten alten Stuttgarter Hauptbahnhof bekannte Architekt Paul Bonatz beauftragt, so auch mit der eindrücklichen Neckarstaustufe in Heidelberg. Doch in Dossenheim, am Flusskilometer 17,7, befindet sich ein eher unscheinbares Infrastruktur-Bauwerk: die Doppelschleuse Schwabenheim. Flussabwärts geht es von hier nach Ladenburg,

The new technical building at the Schwabenheim lock has naturally found its place between the northern lock chamber and the Neckar Valley cycle path. Against the backdrop of Bergstraße and Odenwald, it confidently presents itself as a small but impressive landmark. As you approach, the difference in size between the existing lock facility, which has a lift height of around 8.5 metres, and the new building, which has a height of around 4.5 metres, is immediately noticeable. This highlights the challenge that Ecker Architekten set themselves: bringing technology and people together in a complex environment where precision is paramount.

In the twentieth century, the Neckar was developed into a federal waterway. Paul Bonatz, the architect who designed the old Stuttgart Central Station (1928), among other buildings, was commissioned to build many of the necessary barrages and locks, including the impressive Neckar barrage in Heidelberg. However, at river kilometre 17.7 in Dossenheim, there is a rather inconspicuous piece of infrastructure: the Schwabenheim double lock. The river flows downstream from here to Ladenburg and

flussaufwärts nach Heidelberg. Das bis dato genutzte »Schleusenwärterhäuschen« war klassischerweise zwischen den beiden Wasserkammern, mit freiem Blick auf die nahenden Schiffe, errichtet worden. Anstatt es an Ort und Stelle durch einen Neubau zu ersetzen, wurde das neue Technikgebäude an Land platziert, parallel zu den Schleusenkammern. Ein perfekter Ort, um die vorbeikommenden Radfahrenden zu einer Rast einzuladen und das bedächtige Heben und Senken der Frachtschiffe und Freizeitboote zu erleben.

Beim Gespräch mit den beiden Bürogründern Dea Ecker und Robert Piotrowski wird auf Anhieb deren Interesse für technische Konstruktionen in Verbindung mit dem Element Wasser deutlich. Ihre Erfahrungen mit Infrastrukturaufgaben sowie die Faszination für besondere Großprojekte wie die Hoover-Talsperre haben sie bei der Konzeptionierung und Formfindung zu Beginn der Planung beeinflusst. Durch eine vielschichtige Herangehensweise, die sowohl traditionelle als auch zukunftsweisende Elemente beinhaltet, verdichtete und kristallisierte sich schließlich die Ausführung und heutige Gestalt heraus. Im Sinne der Baukultur verbindet sie auf einmalige Art und Weise die Komplexität der Technik mit der eigenständigen Handschrift, ganz so wie es in der Einleitung des Baukulturberichts 2024/25 mit dem Thema »Infrastrukturen« definiert wird: »Durch Baukultur lässt sich funktionaler, sozialer und ästhetischer Mehrwert herstellen und auf Dauer aufrechterhalten. Wer Infrastruktur nutzt und betrachtet, soll von der atmosphärischen Wirkung der Bauwerke profitieren.« Und mit den Worten von Dea Ecker: »Mit dem Entwurf von Infrastrukturbauten stehen wir gleichsam auf den Schultern von Generationen von herausragenden Ingenieuren. Wir sind überzeugt, dass unsere Bauten auch heute nur dann nachhaltig sind, wenn Menschen eine emotionale Beziehung zu ihnen aufbauen, wenn sie sich mit ihnen identifizieren.«

upstream to Heidelberg. The lockkeeper's cottage, which used to be located between the two water chambers, offered a clear view of approaching ships. Instead of replacing it with a new building on the same site, the new technical building has been placed on land parallel to the lock chambers. This provides the perfect opportunity to invite passing cyclists to stop and watch the cargo ships and leisure boats being raised and lowered at a leisurely pace.

When talking to Dea Ecker and Robert Piotrowski, the two founders of the architectural firm, their interest in technical constructions involving water is immediately apparent. Their experience with infrastructure projects, coupled with their fascination for large-scale constructions such as the Hoover Dam, influenced the conceptualisation and design stages at the beginning of the planning process. Through a multi-layered approach incorporating both traditional and forward-looking elements, the final design took shape. In terms of *Baukultur* ('building culture'), it uniquely combines technological complexity with an independent signature, as outlined in the introduction to the 2024/2025 *Baukulturbericht* ('Building Culture Report') on the topic of 'Infrastructures': '*Baukultur* can be used to create and maintain functional, social, and aesthetic added value in the long term. Those who use and view infrastructure should benefit from the atmospheric effect of the structures.'
In the words of Dea Ecker: 'When designing infrastructure buildings, we are standing on the shoulders of generations of outstanding engineers, so to speak. We are convinced that even today our buildings are only sustainable if people develop an emotional connection to them and identify with them.'

Grundriss Erdgeschoss
Ground floor plan

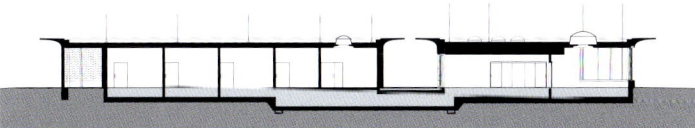

Schnitt
Section

Das östliche Kopfende des Technikgebäudes. Die auf Lücke gesetzten Klinker ermöglichen eine natürliche Zuluft.
The eastern end of the technical building. The clinker bricks are spaced apart to allow natural airflow.

Der Steuerraum von außen ...
The control room from the
outside ...

**Aufenthaltsraum mit den Umkleide- und
Sanitärräumen im Hintergrund. Die orangefarbenen
Metallschiebetüren greifen die traditionelle Rost-
schutzfarbe der Frachtschifffahrt auf.**
Common room with changing rooms and sanitary
facilities in the background. The orange metal sliding
doors are reminiscent of the anti-corrosion paint
traditionally used in cargo shipping.

**... und von innen. Hier
findet die Überwachung des
Schleusenvorgangs statt.**
... and from the inside.
This is where lock operation
is monitored.

Das Schwabenheimer Technikgebäude besteht aus zwei ähnlichen Teilen, die in einer Achse stehen: dem kompakten »Gebäude Mensch«, in dem sich der Steuerstand sowie die Sozial- und Aufenthaltsräume befinden, und dem länglichen »Gebäude Technik« für die technische Ausstattung und die Werkstätten. Beide Volumina haben halbrunde Abschlüsse an den Schmalseiten und eine einheitliche Dachkonstruktion mit einer umlaufenden Auskragung aus zykloidförmigen Betonfertigteilen, die speziell für dieses Projekt entwickelt wurden. Die Betonelemente in Dach und Sockel bilden einen einheitlichen Rahmen für das vorgesetzte und herausragend detaillierte Klinkermauerwerk, das wie die Fertigteile und die großformatigen Fenster in der Steuerzentrale ebenfalls die Rundungen der beiden Gebäude mitmacht.

In leuchtendem Orange lackierte Schiebetüren und runde Oberlichter beleben die ansonsten funktional geprägten Innenräume. An einigen Stellen, besonders im Dusch- und im Technikraum, entsteht trotz der Sachlichkeit ein sinnlicher Eindruck, der darauf hinweist, dass dieses Gebäude langfristig auch für andere Zwecke genutzt werden könnte.

Der außen wie innen spürbar hohe Detaillierungsgrad und die damit verbundene exakte Ausführung erforderten eine konzentrierte Planung sowie intensive Absprachen mit den ausführenden Firmen. Insbesondere die qualitätvolle Mischung aus hochmoderner und traditioneller Bauweise sowie die ausgewogene Kombination aus Vorfertigung im Werk und Handwerk auf der Baustelle haben hier ein herausragendes Gebäude geschaffen. Der außergewöhnliche Einsatz des Architektenteams und die daraus resultierende Sinnlichkeit und Ästhetik des Bauwerks ließen für die Nutzenden und Rastenden gleichermaßen eine neue Art des *signature building* entstehen. Es ist zugleich zurückhaltend und selbstbewusst, im wahrsten Sinne des Wortes *self-conscious*. Trotz der emotionalen Bindung wird es aber unerlässlich sein, dass sich alle um das neu geschaffene Kleinod kümmern, es pflegen und instand halten, um die gewünschte Identifikation, Nachhaltigkeit und Langlebigkeit zu sichern.

The Schwabenheim technical building comprises two similar sections aligned on the same axis: the compact 'Human Building', which houses the control room and social and recreation spaces, and the elongated 'Technical Building', which houses technical equipment and workshops. Both structures have semi-circular ends on their narrow sides and a uniform roof construction surrounded by a corbel made of cycloidal precast concrete elements specially developed for this project. These concrete elements form a uniform frame for the protruding, exceptionally detailed clinker brickwork, which follows the curves of the two buildings, as do the prefabricated elements and large-format windows in the control centre.

Sliding doors in bright orange and round skylights bring life to the otherwise functional interiors. In some areas, particularly the shower and technical rooms, the functional design gives way to a more sensual aesthetic, indicating that the building could be used for alternative purposes in the long term.

The high level of detail, both inside and out, demanded concentrated planning and intensive consultation with the contractors to execute it with precision. In particular, the high-quality blend of state-of-the-art and traditional construction methods, along with the balanced combination of factory prefabrication and on-site craftsmanship, has resulted in an exceptional building. The extraordinary commitment of the team of architects and the resulting sensuality and aesthetics of the edifice have created a new kind of signature building for users and visitors alike. It is both understated and self-assured in the truest sense of the word 'self-conscious'. Despite the emotional attachment, however, it will be essential for everyone to care for, maintain, and preserve this newly created gem in order to ensure the desired identification, sustainability, and longevity.

FRIDA Architekten

Veranstaltungsgebäude im Walderlebniszentrum Leupoldishain, Königstein

Kritik **Christina A. Schindler**

Architekten / Architects
FRIDA Architekten
Conradstraße 18
01097 Dresden
www.frida-architekten.de
kontakt@frida-architekten.de

Projektteam / Project team
Prof. Tobias Maisch, Bauleiter
Laura Ulbrich, Bauleiterin

**Tragwerksplanung /
Structural engineering**
IBK Ingenieure Braun + Kluger
Partnerschaft, Pirna

Brandschutz / Fire prevention
BauEntwurf Pirna GmbH, Pirna

**Projektsteuerung /
Project management**
FRIDA Architekten, Dresden

**Heizung, Sanitär /
Plumbing and heating**
Wostry GmbH, Pirna

Elektro / Electrical engineering
Elektroanlagen Oertel GmbH, Pirna

Holzbau / Timber construction
Holz & Dach Donath GmbH, Glashütte

Standort / Location
Nikolsdorfer Berg 10
01824 Königstein

Fertigstellung / Completion
September 2024

Fotografie / Photography
Henrik Schipper, Dortmund

Die Eingangsfassade des Walderlebniszentrums zeigt die Zangenkonstruktion aus Lärchenholz.
The entrance façade of the Forest Adventure Centre features a pincers construction made from larch wood.

Das Walderlebniszentrum Leupoldishain liegt rund eine Autostunde südöstlich von Dresden, in der Gemeinde Königstein im Landkreis Sächsische Schweiz-Osterzgebirge. Schon die Anfahrt durch den Wald lässt eine besondere Stimmung entstehen: Je näher man dem Gebäude kommt, desto dichter und dunkler wird die Umgebung. Am Parkplatz jedoch öffnet sich eine Lichtung mit Blick auf die Festung Königstein, in deren geschützter Sichtachse das Walderlebniszentrum steht. Ein älteres Holzschild begrüßt die Gäste der waldpädagogischen Einrichtung, über einen Spielplatz mit Informationstafeln werden sie zum Eingang des Veranstaltungsgebäudes geführt. Rechterhand geht es leicht bergauf zum Biwakplatz.

Bereits zu DDR-Zeiten stand an diesem Ort ein eingeschossiges Gebäude. Ursprünglich hatte der Staatsbetrieb Sachsenforst, Nationalpark- und Forstverwaltung Sächsische Schweiz 2020 das Dresdener Büro FRIDA Architekten in einer freihändigen Vergabe mit einer Aufstockung dieses Bestandsgebäudes beauftragt. Ein fehlendes Fundament und ein Baumfall führten schließlich zu einer grundlegenden Entscheidung: Statt einer Aufstockung entstand hier ein Ersatzneubau – eröffnet im Jahr 2024.

The Leupoldishain Forest Adventure Centre is located about an hour's drive southeast of Dresden, in the municipality of Königstein in the Saxon Switzerland-Eastern Ore Mountains district. Driving through the forest creates a special atmosphere in itself: the closer you get to the building, the denser and darker the surroundings become. At the car park, however, there is an opening with a view of Königstein Fortress, and the Forest Adventure Centre is located within its protected line of sight. An old wooden sign welcomes guests to the forest education facility and a playground with information boards directs them to the entrance of the event venue. To the right, a path leads slightly uphill to the bivouac site.

A single-storey building already stood on this site during the GDR era. In 2020, the state-owned company Sachsenforst, National Park and Forest Administration Saxon Switzerland, commissioned the Dresden-based firm FRIDA Architekten to add an extra storey to the existing building through a direct tender. However, missing foundations and a fallen tree ultimately led to a fundamental decision: rather than extending the building, a replacement was constructed here, opening in 2024.

Neben dem Holz prägen die Bezüge
nach außen den Innenraum.
In addition to the wood, references to
the outside characterise the interior.

Ein weiter Dachüberstand schützt
die Terrasse auf der Gebäuderückseite.
The terrace at the rear of the building is
protected by a wide roof overhang.

Das Zentrum des Gebäudes
ist der zweigeschossige
Schulungsraum.
The two-storey training room is
the centre of the building.

Der zweigeschossige Holzskelettbau empfängt seine Gäste mit einer dunkelgrünen Eingangstür, deren halbkreisförmiger, leuchtend gelber Beschlag den Farbkanon vorgibt und neugierig macht, einzutreten. Im Inneren öffnet sich ein ganz in Holz gehaltener Raum. Man fühlt sich von der Natur und dem Duft des Materials umhüllt und sofort geborgen. Geborgenheit auch an kalten Tagen verspricht der Werkstattofen, der in dem offenen, sich über beide Etagen erstreckenden Veranstaltungsraum thront. Funktionsbereiche wie Küche, Toiletten und Büro befinden sich ebenfalls hier, im Erdgeschoss.

Die große Fensterfront Richtung Süden führt hinaus auf die großzügige überdachte Terrasse. Die Holzfenster lassen sich vollständig auffalten. Für Veranstaltungen kann so ein Raum geschaffen werden, bei dem Innen und Außen verschmelzen. Die Terrasse öffnet sich zum Feld und zum Waldrand. Sie ist ein Ort, der Wandernde zum Verweilen einlädt, selbst wenn das pädagogische Zentrum geschlossen ist.

Wer von Südwesten über den Biwakplatz kommt, betritt das Obergeschoss über eine wind- und wettergeschützte Terrasse. Daran schließt sich ein Laubengang an, der zu jeder Zeit begehbar ist. Er bietet die Aussicht auf die Festung Königstein und erlaubt Einblicke in die Galerie mit ihrem auffallend gelben Geländer im Inneren sowie den Durchblick auf die Südterrasse. Trotz der Dominanz des Holzes wirkt das Gebäude also transparent und durchlässig. Im Obergeschoss befinden sich darüber hinaus ein Gästezimmer mit Bad sowie ein weiterer kleiner Veranstaltungsraum. Dieser soll unter anderem für die Angebote für Kindergartenkinder genutzt werden.

Das Walderlebniszentrum Leupoldishain versteht sich als Lernort, der das Bewusstsein für Wald, Natur, Umwelt und den nachhaltigen Umgang mit natürlichen Ressourcen stärkt und verankert. Mit dem Neubau aus Holz setzen FRIDA Architekten diese Haltung ganz konkret in gebaute Architektur um. Die Hölzer für den Holzskelettbau stammen überwiegend aus den eigenen Wäldern des Sachsenforsts – aus Bereichen, für die sowieso eine Waldsanierung oder ein -umbau geplant war. Die Lärchen, die später zu den 13 Meter langen, unverleimten Sparren und Doppelstützen verarbeitet wurden, hatte das Architektenteam selbst ausgesucht. Das Schlagen, Trocknen und die Verarbeitung der Hölzer fanden in der Region statt; die weitere Verarbeitung erfolgte durch ortsansässige Tischler und Zimmerleute.

The two-storey timber-frame building welcomes guests with a dark green entrance door whose bright yellow, semicircular fittings set the colour scheme and pique curiosity. Inside, you are greeted by a room entirely clad in wood. You feel enveloped by nature and the scent of the wood, and immediately at home. The workshop stove, enthroned in the open event room spanning both floors, promises cosiness even on cold days. Functional areas such as the kitchen, toilets, and office are also located on the ground floor.

The large, south-facing window front opens onto a spacious, covered terrace. The wooden windows open fully. This creates an event space where the indoors and outdoors merge. The terrace opens onto a field and the edge of a forest. It is an inviting place for hikers to linger, even when the educational centre is closed.

Those arriving from the south-west via the bivouac site access the upper floor via a sheltered terrace. Adjoining this is an access gallery, which is accessible at all times. From here, visitors can enjoy views of Königstein Fortress, catch glimpses of the striking yellow-railed gallery inside, and look out over the south terrace. The building's transparent and permeable appearance belies its dominance of wood. The upper floor also features a guest room with an en-suite bathroom and a small additional event room. This room will be used for activities with kindergarten children, among other things.

The Leupoldishain Forest Adventure Centre describes itself as a learning space that promotes awareness of forests, nature, the environment, and the sustainable use of natural resources. FRIDA Architekten have translated this philosophy into concrete architectural form with their new wooden building. The timber used for the construction of the timber frame comes mainly from Sachsenforst's own forests, specifically from areas where forest restoration or conversion was already planned. The larch trees, which were later processed into 13-metre-long unglued rafters and double supports, were selected by the architects' team themselves. The felling, drying, and initial processing of the wood took place in the region, with further processing carried out by local carpenters and joiners.

Jederzeit die Kontrolle über das Material zu haben, beschreibt der Architekt Tobias Maisch als einen der Vorteile des nachhaltigen Bauens. Nachhaltigkeit prägte jede Planungsentscheidung und wurde bereits beim Entwurf immer mitgedacht. So ermöglicht der Rhythmus der Fassadenbretter, dass nahezu alle Hölzer genutzt und unnötige Reste vermieden wurden. Für die Dachbegrünung des Pultdachs wurde extra eine Mischung heimischer Pflanzen verwendet, um das Eintragen invasiver Arten zu vermeiden.

Damit das Gebäude nach Nutzungsende recycelt werden kann, wurde der Holzskelettbau sortenrein gebaut. Prämisse war, dass alles am Ende leicht trennbar (deshalb bestenfalls unverleimt und sichtbar verschraubt) und wiederverwendbar ist. Teile des alten DDR-Bestandsgebäudes, darunter Sanitärobjekte wie Waschbecken und Toiletten sowie die Küche, wurden in den Neubau integriert.

Das Farbkonzept des Gebäudes bedient sich der Farben des Sachsenforsts und des sächsischen Landeswappens – Grün und Gelb. Garnituren, Geländer, Elektroinstallationen und Leuchten greifen diese Farben auf und setzen innen wie außen Akzente. Auch die liebevoll als »Katzenohren« beschriebenen Metallstützen, auf denen die Holzstützen fußen, sind daher in Grün gehalten. Besonders überzeugend gestaltet sind außerdem die Übergänge zwischen den unterschiedlichen Materilien. In den Bereichen wie Toiletten, Bädern, der Küche und um den Ofen, in denen Holz als Bodenbelag oder auch an den Wänden keine Verwendung finden konnte, wurde mit hellen beziehungsweise dunklen Terrazzo-Fliesen gearbeitet.

Das Walderlebniszentrum Leupoldishain ist mehr als ein Veranstaltungs- und Bildungsort – es ist gebaute Haltung zum Umgang mit natürlichen Ressourcen und ein wichtiges Beispiel für nachhaltiges, kreislaufgerechtes, regionales Bauen.

Architect Tobias Maisch describes maintaining control over the materials used as one of the advantages of sustainable construction. Sustainability shaped every planning decision and was taken into account from the initial design stage. The rhythm of the façade boards enabled almost all of the wood to be used and prevented unnecessary waste. A mixture of native plants was specifically chosen for the green roof to prevent the introduction of invasive species.

To ensure the building could be recycled at the end of its life, the timber-frame construction was built using only one type of wood. The idea was that everything should be easily separable – ideally not glued, but visibly screwed together – and reusable. Some parts of the old GDR building were integrated into the new building, including sanitary fixtures such as washbasins and toilets, as well as the kitchen.

The building's colour scheme draws on the colours of the Saxon Forest and the Saxon coat of arms: green and yellow. These colours are reflected in the fittings, railings, electrical installations, and lighting, which add accents both inside and outside the building. The metal supports on which the wooden supports rest are affectionately described as 'cat's ears' and are also green. The transitions between the different materials are particularly compelling, too. In areas such as toilets, bathrooms, the kitchen, and around the stove, where wood could not be used for flooring or wall coverings, light or dark terrazzo tiles were used instead.

The Leupoldishain Forest Adventure Centre is not just an event and educational venue; it is also a prime example of how natural resources should be treated and of sustainable, circular, regional construction.

Die Einbettung des Hauses am Waldrand.
The building is nestled at the edge of the forest.

Die Holzstützen stehen auf »Katzenohren« genannten Metallfüßen.
The wooden supports are mounted on metal bases referred to as 'cat's ears'.

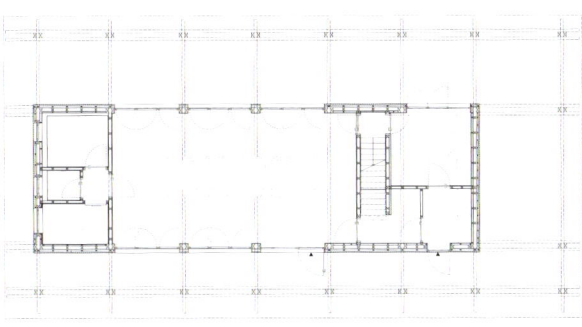

Grundriss Erdgeschoss
Ground floor plan

Terrazzo und Keramikfliesen für Küche und Toilette.
Terrazzo and ceramic tiles for kitchen and toilet.

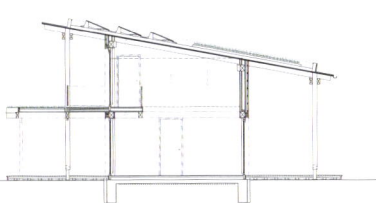

Schnitt
Section

gmp · Architekten von Gerkan, Marg und Partner
Hyparschale Magdeburg

Kritik **Aline Hielscher**

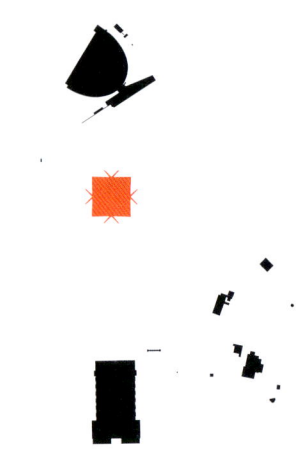

Architekten / Architects
gmp · Architekten von Gerkan, Marg
und Partner
Hardenbergstraße 4–5
10623 Berlin
www.gmp.de
public.relations@gmp.de

Projektteam / Project team
Meinhard von Gerkan, Entwurf Umbau
Stephan Schütz, Entwurf Umbau
Christian Hellmund, Entwurf Umbau
Sophie von Mansberg, Projektleitung
Ursula Köper, Projektleitung

Bauherren / Clients
Landeshauptstadt Magdeburg,
Eigenbetrieb Kommunales
Gebäudemanagement, Magdeburg

Tragwerksplanung /
Structural engineering
Prof. Rühle, Jentzsch & Partner GmbH,
Dresden

Haustechnik / Building
services engineering
HAUPT Ingenieurgesellschaft für
technische Gebäudeausrüstung, Leipzig
Ingenieurbüro Elektrotechnik Dipl. Ing.
Andreas Kist, Leipzig / Burg

Bauphysik / Building physics
Ingenieurbüro Kriegenburg ITG
Energieinstitut GmbH, Magdeburg

Akustik / Acoustics
ADA Acoustics & Media
Consultants GmbH, Berlin

Lichtplanung / Lighting design
Lichtvision Design GmbH, Berlin

Brandschutz / Fire prevention
Prof. Rühle, Jentzsch & Partner
GmbH, Dresden

Landschaftsarchitektur /
Landscape architecture
Därr Landschaftsarchitekten,
Halle (Saale) / Diana Doering,
Magdeburg

Leitsystem / Signage system
Moniteurs GmbH
Kommunikationsdesign, Berlin

Sonstige / Others
Carbonbeton-Technologie /
Carbon-concrete technology:
CARBOCON GmbH, Dresden

Standort / Location
Kleiner Stadtmarsch 7
39114 Magdeburg

Fertigstellung / Completion
Juni 2024

Fotografie / Photography
Marcus Bredt, Berlin

Luftbild, Bauzeit 2020. Blick nach Süden:
Rotehornpark mit Hyparschale, Stadthalle und
Albinmüller-Turm.
Aerial view during the construction period in 2020.
View to the south: The Hyparschale, City Hall, and
the Albinmüller Tower in the Rotehornpark.

Die Hyparschale nach Umbau und Sanierung. Im Hintergrund der Magdeburger Dom.
The Hyparschale after its conversion and renovation. Magdeburg Cathedral is visible in the background.

Die Hyparschale in Magdeburg ist das größte noch erhaltene Hallendach des bekanntesten Bauingenieurs in der DDR, Ulrich Müther (1934–2007). Seine Arbeiten stehen in der Tradition der großen Spannbeton-Bauingenieure des 20. Jahrhunderts wie Pier Luigi Nervi oder Eugène Freyssinet. Müthers Markenzeichen waren zweifach gekrümmte Dachflächen, sogenannte hyperbolische Paraboloide, die sich durch ihre Krümmung selbst aussteifen und so mit sehr wenig Material weite Flächen stützenfrei überspannen können. Die Bezeichnung »Hyparschale« hat Müther selbst gewählt.

In der 1969 als Messe- und Ausstellungszentrum errichteten selbsttragenden Halle überspannte Ulrich Müther eine Fläche von 2.300 Quadratmetern vollkommen ohne Stützen. Die Dachfläche wurde dabei in vier identische Teildächer gegliedert, wobei jedes Viertel in sich doppelt gekrümmt ist. Vier Oberlichtbänder aus Glasbausteinen betonten den Übergang zwischen den Einzeldächern und bildeten an den Nahtstellen der vier Schalen eine eindrucksvolle Lichtrose.

The Hyparschale in Magdeburg is the largest surviving hall roof designed by Ulrich Müther (1934–2007), the most renowned civil engineer in the German Democratic Republic (GDR). Following in the tradition of great twentieth-century prestressed concrete engineers such as Pier Luigi Nervi and Eugène Freyssinet, his work is renowned for its innovative use of materials and structures. Müther's trademark was double-curved roof surfaces known as hyperbolic paraboloids. These are self-reinforcing due to their curvature, enabling them to span large areas without supports while using very little material. Müther himself coined the term *Hyparschale* ('hypar shell').

Ulrich Müther spanned an area of 2,300 square metres completely without supports in the self-supporting hall, which was built in 1969 as a trade fair and exhibition centre. The roof was divided into four identical, double-curved sections. Four skylight strips made of glass blocks emphasised the transition between the individual roofs, forming an impressive 'light rose' at the joints of the four shells.

Rohbau 2021. Die Schalendicke beträgt nach wie vor nur sieben Zentimeter.
Shell construction, 2021. The thickness of the shell remains at just seven centimetres.

Blick in den Rotehornpark von der Galerieebene.
View of Rotehornpark from the gallery level.

Die transparente Glasfassade ersetzt die frühere transluzente Industrieverglasung, die originale Fassadenkonstruktion blieb erhalten.
The old translucent industrial glazing has been replaced by a new transparent glass façade, and the original façade structure has been kept.

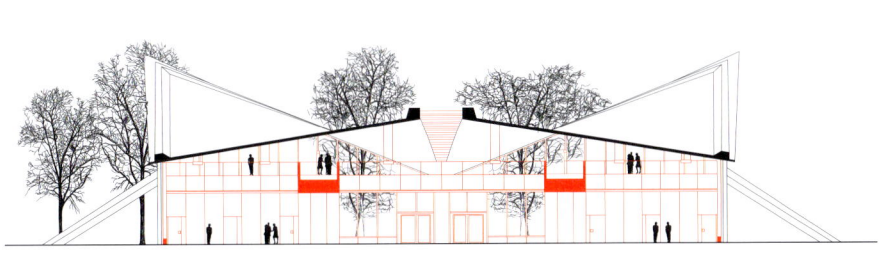

Die Idee dieser Lichtrose erwies sich jedoch letztlich als zu gewagt: Durch die Bänder aus Glasbausteinen tropfte sehr bald Wasser in die Halle, und schon kurz nach der Eröffnung mussten die Oberlichter vollflächig mit Teerpappe abgedichtet werden. Auch das sieben Zentimeter dünne Spannbetondach wurde in den Folgejahren partiell undicht, der Bewehrungsstahl rostete. 1997 wurde die Hyparschale deshalb wegen akuter Einsturzgefahr gesperrt; ein Abriss dieses fast schwerelos wirkenden Bauwerks stand im Raum. Es ist Protesten von Bürgerinnen und Bürgern sowie internationalen Fachleuten zu verdanken, dass der baukulturelle Wert dieser einmaligen Konstruktion erkannt wurde. Private Investoren für eine Rettung der filigranen Konstruktion konnten indessen nicht gefunden werden, und so entschloss sich die Stadt Magdeburg 2017, die Hyparschale selbst zu sanieren.

Im anschließenden Vergabeverfahren erhielten gmp den Zuschlag. Die Planung begann zunächst mit der Entwicklung eines Sanierungsverfahrens für das Dach. Gemeinsam mit den Ingenieuren Prof. Rühle, Jentzsch & Partner und weiteren Spezialisten des Instituts für Massivbau an der TU Dresden entwickelte das Team ein neues technisches Verfahren zur Rettung der Hyparschale: die Ertüchtigung mit Carbonbeton. Dabei wird das bestehende Dach innen wie außen aufgeraut. Anschließend werden zwei dünne Schichten aus Spezialbeton aufgetragen, die mit Matten aus Carbonfasern armiert werden. Im Resultat entsteht eine etwa zehn Millimeter dünne, korrosionsbeständige Schicht auf beiden Seiten der Dachhaut. Damit wird die Höhe des extrem flachen Dachaufbaus beibehalten, aber die Tragfähigkeit der Schale noch einmal erhöht. In der Konsequenz konnten die von Müther vorgesehenen Lichtbänder wieder dauerhaft geöffnet werden. Dieses Verfahren war damit der Schlüssel für die erfolgreiche Sanierung.

Ultimately, the concept of this 'light rose' was too bold: water began to seep into the hall through the glass blocks, and shortly after the opening, the skylights had to be completely sealed with tar paper. In the following years, the seven-centimetre-thick prestressed concrete roof also became partially leaky, and the reinforcing steel rusted. In 1997, the Hyparschale was closed due to an acute risk of collapse, and demolition of this seemingly weightless structure was considered. Thanks to protests by citizens and international experts, the architectural value of this unique construction was recognised. Nevertheless, no private investors could be found to save the delicate structure, and so, in 2017, the city of Magdeburg decided to renovate the Hyparschale itself.

In the subsequent tendering process, gmp was awarded the contract. Planning began with the development of a renovation process for the roof. Working alongside engineers Prof. Rühle, Jentzsch & Partner, as well as other specialists from the Institute for Solid Construction at the Technical University of Dresden, the team developed a new technical process to save the Hyparschale: reinforcement with carbon concrete. This involves roughening the existing roof on both sides. Two thin layers of special concrete, reinforced with carbon fibre mats, are then applied. The result is a corrosion-resistant layer, approximately ten millimetres thick, on both sides of the roof cladding. This maintains the height of the extremely flat roof structure while further increasing the load-bearing capacity of the shell. Consequently, the skylights designed by Müther could be permanently reopened. This process was therefore key to the successful renovation.

Schnitt
Section

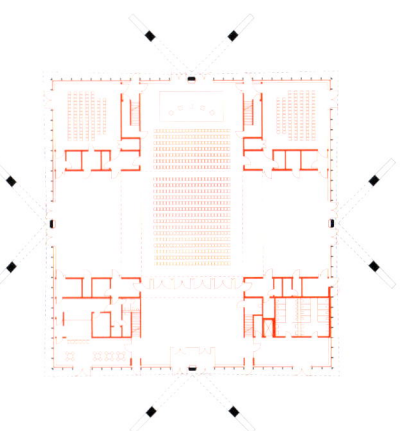

Grundriss Erdgeschoss
Ground floor plan

Im Inneren forderte die Stadt Magdeburg eine flexible Einteilung des großen Raums in kleinere Einheiten. Damit wurde die Schaffung einer zweiten Ebene unumgänglich; der große, fast kathedralenartige Raum konnte durch die Nutzungsänderung nicht erhalten werden. Vier quadratische Raumboxen besetzen nun die äußeren Ecken der Halle. Diese Boxen stehen frei im Raum und schließen nicht an die Decke an, um Müthers Konstruktion überall sichtbar zu belassen. Sie sind von außen jeweils unabhängig über einen eigenen Eingang zu erreichen, um die Flexibilität der Nutzung zu erhöhen. Die Dächer der Boxen sind begehbar und durch Galerien miteinander verbunden.

Diese neu eingezogenen Elemente und die zusätzliche Ebene sind von außen deutlich ablesbar. Die neuen Fassaden können dem Duktus der ursprünglich aufgrund der Lastabtragung sehr vertikal gegliederten Außenhaut nicht mehr folgen. Auch die Farbgestaltung in einem omnipräsenten Weißton und die Verwendung des nahezu opaken blauen Sonnenschutzglases stehen im starken Kontrast zum ursprünglichen Bild der Hyparschale. Die alte Leichtigkeit der Schale ins Jetzt zu überführen, erwies sich als veritable Herausforderung: Hier kann man den Konflikt in der Sanierung zwischen neuer Funktionsanforderung der Auftraggeberin, dem Denkmalschutz, den aktuellen Bauvorschriften und dem ästhetischen Grundgedanken dieses Bauwerks förmlich spüren. Genau das ist der schmale Grat, den man in Sanierungsprojekten immer geht: Wie weit kann man in der Fortschreibung eines Hauses dieses verändern, und wie viel vom ursprünglichen Ansatz muss und soll erhalten bleiben?

Die Hyparschale ist mit ihrer Verortung im Rotehornpark ein überaus wichtiger städtebaulicher und kulturhistorischer Baustein auf der zentralen Elbinsel Werder. Sie bildet hier mit der Stadthalle Magdeburg und dem Albinmüller-Turm (beide Fertigstellungsjahr 1927) ein bemerkenswertes Ensemble aus verschiedenen Bauepochen. Vor diesem Hintergrund hat die Sanierung der Hyparschale eine zentrale Bedeutung für die Stadt und kann insbesondere in ihrer ingenieurtechnischen Herangehensweise als Blaupause für andere Bauvorhaben dieser Art dienen.

The city of Magdeburg requested a flexible division of the large interior space into smaller units. This made creating a second level unavoidable, as the large, almost cathedral-like space could not be preserved due to the change in use. Four square rooms now occupy the outer corners of the hall. These boxes are free-standing and not connected to the ceiling, ensuring that Müther's construction remains visible throughout. Each box can be accessed independently from the outside via its own entrance, increasing the flexibility of use. The boxes' roofs are accessible and connected to each other by galleries.

These newly added elements and the additional level are clearly visible from outside the building. The new façades no longer follow the style of the original exterior, which was structured in a very vertical manner due to load transfer. The omnipresent shade of white and the use of almost opaque blue solar control glass also contrast sharply with the original appearance of the Hyparschale. Capturing the old lightness of the shell in the present day proved challenging: the conflict between the client's new functional requirements, monument protection, current building regulations, and the building's basic aesthetic concept is palpable. This is the fine line one always walks in renovation projects: how much can a building be changed while still respecting its original design?

Situated in Rotehornpark, the Hyparschale is a significant urban and cultural landmark on the central Elbe island of Werder. Alongside Magdeburg City Hall and the Albinmüller Tower (both completed in 1927), it forms an impressive architectural ensemble. Against this backdrop, the renovation of the Hyparschale is of great importance to the city, particularly in terms of its engineering approach, and it can serve as a blueprint for similar construction projects.

Brücken verbinden die Galerieebenen.
The gallery levels are connected by bridges.

Erdgeschoss mit zusammenschaltbaren Veranstaltungsbereichen.
The ground floor has inter-connectable event areas.

LRO Lederer Ragnarsdóttir Oei
Grundschule auf FRANKLIN, Mannheim

Kritik **Amber Sayah**

Architekten/Architects
LRO Lederer Ragnarsdóttir Oei
Marc Oei, Katja Pütter, Klaus
Hildenbrand, Heiko Müller
Kornbergstraße 36
70176 Stuttgart
www.archlro.de
pr@archlro.de

Projektteam/Project team
Benjamin Berbig, Projekt- und
Bauleitung
Nicole Epple, Projektteam, Bauleitung
Jennifer Martin, Projektteam,
Bauleitung
Johannes Schreiner, Projektteam,
Bauleitung

Bauherren/Clients
Stadt Mannheim, vertreten durch
BBS Bau- und Betriebsservice GmbH,
Mannheim

**Tragwerksplanung/
Structural engineering**
Mayer-Vorfelder und Dinkelacker,
Sindelfingen

Elektro/Electrical engineering
Burnickl Ingenieur GmbH, Würzburg
BBS Bau- und Betriebsservice, Ertugrul
Metin, Mannheim

Bauphysik/Building physics
Bayer Bauphysik Ingenieurgesellschaft
mbH, Fellbach

Brandschutz/Fire prevention
TB Portillo GmbH, Edingen-
Neckarhausen

**Landschaftsarchitektur/
Landscape architecture**
Helmut Hornstein, Überlingen

Fassadenplanung/Façade planning
Holzbau Kraushaar, Neuhofen

Sonstige/Others
Küchenplanung/Kitchen design:
Ingenieurbüro Jakob, Mannheim
SiGeKo/Safety and Health Protection:
Coordinator: Beck Ingenieurbüro,
Mannheim

**Haustechnik/Building
services engineering**
Team für Technik GmbH, Karlsruhe

Standort/Location
Wasserwerkstraße 64
68309 Mannheim

Fertigstellung/Completion
September 2023

Fotografie/Photography
Roland Halbe, Stuttgart

Die Klassencluster bestehen aus einzelnen Holzhäusern mit hinterlüfteter Holzfassade. Rechtwinklig dazu die halb eingegrabene Sporthalle, auf deren Dach eine Freitreppe führt.
The classroom clusters consist of individual wooden buildings with rear-ventilated wooden façades. At right angles to these is the semi-underground sports hall, which has an open staircase leading up to its roof.

Man sieht dem jungen Stadtteil seine militärische Vergangenheit an. Bis zum Truppenabzug der Amerikaner (2007–2015) war das Benjamin Franklin Village im Nordosten von Mannheim die größte Wohnsiedlung der US-Army in Deutschland, eine Stadt in der Stadt mit zuletzt 10.000 Bewohnern. Geblieben sind davon der Name »Franklin«, in memoriam eines halben Jahrhunderts nach dem amerikanischen Staatsmann und Schriftsteller benannter Nachkriegsgeschichte, und jede Menge ehemaliger Kasernengebäude. Klar war aber auch, dass die riesige Konversionsfläche eine neue Identität brauchte, die die soldatisch gereihten Zeilenbauten hinter sich lässt.

Das Architekturbüro MVRDV hat in Mannheim erneut sein Gespür für Buchstaben bewiesen, wie zuvor bei dem mit dem DAM Preis 2021 ausgezeichneten WERK12 in München[1], hier aber im XXXL-Format. Dem neuen Bezirk drückten die Niederländer ihren städtebaulichen Stempel in Gestalt von vier gigantischen Wohnbauten auf, die zusammen das Wort HOME formen – als Zeichen, dass man sich jetzt hier daheim fühlen soll. Bis auf Weiteres fehlt noch das M, und über die restlichen drei »Buchstaben« kichern die Leute, dass die ja etwas ganz anderes bedeuteten: nämlich, hüstel, Hure!

The young district's military past is evident. Until the withdrawal of American troops between 2007 and 2015, Benjamin Franklin Village, located in the north-east of Mannheim, was the largest US Army housing estate in Germany. It was a city within a city, with a population of 10,000. The name 'Franklin' remains, in memory of half a century of post-war history named after the American statesman and writer, as well as a large number of former barracks buildings. However, it was clear that the huge conversion area needed a new identity, one that would move on from the rows of military-style buildings.

MVRDV has once again demonstrated its flair for lettering in Mannheim, as it did previously with WERK12 in Munich[1] – a project that won the DAM Preis in 2021 – but on an XXXL scale. The Dutch firm has made its mark on the new district's urban planning in the form of four gigantic residential buildings that together spell out the word 'HOME' – a sign that people should now feel at home here. The M is still missing and people are giggling about the remaining three 'letters' because they mean something completely different: namely, ahem, whore!

Identität stiften geht aber auch weniger plakativ und mit weniger Rechtschreibschwäche. Auf dem Gelände der früheren Schule der US-Streitkräfte haben LRO einen Grundschulneubau errichtet, der mit blassgrünen Holzfassaden und einem Pulk von Zipfeldächern die Blicke auf sich zieht. Farbe und Formen sind, wie so oft bei diesem Büro, von skandinavischer Architektur inspiriert: von Sigurd Lewerentz' Bootshaus und den pyramidenförmigen Dächern von Gunnar Asplunds Waldfriedhof-Pavillon in Stockholm. Alles zusammen fügt sich zu einem Ensemble im freundlich-heiteren Stil eines Sommerhauses mit Schweden-Touch. Den Nutzenden gefällt's. Nachmittags wird auf dem überdachten Pausenhof zu lautstarker Musik Tischtennis gespielt, von Kindern, die ihre Schule offenbar als zweites Zuhause betrachten.

Grund zur Freude hat die Stadt aber nicht nur bei so viel Akzeptanz beim Nachwuchs, sondern auch wegen der intelligenten Planung von Architekten, die mit mehr Weitsicht an das Projekt gingen als die Bauherrin selbst. Denn im Wettbewerb war vorgesehen, zunächst nur den Klassentrakt zu erbauen, danach sollte das alte Schulgebäude der Amerikaner abgebrochen werden und an gleicher Stelle die neue Sporthalle entstehen. Der Kindersegen im vorwiegend von jungen Familien bewohnten Franklin hat sich aber als überdurchschnittlich hoch erwiesen, so dass die neue Schule räumlich schnell an ihre Grenzen gekommen wäre, mal abgesehen davon, dass Abriss an sich schon ein Konzept von gestern ist. Da der Altbau auf Vorschlag des Stuttgarter Architektenteams jedoch erhalten geblieben ist und wieder genutzt wird, kann auf den wachsenden Bedarf problemlos reagiert werden.

Ebenso klug war es, der Idee von LRO zu folgen und Schulhaus plus – im rechten Winkel dazu – Sporthalle gleichzeitig zu realisieren, statt wie ursprünglich geplant in zwei Bauabschnitten. Zusammen bilden Alt und Neu nun eine Dreiflügelanlage, die einen geschützten Pausenhof mit Klettergerüsten und Skaterbahn umgibt. Eine große Freitreppe führt von dort hinauf auf das Dach der halb im Boden versenkten Sporthalle, das noch mehr Platz für Pausen- und Freizeitaktivitäten bietet. Von dort aus gelangt man über einen umlaufenden Balkon vor dem Obergeschoss des Schulgebäudes direkt zu den Klassenzimmern. Zugleich macht dieser sich multifunktional als Fluchtweg und konstruktiver Sonnenschutz nützlich.

However, identity can also be established in a more subtle way, with fewer spelling errors. On the site of the former US Armed Forces school, LRO has built a new primary school with pale green wooden façades and a cluster of hipped roofs that attract attention. As is often the case with this architectural firm, the colours and shapes draw inspiration from Scandinavian architecture: Sigurd Lewerentz's boathouse and Gunnar Asplund's pyramid-shaped roofs on the Woodland Chapel at Skogskyrkogården in Stockholm. Together, they form a friendly, cheerful ensemble reminiscent of a summer house with a Swedish touch. The users like it. In the afternoons, children who clearly regard their school as a second home play table tennis to loud music in the covered playground.

The town has reason to celebrate, not only because of the popularity of the new school among young people, but also because of the intelligent planning by architects who approached the project with more foresight than the client itself. The competition stipulated that only the classroom wing should be built initially, after which the old American school building would be demolished and a new sports hall erected on the same site. However, Franklin's baby boom, a town predominantly inhabited by young families, has proved to be above average. This means that the new school would quickly reach its capacity limits. Not to mention the fact that demolition is an outdated concept. Fortunately, the old building has been preserved and will be reused, as suggested by the Stuttgart architects, making it easy to respond to the growing demand.

Following LRO's advice to construct the school building and the sports hall at the same time, rather than in two phases as originally planned, proved equally wise. The old and new buildings now form a three-wing complex together, surrounding a sheltered playground with climbing frames and a skate park. A large, open staircase leads up to the roof of the sports hall from there, which is partially sunk into the ground and offers additional space for breaks and leisure activities. A wraparound balcony in front of the upper floor of the school building then leads directly to the classrooms. This balcony also serves a multifunctional purpose, providing an escape route and structural sun protection.

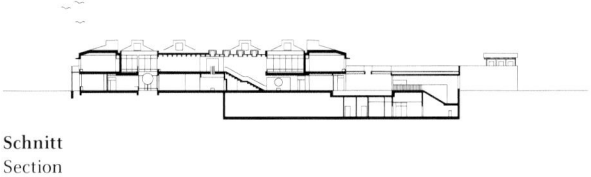

Schnitt
Section

Der Lüftungsturm ragt wie ein Fingerzeig auf dem Vorplatz auf.
The ventilation tower rises up like a finger pointing on the forecourt.

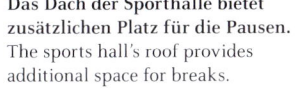

Das Dach der Sporthalle bietet zusätzlichen Platz für die Pausen.
The sports hall's roof provides additional space for breaks.

Die Sporthalle wird von einem Tragwerk aus Brettschichtholz-Bindern überspannt.
A supporting structure made of glulam beams spans the sports hall.

Ein weiterer zentraler Punkt der Auslobung, über den sich die Architekten im Wettbewerb erfolgreich hinwegsetzten, betraf die Bauweise. Gewünscht war eine Schule aus Holz. LRO votierten dagegen für einen Hybridbau aus Holz und Beton, der die Vorzüge beider Welten vereint. Beton kam beim Schall- und Brandschutz zum Einsatz, ebenso bei den Geschossdecken zur Aktivierung der Wärmespeichermasse. Holz punktet dafür mit hohem Vorfertigungsgrad und kurzen Montagezeiten. Der größte Teil der Konstruktion besteht aus Massivholz-Brettstapelelementen, wobei die beauftragte Holzbaufirma für Planung und Lieferung sowie für den Aufbau jeweils nur ein halbes Jahr Zeit hatte. Aus Holz besteht auch das Tragwerk der Sporthalle, Stützen und Träger der Balkone wurden als fertige Elemente montiert und mit vorproduzierten Holzrosten belegt. Energie liefert die Fotovoltaikanlage der Pergola auf dem Sporthallendach, Heizung und Warmwasser ein Fernwärmeanschluss, für Frischluft sorgt eine CO_2-gesteuerte Be- und Entlüftungsanlage.

So clever und durchdacht diese Schule auch geplant sein mag: Mit Lowtech-Konzepten und ökonomischer Bauweise kann man Bauherren überzeugen – Kinderherzen erobert man damit nicht. Es gilt die Devise von Arno Lederer, der an diesem Projekt noch mitwirkte, dass ein Haus dann gelungen ist, wenn man es lieben kann. Was die Frankliner Jugend an ihrer Schule vermutlich am meisten mag, sind die 16 Holzhäuschen der Klassenräume mit je eigenem Zeltdach und Oberlicht. Verspieltheit, Schutz, Konzentration, Individualität, Wir-Gefühl – in diesen Butzen werden viele Sinne angesprochen, die Lust aufs Lernen machen. Dass Mannheim damit auch seine erste Clusterschule besitzt, ist wiederum ein Aspekt, der eher Pädagogen interessiert.

Das Einzige, was dieses Gebäudeensemble nicht hat, ist eine Vorfahrt. Man erreicht die Schule per pedes, per Fahrrad oder mit der Straßenbahn. Und die Autos? Keine Chance. Elterntaxis müssen auf FRANKLIN draußen bleiben.

1 Siehe Schmal, Peter Cachola: WERK 12, München, in: Deutsches Architektur Jahrbuch 2021, Berlin 2021, S. 12.

Another key point in the competition brief that the architects successfully disregarded concerned the construction method. The brief called for a wooden school. However, LRO opted for a hybrid construction combining wood and concrete to take advantage of the strengths of both materials. Concrete was used for sound and fire protection, as well as for the floor slabs to activate the heat storage mass. Wood is highly rated for its high degree of prefabrication and short assembly times. Most of the construction consists of solid wood board stack elements, and the timber construction company had only six months to plan, deliver, and assemble the structure. The sports hall's supporting structure is also made of wood, and the balcony supports and beams were assembled as prefabricated elements and covered with pre-produced wooden grates. The pergola on the roof of the sports hall is equipped with a photovoltaic system that supplies the building with energy. A district heating connection provides heating and hot water, while a CO_2-controlled ventilation system ensures fresh air.

While this school is clever and well thought out, building contractors may be convinced by low-tech concepts and economical construction methods, but they won't win the hearts of children. Arno Lederer, who was still involved in the project, believed that a building is successful if it can be loved. The Franklin youth probably like the 16 wooden classroom buildings with their own tent roofs and skylights the most. These little houses appeal to many senses and make you want to learn, offering playfulness, protection, concentration, individuality, and a sense of community. Educators are more likely to be interested in the fact that Mannheim now has its first cluster school.

The only feature lacking from this building complex is a driveway. You can reach the school on foot, by bicycle, or by tram. And cars? No chance. Parents' taxis must stay outside FRANKLIN.

1 See Schmal, Peter Cachola: 'WERK 12, Munich', in: Deutsches Architektur Jahrbuch 2021, Berlin, 2021, p. 12.

Klassenhaus mit Oberlicht und Oberflächen aus Brettstapelelementen mit Akustikfräsung.
Classroom building with skylight and surfaces made of stacked board elements with acoustic milling.

Erschließung im Erdgeschoss, hinten
Durchgang zur Mensa. Blick nach oben in das
Klassenzimmergeschoss.
Access on the ground floor, passage to the canteen at
the rear. View upwards to the classroom floor.

Eine der beiden Bibliotheken mit Oberlicht.
One of the two libraries with skylights.

Frei nutzbare Erschließungsfläche eines Clusters
mit Schränken und Sitznischen.
Freely usable access area of a cluster with cupboards
and seating niches.

Grundriss 1. Obergeschoss
First floor plan

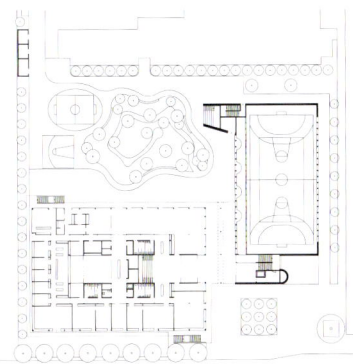

Grundriss Erdgeschoss
Ground floor plan

Max Hacke & Leonhard Clemens
Hinterhaus Prototyp 6×9m, Berlin

Kritik **Anja Fröhlich**

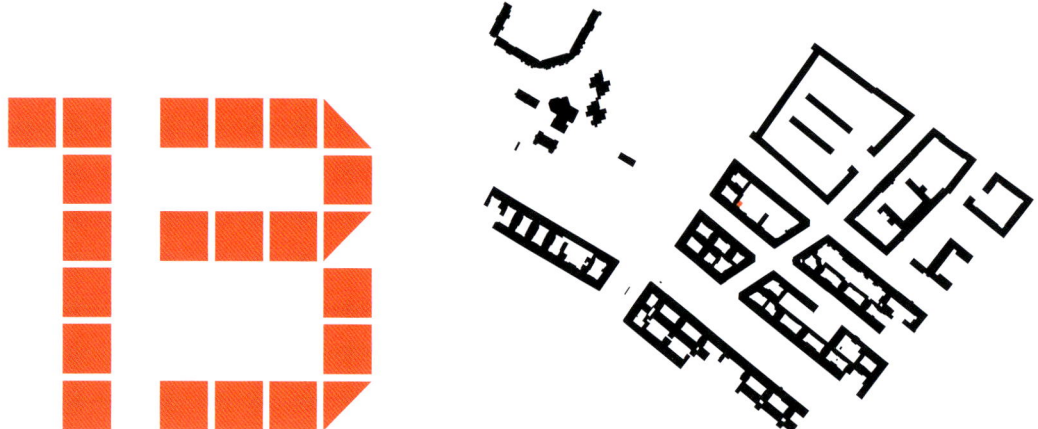

Architekten / Architects
Max Hacke & Leonhard Clemens
Braunschweiger Straße 22
12055 Berlin
www.burohacke.com
info@maxhacke.com
www.lncl.de

Projektteam / Project team
Max Hacke, Projektleitung Architektur
Leonhard Clemens, Projektleitung
Architektur

**Projektsteuerung /
Project management**
Rautenbach Gesellschaft von
Architekten mbH
Architekt Dipl.-Ing. Wolfgang
Rautenbach, Berlin

**Tragwerksplanung /
Structural engineering**
Ingenieurbüro Rüdiger Jockwer GmbH
Statische Berechnungen & Bau-
konstruktion, Berlin

**Haustechnik, Heizung, Sanitär,
Elektro / Building services
engineering, plumbing and heating,
electrical engineering**
Janowski Ingenieure GmbH, Berlin

**Bauphysik / Building physics
Akustik / Acoustics**
Ingenieurbüro Rüdiger Jockwer GmbH
Statische Berechnungen &
Baukonstruktion, Berlin

Brandschutz / Fire prevention
imKONTEXT.berlin GmbH, Berlin

Standort / Location
Bernhard-Lichtenberg-Straße 22
10407 Berlin

Fertigstellung / Completion
Februar 2024

Fotografie / Photography
Clemens Wronski, Berlin (S. 121,
S. 124 oben/top)
Max Hacke & Leonhard Clemens, Berlin

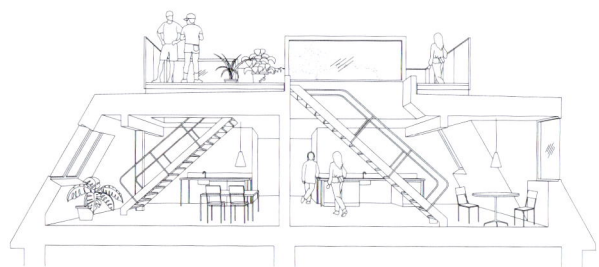

Perspektivischer Schnitt Dachterrasse
Perspective section of the roof terrace

Der kombinierte Wohn- und Treppenturm hat das Potenzial, zum Prototyp für die Nachverdichtung in Hinterhöfen zu werden.
The combined living and stair tower could become a prototype for backyard densification.

Das Hinterhaus 6×9m von Max Hacke und Leonhard Clemens erweckt auf den ersten Blick den Eindruck einer gebauten Untersuchung zum Existenzminimum im Wohnen – jenem Konzept, das bereits 1929 auf dem CIAM-Kongress in Frankfurt am Main als Mindeststandard für angemessenen Wohnraum diskutiert wurde. Als gebaute Erstfassung und möglicher Prototyp lotet das Projekt aus, wie sich dieses Konzept unter heutigen Bedingungen neu denken lässt. Bei genauerem Hinsehen zeigt sich jedoch, dass es hier nicht allein um das Erreichen einer Untergrenze geht, sondern um die Frage, wie viel Raum notwendig ist, um – damals wie heute – nicht nur funktional, sondern auch qualitätsvoll zu leben.

Inmitten der Gründerzeitstruktur des Berliner Bötzowviertels nutzten die Architekten eine Restfläche, die von der Logik her kaum mehr als eine Erschließung hätte aufnehmen können. Ursprünglich war nur der Ausbau des Dachraums im Bestand vorgesehen, um vier neue Wohnungen und eine gemeinschaftliche Dachterrasse zu schaffen. Die Berliner Bauordnung verlangte hierfür einen zweiten baulichen Rettungsweg.

At first glance, the '6×9m' (six-by-nine-metre) rear building designed by Max Hacke and Leonhard Clemens appears to be an investigation into the minimum standard of housing, a concept that was already discussed at the CIAM Congress in Frankfurt am Main in 1929 as a minimum standard for adequate living space. As a built first draft and possible prototype, the project explores how to reimagine this concept under today's conditions. However, on closer inspection, it becomes clear that the focus is not just on reaching a lower limit, but on determining how much space is necessary to live not only functionally, but also in a high-quality manner, both then and now.

Set amid the Wilhelminian-style architecture of Berlin's Bötzow district, the architects made use of a residual area that could, quite literally, only accommodate access. The original plan was simply to convert the existing attic space to create four new apartments and a communal roof terrace. Berlin building regulations required a second structural escape route for this purpose. Rather than creating a basic staircase, the concept was to combine

Dachwohnung im Bestand.
Attic apartment in the existing building.

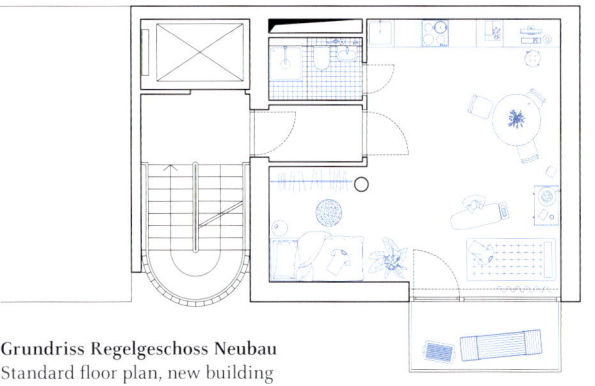

Grundriss Regelgeschoss Neubau
Standard floor plan, new building

**Die Küchenzeilen der Grundausstattung
können individuell erweitert werden.**
The basic kitchen units can be expanded
individually.

**Kompakte Einzimmerwohnung,
hinten die Schlafnische.**
Compact studio flat, with the sleeping
alcove at the back.

Anstatt diesen als reine Treppe zu realisieren, entstand die Idee, ihn um eine eigenständige Wohnnutzung zu ergänzen. So wurde aus einem vertikalen Erschließungselement ein schlanker, präzise organisierter Wohnturm, der das Maß des Notwendigen auslotet und dabei eine räumliche Großzügigkeit erzeugt, die über das rein Quantitative hinausgeht.

Der Wohnturm steht auf einer Grundfläche von 54 Quadratmetern, erhebt sich über sieben Geschosse und 22 Meter Höhe. Er fügt sich in die blockrandtypische Gebäudestruktur ein und tritt doch als eigenständige Figur in Erscheinung, mit schmaler vertikaler Präsenz und präziser Positionierung. Seitlich angefügt ist das runde, skulpturale Treppenhaus, das als Gelenk zwischen Bestand und Neubau funktioniert. Es bildet die räumliche Schnittstelle, an der die programmatische Logik des Projekts ablesbar wird, und erschließt nicht nur die Wohnungen im Turm, sondern auch die Dachterrasse des Bestands.

Der Turm enthält sieben Wohnungen mit jeweils 38 Quadratmetern. Der Grundriss folgt einer klaren Abfolge: Bad, Wohnküche, Schlafnische und ein fast sechs Quadratmeter großer, nach Süden ausgerichteter Balkon. Großzügige Verglasungen öffnen den Blick in den grünen Innenhof und lassen viel Licht in die Räume fallen. Auffällig ist, dass diese Grundrissgröße nahezu exakt der Fläche entspricht, die 1929 auf dem CIAM-Kongress in Frankfurt als Richtwert für eine Zwei-Personen-Wohnung im Rahmen des Existenzminimums diskutiert wurde – eine Parallele, die hier vermutlich zufällig, aber nicht minder bemerkenswert ist. Auch wenn die Wohnungen aneignungsoffen angelegt sind, deckt sich ihre kompakte Größe mit diesem historischen Maß und prädestiniert sie in der Praxis vor allem für Singles oder Paare.

Ein markantes Detail ist die Küchenstrecke. Statt einer Standardlösung entwarfen Hacke und Clemens eine robuste Edelstahlzeile, die sich durch handelsübliche Module erweitern lässt. Die Basis ist langlebig, funktional und zugleich offen für individuelle Anpassungen. Auch hier wird das Minimum nicht als Verzicht verstanden, sondern als belastbare Grundlage für unterschiedliche Wohnweisen.

it with an independent residential element. Thus, the vertical access element was transformed into a slender, precisely organised residential tower that pushes the boundaries of necessity while creating spatial generosity that goes beyond the quantitative.

The residential tower has a footprint of 54 square metres, rises over seven floors, and measures 22 metres in height. While blending into the typical block-edge building structure, it also appears as an independent figure with a narrow, vertical presence and precise positioning. Attached to one side is a round, sculptural staircase which links the existing building to the new construction. This staircase forms a spatial interface that reveals the project's programmatic logic, providing access to not only the apartments in the tower, but also the existing building's roof terrace.

The tower contains seven flats, each measuring 38 square metres. The floor plan is straightforward: a bathroom, a kitchen-diner, a sleeping alcove, and a south-facing balcony measuring almost six square metres. Generous glazing opens up the view to the green inner courtyard and allows plenty of light into the rooms. Interestingly, this floor plan size corresponds almost exactly to the area discussed at the CIAM Congress in Frankfurt in 1929 as a guideline for a two-person flat within the framework of the minimum subsistence level – a parallel that is probably coincidental, yet still remarkable. Although the flats are designed to be adaptable, their compact size aligns with this historical standard, making them ideal for singles or couples in practice.

One striking detail is the kitchen unit. Rather than opting for a standard solution, Hacke and Clemens designed a robust stainless steel unit that can be extended using standard modules. The base is both durable and functional, while also being open to individual customisation. Here, too, a minimalist approach is not viewed as a restriction, but rather as a resilient foundation for various lifestyles.

Die gemeinschaftliche Dachterrasse bietet einen weiten
Blick über Berlin, hier Richtung Alexanderplatz.
The communal roof terrace offers a panoramic view over Berlin,
here towards Alexanderplatz.

Große Balkone erweitern
die Wohnfläche.
Large balconies expand
the living space.

Die äußere Erscheinung des Neubaus ist bewusst reduziert: grauer Putz für das Bauvolumen und weißes Wellblech für das Treppenhaus. Diese Differenzierung macht die einzelnen Elemente lesbar, ohne sie voneinander zu isolieren. Im Inneren dominieren robuste, unprätentiöse Oberflächen – Ausdruck einer Haltung, die Dauerhaftigkeit und strukturelle Klarheit über dekorative Gesten stellt. Alles Überflüssige wird vermieden, das Notwendige präzise eingesetzt.

Das Projekt kann als zeitgenössische Interpretation des Existenzminimums verstanden werden – nicht als bloßes Erreichen eines Mindestmaßes, sondern als klare Entwurfshaltung. Das historische Konzept zielte darauf ab, das Notwendige für alle bereitzustellen und gleich zu verteilen. Heute, in einer verdichteten und von steigenden Wohnkosten geprägten Stadt, wird das Minimum zum Ausgangspunkt präziser Planung und eröffnet die Möglichkeit, aus knappen Mitteln räumliche Qualität zu entwickeln. Bauordnung, Grundstücksgröße und ökonomische Rahmenbedingungen sind hier keine Hindernisse.

Im Hinterhaus 6×9m findet sich diese Qualität nicht nur in der privaten Fläche, sondern auch in der Ergänzung durch die kollektive Dachterrasse – einem großzügigen Gemeinschaftsraum als sozialer Ausgleich für das individuelle Minimum. Die Dachterrasse ist so das räumliche Ergebnis der Fluchtweganforderung und zugleich ein Mehrwert für alle Bewohner. Der Zugang erfolgt sowohl über die Dachgeschosswohnungen als auch über den Neubau, was die Nutzung räumlich strukturiert.

Das Projekt beweist, dass Architektur aus eingeschränkten Bedingungen heraus entstehen kann, ohne an ihnen zu scheitern. Damit beantwortet das Haus die Frage des Existenzminimums mit einer Architektur, die zeigt, dass Verdichtung nicht zwangsläufig zu räumlicher Einschränkung führen muss, wenn sie präzise organisiert und um gemeinschaftliche Qualitäten ergänzt wird. Auf den zweiten Blick wird klar, dass das Minimum nicht als Grenze verstanden wird, sondern als Methode, und gerade daraus erwächst eine unerwartete Großzügigkeit – vielleicht das stärkste Argument für seinen Wert als Prototyp.

The exterior of the new building has a deliberately restrained appearance: grey plaster for the structure and white corrugated iron for the stairwell. This differentiation allows the individual elements to be recognised without isolating them from one another. The interior is characterised by robust, unpretentious surfaces, reflecting an approach that prioritises durability and structural clarity over decorative embellishments. Anything superfluous has been avoided, and anything necessary has been used precisely.

The project can be understood as a contemporary interpretation of the minimum subsistence level, representing not just the achievement of a minimum standard, but a clear design approach. The historical concept aimed to provide everyone with the necessities and distribute them equally. In today's densely populated cities, where housing costs are rising, the minimum becomes the starting point for precise planning, opening up the possibility of developing spatial quality from limited resources. Building regulations, plot size, and economic conditions are not obstacles here.

This quality is not only found in the private area of the '6×9m' rear building, but also in the communal roof terrace, which provides social compensation for the minimal individual space in the form of a spacious common room. The roof terrace is therefore the spatial outcome of the escape route requirement, providing added value for all residents. Access is via both the attic apartments and the new building. This structures the use of space.

The project demonstrates that architecture can be created within limited conditions without compromising on quality. The house answers the question of the minimum subsistence level by showing that densification does not necessarily lead to spatial restrictions if it is organised precisely and supplemented with communal qualities. On closer inspection, it becomes clear that the minimum is not perceived as a limitation, but rather as a method. This approach gives rise to an unexpected generosity, which is perhaps the strongest argument for the value of this project as a prototype.

Treppen- und Wohnturm sind klar ablesbar und bilden dennoch eine Einheit.
The staircase and residential towers are clearly distinguishable. Yet they still form a unified whole.

Modersohn & Freiesleben Architekten
Haus im Park – Betreutes Wohnen für Menschen mit Behinderung, Berlin

Kritik **Florian Heilmeyer**

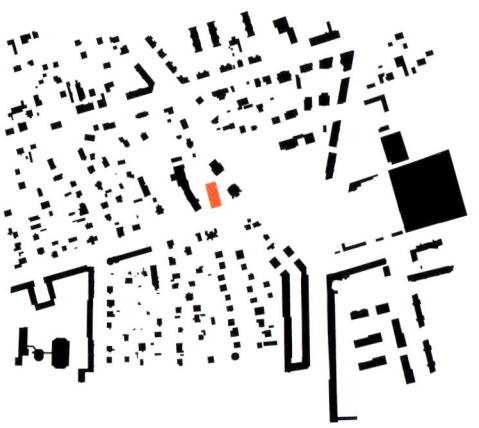

Architekten / Architects
Modersohn & Freiesleben Architekten
Partnerschaft mbB
Bayernallee 47
14052 Berlin
www.mofrei.de
info@mofrei.de

Projektteam / Project team
Anna Fawdry, Projektteam
Sophia Grabow, Projektteam

Bauherren / Clients
SKF e. V., Berlin

**Tragwerksplanung /
Structural engineering**
Niehues Winkler Ingenieure GmbH,
Berlin

**Haustechnik / Building
services engineering**
bapb GmbH, Berlin

Energieberatung / Energy consulting
SDU Architekten, Berlin

Akustik / Acoustics
Müller-BBM Industry Solutions GmbH,
Berlin

Brandschutz / Fire prevention
Völcker Architekten, Berlin

**Landschaftsarchitektur /
Landscape architecture**
Locodrom Landschaftsarchitekten
GbR, Berlin

Standort / Location
Nordendstraße 2–3
13158 Berlin

Fertigstellung / Completion
Mai 2024

Fotografie / Photography
Sebastian Schels, München
Antje Freiesleben, Berlin (S. 130 oben
links / top left)

Das neue Holzhybridhaus fügt sich hinter der historischen Mauer gut in den Bestand ein.
The new timber hybrid house behind the historic wall blends in well with the existing buildings.

Schon seit über 100 Jahren kümmert sich der Sozialdienst Katholischer Frauen (SKF) in Berlin-Pankow um Frauen und Jugendliche in besonderen Lebenslagen sowie um Menschen mit besonderen physischen oder geistigen Herausforderungen. Dafür betreiben die Frauen auf einem großen Grundstück zwischen Nordend- und Schönhauser Straße, im grünen Norden von Pankow, einen kleinen Campus. Dort verteilen sich Räume für Wohn- und Tagespflege über zwei historische Villen und einen großen, pragmatischen Erweiterungsbau aus den frühen 1990er Jahren. Die ständig steigende Nachfrage konnte damit jedoch schon länger nicht mehr gedeckt werden; über 100 Menschen standen zuletzt auf der Warteliste. Also sammelte der SKF Gelder für einen Neubau. Beauftragt wurde das Büro Modersohn & Freiesleben. Die Planung begann 2020, und 2024 konnte der Neubau, der an der Stelle eines Sportplatzes entstand, eröffnet werden.

For over 100 years, the Sozialdienst Katholischer Frauen (Catholic Women's Social Service; SKF) in Berlin-Pankow has cared for women and young people facing challenges, as well as individuals with physical or mental disabilities. To this end, the organisation runs a small campus on a large plot of land between Nordendstraße and Schönhauser Straße in the green northern part of Pankow. Residential and day care rooms are spread across two historic villas and a large, pragmatic extension built in the early 1990s. However, these facilities have not been able to meet the constantly increasing demand for some time, with more than 100 people now on the waiting list. Consequently, the SKF has raised funds for a new building. The Modersohn & Freiesleben architectural firm was commissioned. Planning began in 2020, and the new building, constructed on the site of a sports field, opened in 2024.

Es ist ein freundliches Haus geworden, das sich selbstbewusst zwischen die vorhandenen Bäume und die Bestandsgebäude ins Zentrum des Campus schiebt. Mit 37 Metern Länge, 16 Metern Breite und 15 Metern Höhe ist der Neubau zwar deutlich größer als die beiden Villen, die im Osten den Haupteingang rahmen, bleibt aber kleiner als der lang gezogene Erweiterungsbau im Westen.

Im Haus gibt es zwei getrennte Nutzungen: die festen Wohnplätze in betreuten Zweier-Apartments einerseits und die Angebote für Tagespflege und Freizeit andererseits. Entsprechend organisierte das Team von Antje Freiesleben und Johannes Modersohn das Haus mit zwei separaten Eingängen an den Längsseiten. Die Tagesangebote nehmen das Erdgeschoss ein und haben ihren Zugang von Westen, teilweise mit eigenen kleinen Freibereichen vor dem Haus. Die permanente Bewohnerschaft hingegen nutzt den Eingang von Osten. Diese Organisationsstruktur spiegelt sich in zwei Durchbrüchen, die in die Backsteinmauer zur Nordendstraße gebrochen wurden: Der östliche ist für die Wohnungen, der westliche führt zu den Tagesangeboten. Dort ist auch ein kleiner Holzpavillon errichtet worden für Tagesgäste, die auf ihre Abholung warten müssen – was in der stark ausgelasteten Pflegebegleitung leider häufig passiert.

Innen wie außen ist das Haus von großer Klarheit geprägt. Das Zentrum jeder Etage bildet eine große Diele von 48 Quadratmetern; Antje Freiesleben spricht vom »Herz des Hauses«. Von diesem Herz aus sind alle Räume direkt erreichbar, im Erd- wie in allen Obergeschossen. Jede Wohneinheit verfügt über ein eigenes Bad und einen 16 Quadratmeter großen Schlafraum. Je zwei Bewohnende teilen sich ein Wohnzimmer mit Küchenzeile und Balkon. Obwohl das Wohnteilhabegesetz die meisten Räume präzise vorschreibt, ist es hier gelungen, den Räumen eine angenehme Größe und Wohnlichkeit zu geben. Zum Beispiel liegen die Bäder nicht im Inneren, sondern an der Außenwand mit einem eigenen Fenster. Die Material- und Farbwahl trägt zur angenehmen Grundstimmung bei. Über der Diele im obersten Stockwerk setzte das Architektenteam eine Lichtlaterne ins Holzdach, die großzügig Tageslicht in den Raum fallen lässt, fast wie in einer Kirche.

The result is a welcoming building that sits confidently among the existing trees and buildings at the heart of the campus. Measuring 37 metres in length, 16 metres in width, and 15 metres in height, the new building is considerably larger than the two villas framing the main entrance to the east, yet smaller than the long extension to the west.

The building has two distinct functions: it provides permanent residences in the form of assisted living apartments for two people, as well as day care and leisure facilities. Accordingly, Antje Freiesleben and Johannes Modersohn's team designed the building with two separate entrances on its long sides. The day care facilities occupy the ground floor and are accessed from the west; some have their own small outdoor area in front of the building. Permanent residents use the east side entrance. This organisational structure is reflected in the brick wall facing Nordendstraße, which has two openings: the eastern one leads to the apartments, while the western one leads to the day care facilities. There is also a small wooden pavilion for day guests who have to wait to be picked up, which unfortunately happens frequently in such a busy care setting.

The house is characterised by great clarity, both inside and out. At the centre of each floor is a large 48-square-metre hallway, which Antje Freiesleben refers to as the 'heart of the house'. All rooms on the ground floor and all upper floors are directly accessible from this hallway. Each residential unit has its own bathroom and a 16-square-metre bedroom. Two residents share a living room with a kitchenette and balcony. While the *Wohnteilhabegesetz* (Residential Participation Act) specifies the size of most rooms, the designers have succeeded in making them pleasantly spacious and comfortable. For instance, the bathrooms are located on the outer wall and have their own windows. The choice of materials and colours also contributes to the pleasant atmosphere. On the top floor, above the hallway, the architects installed a skylight in the wooden roof, allowing plenty of daylight to flood into the room, much like in a church.

Der breite Flur im obersten Geschoss bekommt durch die offene Dachkonstuktion und die Lichtbänder eine dezent sakrale Anmutung.
Thanks to the open roof construction and strip lights, the wide corridor on the top floor has a discreetly sacred feel.

Die Wohnküche als gemeinschaftlicher Bereich einer Sonderwohnform im Dachgeschoss.
The kitchen-diner as a communal area in a special type of flat in the attic.

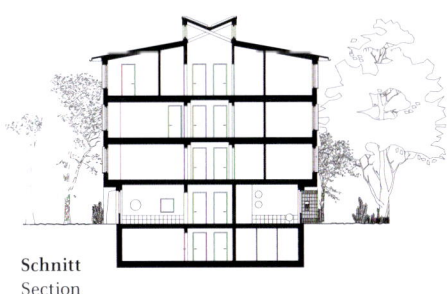

Schnitt
Section

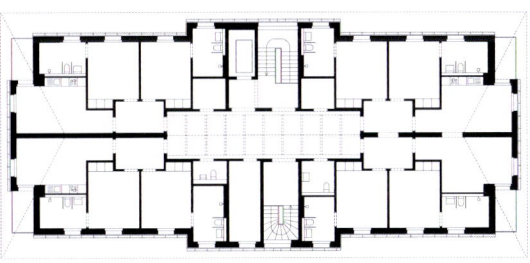

Grundriss 3. Obergeschoss
Third floor plan

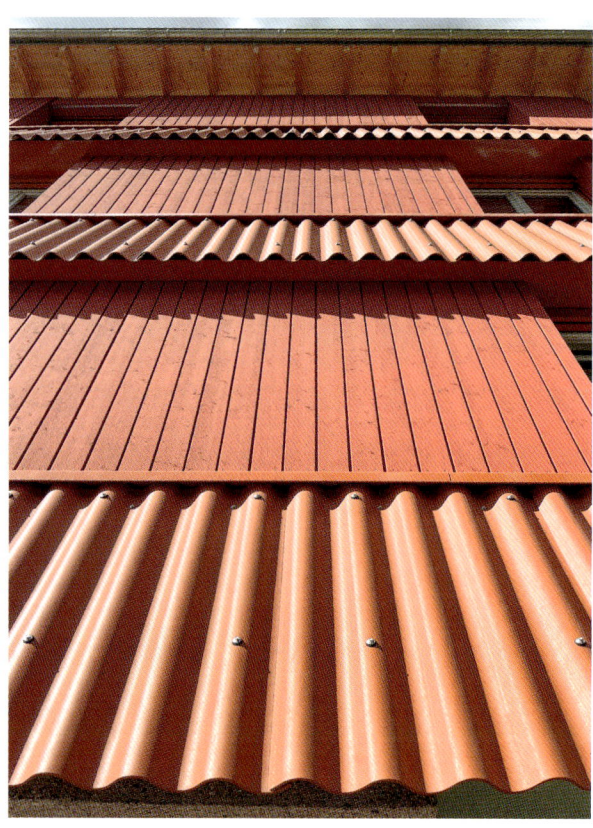

Wellzementplatten beleben die Fassaden, bilden die Brandsperren und lassen die Jalousienkästen verschwinden.
Corrugated cement panels not only enliven the façades but also form fire barriers and conceal the blind boxes.

Waschbetonfertigteile an den Kopfenden tragen den auskragenden Gebäudebereich.
Exposed aggregate concrete precast elements on the short sides support the cantilevered section of the building.

Das Sockelgeschoss ist gemauert und grün verp **Die Eingänge sind durch Fliesen hervorgehoben.**
The base floor is brickwor with green plaster. The entrances are highlighted with tiles.

Ebenso klar und nachvollziehbar ist die Konstruktionsweise. Fundamente und Treppentürme sind aus Stahlbeton. Das Erdgeschoss wurde gemauert, um den Betonverbrauch zu reduzieren. Die Obergeschosse sind ein Holzmassivbau mit vorgefertigten Brettschichtholzelementen für die Decken und tragenden Wände. Die sägerauen, rot lasierten Bretter der Fassaden sorgen für den Wetterschutz. An den Querseiten kragen die Obergeschosse über dem Erdgeschoss aus, was für einen kleinen wettergeschützten Bereich sorgt. Hier demonstrieren sechs robuste Elemente aus Waschbeton die Kraft, die nötig ist, die Auskragung zu halten. Mit etwas Fantasie kann man darin die modern-abstrakte Form einer Karyatide oder eines Atlanten sehen. Die zurückhaltende kalkgrüne Farbe des verputzten Sockels lässt diese Waschbetonelemente noch stärker hervortreten. Augenzwinkernd wird auch das leichte Dach des kleinen Wartepavillons von vier solchen Waschbetonelementen getragen, obwohl sie dort natürlich drastisch weniger Last tragen müssen.

Die Bauherrenschaft, die sich selbst lieber als »Baufrauen« bezeichnet, habe von Anfang an sehr klare Vorstellungen gehabt, erzählt Freiesleben. Dazu gehörte die liebevolle Gestaltung des Hauses ebenso wie der Wunsch nach einem Holzbau. »Aus unserer Sicht muss nicht jeder Holzbau als solcher erkennbar sein«, findet Freiesleben. Denn damit kommen Auflagen, etwa die horizontalen Brandsperren in der Fassade. Diese erzwingen oft »schmerzhafte Schnitte«, die den Eindruck eines zusammenhängenden Volumens auflösen. Die Architekten machten aus dem Problem ein gestalterisches Thema: Sie fanden ein kostengünstiges Industrieprodukt – Platten aus Wellzement –, das in einer kleinen Farbpalette verfügbar war. Um Verschnitt und Kosten zu vermeiden, wurde das Produkt exakt in der angebotenen Breite eingesetzt. Durch die leichte Schrägstellung der Wellplatten konnten die Jalousiekästen über den Fenstern unter den Zement geschoben werden.

Die Holzlaterne im Dach, die glänzend grünen Kacheln, mit denen beide Eingänge im Sockel markiert werden, die holzsichtigen Wände in den Zimmern, Rollstuhlwarteplätze in den Treppenhäusern, Durchsichthöhen der Fenster, kontrastreiche Lichtschalter und Griffe, die Waschbetonkaryatiden ... es ist die Vielzahl an umsichtigen Kleinigkeiten, die aus diesem Haus etwas ganz Besonderes mit einer fast heiteren Atmosphäre macht. So wie auch die roten, schräg gesetzten Wellzementschürzen, die den Fassaden einen nahezu textilen Eindruck geben – als habe sich das Haus mit einem fröhlichen roten Kleid auf ein Fest vorbereitet. Kaum nötig zu erwähnen, dass das Gebäude mit 3.287 Euro pro Quadratmeter im Budget – und auch im Zeitplan – geblieben ist.

The construction method is equally clear and comprehensible. The foundations and stair towers are made of reinforced concrete. The ground floor is brick-built to reduce concrete consumption. The upper floors are made of solid wood with prefabricated glulam elements for the ceilings and load-bearing walls. The rough-sawn, red-glazed boards of the façades provide weather protection. On the short sides, the upper floors extend beyond the ground floor, forming a small, sheltered area. Here, six robust elements made of exposed aggregate concrete demonstrate the strength required to support the cantilever. With a little imagination, one can discern the modern, abstract form of a caryatid or Atlas in them. The restrained, lime-green colour of the plastered base makes these concrete elements stand out even more. With a wink, the light roof of the small waiting pavilion is also supported by four such exposed aggregate concrete elements, although they naturally have to bear a drastically lower load there.

According to Freiesleben, the client, who prefers to refer to herself as *Baufrauen* (literally 'female builders', a term used instead of the German term *Bauherren*), had very clear ideas from the outset. These included the careful design of the house and the desire for a timber construction. 'Not every timber construction has to be recognisable as such,' says Freiesleben. This is because it comes with certain requirements, such as horizontal fire barriers in the façade. These often force 'painful cuts' that break up the impression of a coherent volume. However, the architects turned this problem into a design theme by finding a cost-effective industrial product – corrugated cement panels – that was available in a limited colour range. To avoid waste and costs, the product was used in its offered width. The slight slant of the corrugated panels meant that the blind boxes above the windows could be pushed under the cement.

It is the multitude of thoughtful details that make this building so special, with its almost cheerful atmosphere: the wooden lantern in the roof; the shiny green tiles marking both entrances at ground level; the exposed wooden walls in the rooms; the wheelchair waiting areas in the stairwells; the transparent windows; the contrasting light switches and handles; and the exposed aggregate concrete caryatids. The same goes for the red, slanted, corrugated cement aprons that give the façades an almost textile-like appearance, as if the building had dressed up in a cheerful red dress for a celebration. Needless to say, the building remained within budget at 3,287 euros per square metre and was completed on schedule.

nbundm* Architekten
Stadtteiltreff Augustin, Ingolstadt

Kritik **Oliver Elser**

Architekten /Architects
nbundm* Architekten
Ludwigstraße 27
85049 Ingolstadt
Eduard-Schmid-Straße 2
81541 München
www.nbundm.de
office@nbundm.de

Projektteam /Project team
Chris Neuburger, Architekt
Jan Bohnert, Architekt
Ekaterina Chevtaykina, Architektin
David Grodon, Architekt

Bauherren /Clients
Stadt Ingolstadt – Amt für
Stadtentwicklung und Baurecht,
Ingolstadt

**Projektsteuerung /
Project management**
nbundm* Architekten, Ingolstadt/
München

**Tragwerksplanung /
Structural engineering**
Grad Ingenieurplanungen, Ingolstadt

**Haustechnik, Heizung, Sanitär/
Building services engineering,
plumbing and heating**
bhp Ingenieure, Regensburg

Elektro /Electrical engineering
Martin Selch, Neuburg a. d. Donau

**Bauphysik /Building physics
Akustik /Acoustics**
IBN Bauphysik GmbH & Co. KG,
Ingolstadt

Lichtplanung /Lighting design
nbundm* Architekten mit
Martin Selch, Ingolstadt /
Neuburg a. d. Donau

Brandschutz /Fire prevention
concept.b, Ingolstadt

**Landschaftsarchitektur/
Landscape architecture**
nbundm* Architekten, Ingolstadt

Innenarchitektur/Interior design
nbundm* Architekten, Ingolstadt

Fassadenplanung/Façade planning
nbundm* Architekten mit
Firma Binder, Ingolstadt

**Ausschreibung und Bauüberwachung/
Tendering and construction
supervision**
Planungsbüro Reitberger, Hemau

Standort /Location
Stollstraße 2
85053 Ingolstadt

Fertigstellung /Completion
September 2024

Fotografie /Photography
Sebastian Schels, München

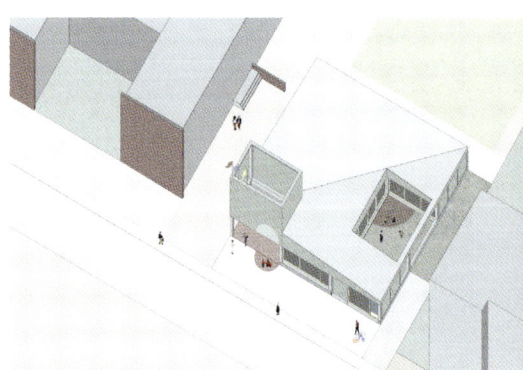

Axonometrie
Axonometry

Der Turm des Stadtteiltreffs macht neugierig und formuliert zusammen mit der Farbigkeit zur Straße eine einladende Geste.
The tower of the community centre arouses curiosity and, together with the colourfulness towards the street, creates an inviting atmosphere.

Auf den ersten Blick erscheint einiges merkwürdig an diesem Gebäude. Da ist diese überbetonte Ecke. Ein Turm, der etwa dreigeschossig den Flachbau überragt. Noch seltsamer ist, dass dieser Eckturm kein Dach hat. Er ist leer. Ein zum Himmel hin offener Schacht, direkt über dem Eingang.

Beim Besuch vor Ort erklärt Chris Neuburger von nbundm* Architekten die Eigenarten des Stadtteilzentrums mit der windungsreichen Projektgeschichte. Die Auftraggeberin ist die Stadt Ingolstadt, eine lange Zeit mit üppigen Gewerbesteuereinnahmen aus der Automobilindustrie gesegnete Kommune. Vor zehn Jahren war bereits das Jugendzentrum »Halle Neun« im DAM-Jahrbuch vertreten[1], ein ebenfalls von nbundm* umgebautes ehemaliges Frachtumschlaggebäude am Hauptbahnhof von Ingolstadt. Der Stadtteiltreff Augustin, benannt nach dem gleichnamigen Viertel, liegt auch in der Nähe des Bahnhofs, jedoch auf der anderen, östlichen Seite des Gleisfelds. Dort ist die Umgebung von Zeilenbauten des Wiederaufbaus, Einfamilienhäusern, einer Kaserne und einem großen Schulzentrum geprägt. Der Stadtteiltreff dient

At first glance, there is something unusual about this building. There is an exaggerated corner. A tower rises about three storeys above the low-rise building. Even stranger, this corner tower has no roof. It is empty. It is a shaft open to the sky, directly above the entrance.

During the site visit, Chris Neuburger from nbundm* Architekten explains the unique features of the community centre and its eventful project history. The client is the city of Ingolstadt, a municipality that has long enjoyed generous trade tax revenues from the automotive industry. Ten years ago, the Halle Neun youth centre, a former freight handling building at Ingolstadt's main railway station converted by nbundm*, was featured in the DAM yearbook.[1] The Augustin community centre, named after the neighbourhood of the same name, is located near the station on the eastern side of the tracks. This area is characterised by rows of post-war buildings, detached houses, barracks, and a large school centre. The community centre serves as a low-threshold facility for

Blick in die Reparaturwerkstatt.
View inside the repair workshop.

Blick in den Patio.
View of the patio.

als niedrigschwelliges Angebot für die Nachbarschaft. Hier können sich Vereine treffen, Sprach- oder Kochkurse stattfinden. Es gibt eine offene Fahrradwerkstatt und ein Büro, in dem Sozialarbeiterinnen und Sozialarbeiter täglich ansprechbar sind.

Das Gebäude ist ein Ersatzbau für einen wenige Hundert Meter entfernt liegenden Pavillon der 1950er Jahre, der zu klein geworden war. Die Stadtverwaltung wünschte sich für den neuen Standort ein markantes zweigeschossiges Gebäude und lobte im Jahr 2015 einen Wettbewerb aus. Allerdings änderte sich zwischenzeitlich der Bauplatz. Das Nachbarschaftszentrum wurde auf einem großen Baufeld, das durch eine Grundschulanlage dominiert wird, an eine andere Stelle verschoben. Also gingen die höchstplatzierten Architekturbüros nochmals in ein Verhandlungsverfahren.

Diese zweite Runde ermöglichte es nbundm* Architekten, eine Reihe von »heiligen Kühen« infrage zu stellen. Das Raumprogramm kam auf den Prüfstand, und die Auftraggeberseite war bereit, sich überzeugen zu lassen. Die vielbeschworene »Phase Null«, also die sorgfältige Ermittlung von Anforderungen und möglichen Synergien, konnte zum Segen des Projekts doch noch durchgeführt und vieles Überflüssige aus dem ursprünglichen Konzept herausgestrichen werden. Den Nutzen eines Kellers bezweifelten die Architekten ebenso wie die vorgesehene Zweigeschossigkeit. Das Raumprogramm auf zwei Etagen zu verteilen, hätte nämlich zur Folge gehabt, die Büros nach oben zu verlegen. Für Chris Neuburger war dies das Gegenteil von Bürgernähe. Eine Treppe, ein kostspieliger Aufzug und dieses typische Behördenlabyrinth, wonach man im Zimmer X im ersten Stock vorstellig werden solle – all das konnte vermieden werden, indem das gesamte Angebot ebenerdig und damit schwellenlos untergebracht wurde. Sollte die Stadt aber irgendwann doch erweitern und aufstocken wollen, bitteschön, dafür sind die notwendigen Vorkehrungen bereits getroffen: In der Raumreserve des leeren Eckturms würde dann die Erschließung des Obergeschosses untergebracht werden, Treppe und Lift. Das flach ansteigende Dach ist eine leicht demontierbare Holzkonstruktion und steht somit einer Aufstockung ebenfalls nicht im Wege.

the neighbourhood. Clubs can meet here and language and cooking courses are held. There is also an open bicycle repair shop and an office where social workers are available every day.

The building replaces a 1950s pavilion located a few hundred metres away that had become too small. The city administration wanted a striking, two-storey building at the new location and launched a competition in 2015. However, the building site changed in the meantime. The neighbourhood centre was relocated to a new site dominated by a primary school complex. Consequently, the highest-ranked architectural firms entered into another round of negotiations.

This second round enabled nbundm* Architekten to question a number of 'sacred cows'. The space allocation plan was put to the test, and the client was open to persuasion. The much-vaunted 'phase zero', i.e., the careful identification of requirements and possible synergies, was finally carried out to the project's benefit, with many superfluous elements being removed from the original concept. The architects also questioned the usefulness of a basement, as well as the planned two-storey structure. Implementing the space allocation plan over two floors would have meant relocating the offices upstairs. For Chris Neuburger, this would have been the opposite of citizen-friendliness. This would have entailed a staircase, an expensive lift, and the typical bureaucratic labyrinth where you have to go to room X on the first floor. All of this could be avoided by accommodating the entire facility at ground level, thus eliminating thresholds. However, should the city ever want to expand and add another storey, the necessary precautions have already been taken, with the empty corner tower to house the access to the upper floor, stairs, and lift. The gently sloping roof is a removable wooden structure, so it would not prevent the addition of another storey.

Der Stadtteiltreff liegt
zwischen Schule, Kirche
und genossenschaftlichem
Wohnungsbau.
The community centre is located
between the school, church, and
cooperative residential buildings.

Bis es irgendwann einmal so weit sein könnte, bietet das offene »Turmzimmer« eine mit Tischen und Stühlen möblierte Pufferzone zur Straße, die eigentlich viel zu kostbar ist, um jemals wieder zu verschwinden. Hinter der Eingangstür ereignet sich ein kleines Raumwunder. Es ist das Ergebnis sorgfältiger Detailplanung, engagierter Baufirmen und nicht zuletzt das Resultat einer weiteren beherzten Infragestellung des vorgegebenen Raumprogramms durch die Architekten. Statt eine Vielzahl von Lagerräumen anzubieten, wurde radikal entschieden, die ganzen Kämmerchen für Stühle, Bierbänke, Kopierer, Garderobe und dergleichen nicht als eigenständige Räume umzusetzen, sondern in Form von unterschiedlich tiefen Wandschränken zu organisieren.

Die reichlich vorhandenen Schränke wurden gemeinsam mit einem lokalen Tischler entwickelt. So konnten Türgriffe jenseits der üblichen Katalogware eingesetzt werden. Die rustikalen Schrankwände ergänzen das Sichtbetonskelett und die unverputzten Betonsteine zu einem geradezu »brutalistischen« Raumeindruck. Hier ist nichts überstrichen oder verhübscht, sondern alles quasi als materialehrliche Ready-mades ausgeführt worden. Die Präzision der Umsetzung ist engagierten Firmen aus der ländlichen Umgebung Ingolstadts zu verdanken, wo Baukultur offenbar noch gepflegt wird. Sogar für selbst entworfene Schreibtische und maßgeschneiderte WC-Trennwände war noch ein wenig Budget vorhanden. Architekt Chris Neuburger ist voll des Lobs für die Beteiligten, die aus dem 2,6-Millionen-Projekt ein kleines Gesamtkunstwerk gemacht haben. Bis zur letzten Fuge ist der Innenausbau aufeinander abgestimmt. Nichts folgt hier irgendeinem abstrakten Kunstwollen, sondern ist aus der Freude heraus entstanden, dem öffentlichen Gebäude eine Sorgfalt zu widmen, wie sie unter dem Diktat öffentlicher Billigstanbieterausschreibungen höchst selten geworden ist.

Kein Keller, keine Zweigeschossigkeit, keine Abstellräume: Das kleine Stadtteilzentrum ist ein Lehrstück darüber, wie frisches Denken ungewöhnliche und letztlich ökonomischere Ergebnisse hervorbringt. Und natürlich ist, *last but not least*, auch die Alublechfassade kein Produkt von der Stange, sondern lässt sich ebenso leicht montieren wie im Bedarfsfall austauschen. Das ist Nachhaltigkeit durch Wertigkeit. Die siechende Autoindustrie könnte sich davon inspirieren lassen.

1 Siehe Budde, Christina: Kulturwerk Halle Neun, Ingolstadt, in: Deutsches Architektur Jahrbuch 2015 / 16, München 2015, S. 98.

Until that day comes, the open 'tower room' offers a buffer zone to the street, furnished with tables and chairs, which is actually far too precious to ever disappear again. Behind the entrance door, a small spatial miracle takes place. This is the result of careful, detailed planning; dedicated construction companies; and, last but not least, the architects' courageous questioning of the specified spatial programme. Rather than offering a multitude of storage rooms, the decision was made to organise wall cupboards of varying depths instead of separate rooms for chairs, beer benches, copiers, cloakrooms, and the like.

The abundant cupboards were developed in collaboration with a local carpenter. This enabled the use of non-standard catalogue door handles. The rustic cupboard walls complement the exposed concrete skeleton and unplastered blocks, creating an almost 'brutalist' impression of the space. Nothing has been painted or embellished; everything has been left as it is, so to speak, as material-honest ready-mades. The precision of the implementation is thanks to dedicated companies from the rural area around Ingolstadt, where a strong tradition of building culture is still evident. There was even a small budget left over for bespoke desks and custom-made toilet partitions. Architect Chris Neuburger has nothing but praise for those involved, who transformed the 2.6-million-euros project into a work of art. The interior design is coordinated down to the last detail. There is no abstract artistic intention here; everything has been created out of the joy of devoting care to a public building, something that has become extremely rare under public tender processes that prioritise the cheapest providers.

With no basement, no second storey, and no storage rooms, the small district centre is a prime example of how fresh thinking can produce unusual and ultimately more economical results. Last but not least, the aluminium sheet façade is not an off-the-shelf product, but it can easily be installed and replaced if necessary. This is sustainability through value. The struggling car industry could learn from this approach.

1 See Budde, Christina: 'Kulturwerk Halle Neun, Ingolstadt', in: *Deutsches Architektur Jahrbuch 2015 / 16*, Munich 2015, p. 98.

Infosäule mit Sitzbank am Kreuzungspunkt der Flure.
Information column with bench at the intersection of the corridors.

Der Spiel- und Kinderraum.
Verspiegelte Wandschränke
lassen den Raum größer
erscheinen.
The play and children's room.
Mirrored wall cupboards create
the illusion of a larger space.

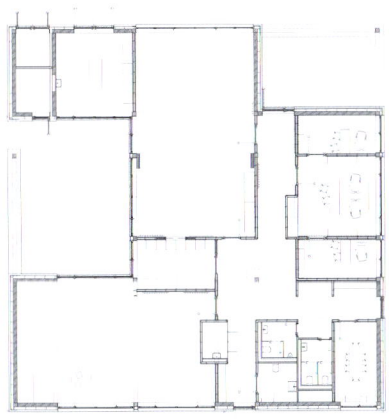

Grundriss
Floor plan

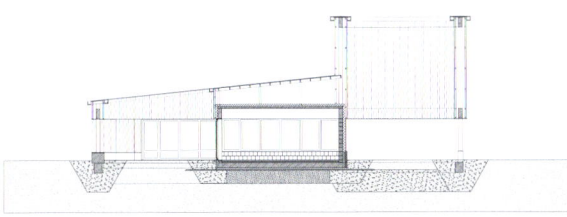

Schnitt
Section

**Der große Versammlungsraum,
im Hintergrund die
Gemeinschaftsküche.**
The large meeting room,
with the communal kitchen
in the background.

137

Nehse & Gerstein Architekten
Umbau und Erweiterung Gründervilla JUNG, Schalksmühle
außer Konkurrenz zum DAM Preis 2026

Kritik **Yorck Förster, Christina Gräwe, Peter Cachola Schmal**

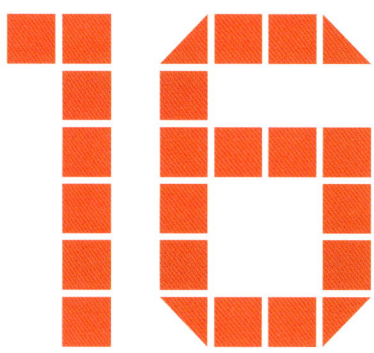

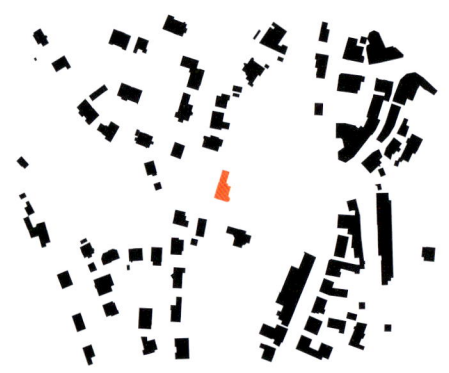

Architekten/Architects
Nehse & Gerstein Architekten BDA
PartGmbB
Calenberger Straße 47
30169 Hannover
www.ng-architekten.de
office@ng-architekten.de

Projektteam/Project team
Patrick Gerstein, Projektleitung
Philipp Nehse, Projektleitung,
Bauleitung
Lukas Bank, Projektbearbeitung
Fabian Busse, Projektbearbeitung
Marc Glugla, Bauleitung
Hans von Witzendorff,
Projektbearbeitung

Bauherren/Clients
Albrecht Jung GmbH & Co. KG,
Schalksmühle

Projektsteuerung/
Project management
Nehse & Gerstein Architekten,
Hannover

Tragwerksplanung/
Structural engineering
Kreutzfeldt Ingenieurbüro für
Bauwesen, Hannover

Haustechnik/Building
services engineering
Ingenieurbüro Nordhorn GmbH & Co.
KG, Münster

Akustik/Acoustics
Müller-BBM Industry Solutions GmbH,
München

Sichtbetonberatung/
Exposed concrete consulting
Lowke Schiessl Ingenieure GmbH,
Braunschweig

Standort/Location
Bergstraße 37
58579 Schalksmühle

Fertigstellung/Completion
September 2024

Fotografie/Photography
Henrik Schipper, Dortmund

Die Villa und der Erweiterungsbau von der Gartenseite betrachtet.
The villa and the extension viewed from the garden side.

»Nun bleibt nur zu hoffen, dass die Umsetzung gelingt«, endet eine BauNetz-Meldung vom 10. Juli 2017. Seit dem Frühjahr 2024 ist der Beweis geliefert: Ja, der Umbau der Villa JUNG und deren Erweiterung im nordsauerländischen Schalksmühle sind gelungen. Aus dem ehemaligen Wohnsitz der Firmenfamilie von 1928 ist zusammen mit einem Neubau ein Ensemble entstanden, das heute als Begegnungs- und Dienstleistungszentrum sowie Veranstaltungs- und Ausstellungsort dient.

Die Meldung bezog sich auf einen europaweit offenen Realisierungswettbewerb, der eine Besonderheit darstellte: Er richtete sich ausschließlich an sogenannte junge Büros mit der neuen Definition, dass deren Gründung nicht länger als sechs Jahre her – und nicht das Alter der Inhaber ausschlaggebend – war. Eine seltene Chance! Das Preisgericht, bestehend aus den Architekten Sabine Keggenhoff, Jan Kleihues, Elke Reichel, Roger Riewe, Michael Schumacher und dem Direktor des DAM, Peter Cachola Schmal, hatte insgesamt 33 Arbeiten aus Deutschland, der Schweiz, den Niederlanden, Österreich und Luxemburg zu bewerten.

'Now all we can do is hope that the implementation will be successful,' concludes a *BauNetz* report dated 10 July 2017. Since spring 2024, however, proof has been delivered that the conversion of Villa JUNG and its extension in Schalksmühle, in the northern Sauerland region, has been successful. The former family residence from 1928, together with a new building, has been transformed into a complex that now serves as a meeting and service centre, as well as an event and exhibition venue.

The report referred to a Europe-wide open competition that was unique in that it was aimed exclusively at young firms, defined as those established no more than six years ago. The age of the owners was not a decisive factor. A rare opportunity! The jury, consisting of architects Sabine Keggenhoff, Jan Kleihues, Elke Reichel, Roger Riewe, Michael Schumacher, and DAM director Peter Cachola Schmal, evaluated a total of 33 entries from Germany, Switzerland, the Netherlands, Austria, and Luxembourg.

Annäherung von der Straße.
Das Dach des Neubaus wird zur
Erweiterung des Vorplatzes.
Approach from the street.
The roof of the new building becomes
an extension of the forecourt.

Der Besprechungsraum. Die
Deckenleuchte nimmt die Form
des gerundeten Fensters auf.
The meeting room. The ceiling
light echoes the shape of the
rounded window.

Besprechungsraum, Foyer
und Eingangsbereich können
getrennt oder zusammen-
geschaltet werden.
The meeting room, foyer, and
entrance area can be separated
from each other or connected.

Der erste Preis ging an Nehse & Gerstein Architekten aus Hannover. Sie hatten sich das Ziel gesetzt, den Charakter der Villa beizubehalten oder sogar wiederherzustellen und zu stärken. Der Neubau hingegen sollte einen gestalterischen Gegenpol bilden, eigenständig, aber zugleich nicht auftrumpfend sein. Grundsätzlich sollte die Villa von späteren Zubauten befreit werden. Dazu gehörte auch eine Doppelgarage, die – von der Straße her kommend – links der Villa den Blick ins Tal verstellt hatte. Heute ist diese Aussicht wieder frei. Die steile Hanglage mit neun Metern Gefälle auf dem Grundstück war technisch gesehen eine Herausforderung, im Hinblick auf das Panorama, das sich so eröffnet, aber ein Glücksfall. Die Villa steht als Solitär da, denn der Neubau schiebt sich links von ihr auf einem tieferen Niveau in das Gartengrundstück. Sein Kassettendach liegt auf der gleichen Ebene wie der Vor- und Parkplatz und ist auch von hier als Terrasse begehbar.

Die Fassadengliederung und die Fensteraufteilung der Villa blieben erhalten oder wurden in den Originalzustand zurückversetzt. Rekonstruktionen vermieden die Architekten. Innen nahmen sie Vorgefundenes wie farbige Wände und Fliesen auf, allerdings ohne es 1:1 zu übersetzen. Das heutige Farbkonzept folgt Le Corbusiers Polychromie und gibt jedem Raum im Erdgeschoss eine eigene Nuance. Die Palette changiert dabei zwischen Grau und Grün. Die flächenbündig eingesetzten Möbel, Türen sowie Einbauten und ihre Details sind präzise gearbeitet und wie auch die Leuchten im gleichen Ton wie die jeweilige Wand gehalten. Hier im Erdgeschoss liegen die öffentlich genutzten Räume; im Wesentlichen sind das das Entrée, ein Besprechungsraum und der Übergang sowohl in die oberen Stockwerke als auch hinunter in den Neubau. Der Besprechungsraum mit der imposanten gerundeten Fensterfront kann über Falttüren mit dem Empfangsbereich zusammengeschaltet und für größere Veranstaltungen genutzt werden. Nach oben gelangt man über das instand gesetzte originale Treppenhaus; dort sind Büros und zwei Gästeappartements untergekommen.

The first prize went to Nehse & Gerstein Architekten from Hanover. They had set themselves the goal of preserving the character of the villa and even restoring and enhancing it where possible. The new building, on the other hand, was intended to provide a creative counterpoint: independent, yet unobtrusive. Essentially, the villa was to be freed from later additions. This included a double garage, which obstructed the view of the valley to the left of the villa when approaching from the street. Today, this view is unobstructed again. The steep slope with a nine-metre drop on the property was technically challenging, but a stroke of luck in terms of the panorama it opens up. The villa stands alone as the new building is set back to the left of it, on a lower level in the garden. The coffered roof is at the same level as the front and car park and can also be accessed from there as a terrace.

The villa's façade structure and window layout were preserved or restored to their original state. The architects avoided reconstruction. Inside, they incorporated existing features, such as coloured walls and tiles, without replicating them exactly. The current colour scheme, inspired by Le Corbusier's polychromy, gives each room on the ground floor its own unique hue. The palette ranges from grey to green. The flush-mounted furniture, doors, fixtures, and fittings are precisely crafted, and like the lighting, they are all in the same tone as their respective walls. The public rooms are located here on the ground floor. These are essentially the entrance hall, a meeting room, and the passageway to both the upper floors and down to the new building. The meeting room, which has an impressive, rounded window front, can be connected to the reception area via folding doors and is suitable for larger events. The upper floors can be accessed via the original, restored staircase, where offices and two guest apartments are located.

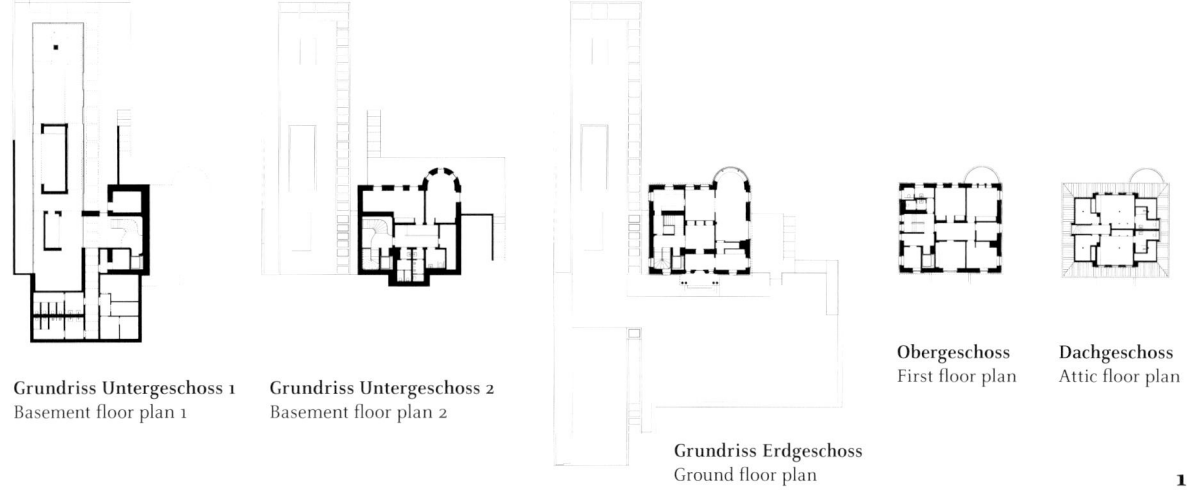

Grundriss Untergeschoss 1
Basement floor plan 1

Grundriss Untergeschoss 2
Basement floor plan 2

Grundriss Erdgeschoss
Ground floor plan

Obergeschoss
First floor plan

Dachgeschoss
Attic floor plan

Der ehemalige Keller der Villa wurde abgegraben – so konnten hier Büroräume mit einer angemessenen Raumhöhe eingerichtet werden. Über Fenstertüren gelangt man direkt in den Garten. An der Nahtstelle zwischen Alt und Neu ist die Villa zusätzlich unterfangen; diese Maßnahme bedeutete den aufwändigsten Eingriff. Der Übergang erfolgt in einer durchdachten Dramaturgie: Über eine mehrfach gekrümmte, skulpturale Stahltreppe mit exakt gesetzten Holzstufen dreht man sich in Richtung Erweiterungsbau, intern sinnigerweise »Schalterhalle« genannt. Hier dominieren im Gegensatz zu den frühlingshaften Farben in der Villa das Grau des Sichtbetons und das Schwarz von Einbauten und Türen. Der große rechteckige Raum wird durch zwei Boxen und eine auffällige Stütze rhythmisiert. Die Bereiche gehen ineinander über, können aber auch abschnittsweise wahrgenommen und genutzt werden – etwa mit einer kleinen Ausstellung zur Firmengeschichte am hangseitigen Ende, als Übergangspassage mit Gastro- und Garderobeneinrichtungen oder als Veranstaltungssaal zum Garten.

Der Pavillon ist an drei Seiten raumhoch verglast. Stehen die Schiebetüren offen, gehen Garten und Innenraum nahezu ineinander über. Schaut man von der Rasenfläche auf das Gebäude, spiegelt sich das Grün je nach Lichtsituation so stark, dass das Haus sich aufzulösen scheint. Wäre da nicht das schwere Betondach. Das liegt auf zwei Kernen und auf der konischen Stütze. Deren Form stellt allerdings keine manierierte Spielerei dar, sondern folgt dem Kräfteverlauf: Oben war eine größere Auflagefläche nötig, um der Durchbiegung des Dachendes entgegenzuwirken, unten hingegen genügte eine weit kleinere für den Lastabtrag. Die Verbindung dieser Flächen ergibt das Bild einer umgedrehten Pyramide. Insgesamt kamen – um Material zu sparen – zwei Betonrezepturen zum Einsatz, normaler und Leichtbeton. Die Architekten experimentierten mit verschiedenen Schalungen; die Unregelmäßigkeiten waren erwünscht.

Beide Bauteile – die von der Hangseite her nun fast als Turm aufragende Villa und das liegende Volumen der »Schalterhalle« – sind subtil miteinander verbunden. Die Kellerbasis der Villa nimmt mit hellgrau gestrichenem Putz die Tönung der als breite Krempe erscheinenden Brüstung des Dachs der »Schalterhalle« auf. Nach oben hin setzt sich der sachliche Charakter der Lochfassade im Erdgeschoss fort. Erst in den beiden oberen Etagen wird der ehemals private Charakter der Villa im Reformstil durch kleinteiligere Fenster mit Läden offensichtlich. Dieses Changieren zwischen einer repräsentativen, offenen und identitätsstiftenden zeitgenössischen Firmenarchitektur und der nach wie vor vorhandenen Privatheit der Zimmer in den Obergeschossen macht den besonderen Charme der Villa in Schalksmühle aus.

The villa's former basement was excavated to create office space with an adequate ceiling height. French doors provide direct access to the garden. At the junction between the old and new sections, additional underpinning was carried out; this was the most complex intervention. This transition is achieved through well-considered drama: a multi-curved, sculptural steel staircase with precisely positioned wooden steps leads towards the extension, which is aptly named the 'counter hall' internally. Unlike the spring-like colours in the rest of the villa, here the grey of the exposed concrete and the black of the fixtures and doors dominate. The large rectangular room is given rhythm by two boxes and a striking support column. These areas merge into one another but can also be used separately – for example, as a small exhibition space showcasing the company's history at the hillside end, as a passageway with catering and cloakroom facilities, or as an event hall with access to the garden.

The pavilion has floor-to-ceiling glazing on three sides. When the sliding doors are open, the garden and interior spaces almost merge into one another. Depending on the lighting conditions, the greenery is reflected so strongly when looking at the building from the lawn that the house seems to dissolve – were it not for the heavy concrete roof. This rests on two cores and on the conical support. However, its shape is not merely decorative but follows the distribution of forces: a larger contact surface was needed at the top to counteract the deflection of the roof end, while a much smaller one was sufficient for load transfer at the bottom. The connection between these surfaces creates the image of an inverted pyramid. To save material, two types of concrete were used: normal and lightweight. The architects experimented with different formwork and the irregularities were intentional.

Both components – the villa, which now rises almost like a tower on the hillside, and the horizontal volume of the 'counter hall' – are subtly connected. The basement of the villa is painted in light grey plaster to echo the colour of the 'counter hall' roof's wide brim. The functional character of the perforated ground-floor façade continues upwards. It is only on the two upper floors that the formerly private character of the Reformstil villa becomes apparent in the smaller shuttered windows. The oscillation between representative, open, identity-forming contemporary corporate architecture and the continuing privacy of the upper-floor rooms is what gives the villa in Schalksmühle its special charm.

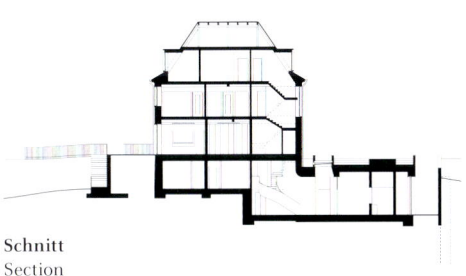

Schnitt
Section

Die Treppenskulptur bildet den Übergang zwischen Villa und Neubau.
The staircase sculpture forms the transition between the villa and the new building.

Der Neubau schiebt sich tief in den Garten.
The new building extends deep into the garden.

Blick Richtung Ausstellungsbereich.
View towards the exhibition area.

Blick in den Veranstaltungssaal mit der konischen Stütze.
View into the event hall with the conical support.

143

Peter Zirkel Architekten mit Naumann Wasserkampf Architekten
Museum Lützen 1632, Lützen

Kritik **Teresa Fankhänel**

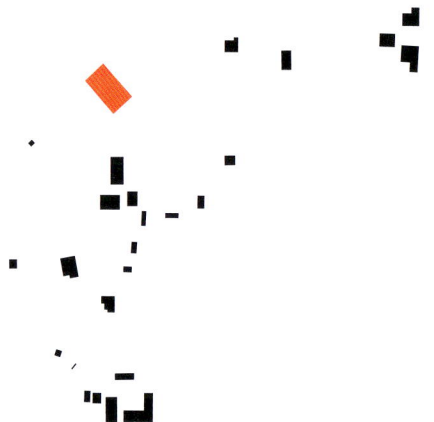

Architekten/Architects
Peter Zirkel Gesellschaft von
Architekten
Friedrichstraße 29
01067 Dresden
www.peterzirkel.de
kontakt@peterzirkel.de

Projektteam/Project team
Richard Drechsler, Projektarchitekt
Falk Eisenächer, Bauleitung
Gaby Heijltjes, Projektleitung
Björn Suchantke, Projektarchitekt

Bauherren/Clients
Stadt Lützen

**Beteiligtes Architekturbüro/
Other architects involved**
Naumann Wasserkampf Architekten
Lisztstraße 35
99423 Weimar
www.naumann-wasserkampf.com
Julia Naumann, stellv. Projektleitung
Pascal Schettki, Projektarchitekt
Tobias Bierler, Projektarchitekt
Max Wasserkampf, Projektarchitekt

**Projektsteuerung/
Project management**
Wenzel & Drehmann PEM GmbH,
Bad Dürrenberg

**Tragwerksplanung/
Structural engineering**
Engelbach + Partner
Ingenieurgesellschaft Dresden mbH,
Dresden

Brandschutz/Fire prevention
Brandschutz Hartmann, Dresden

**Landschaftsarchitektur/
Landscape architecture**
STATION C23 Architekten und
Landschaftsarchitekten, Leipzig

**Haustechnik, Heizung, Sanitär,
Elektro/Building services
engineering, plumbing and heating,
electrical engineering**
emutec GmbH, Jena

Standort/Location
Gustav-Adolf-Straße 42
06686 Lützen

Fertigstellung/Completion
November 2024

Fotografie/Photography
Till Schuster, Dresden

Blick auf das zum Museumscampus hin geöffnete Foyer.
View of the foyer opening onto the museum campus.

An einem beliebigen Wochentag im Dreiländereck zwischen Sachsen, Sachsen-Anhalt und Thüringen donnern Laster auf der Durchreise mitten durch die kleine anhaltinische Stadt Lützen. Ein altes Schloss aus dem 13. Jahrhundert steht hier noch, ein Stück weiter ein Neorenaissance-Rathaus. In diesem Nirgendwo befindet sich ein bedeutender Schauplatz europäischer Geschichte. Wer von Westen kommt, merkt schnell, wie sehr der Ort von den politischen und gesellschaftlichen Umwälzungen des vergangenen Jahrtausends gezeichnet ist. Vorbei geht es am Grab von Lützens berühmtestem Sohn, Friedrich Nietzsche. Kurz darauf kreuzen sich Straßen, die nach einflussreichen Größen wie etwa Karl Marx benannt sind. Am Ortsausgang liegt rechterhand ein weiterer geschichtlicher Marker, das Museum Lützen 1632, ein schlichter Sichtbetonbau, der der Straße die kalte Schulter zeigt.

Vor 20 Jahren wurde hier in den umliegenden Feldern eine Vielzahl an Bleikugeln gefunden. Bei anschließenden Grabungen stießen Archäologen auf einen einmaligen Fund: 47 Gebeine gefallener Soldaten, die von Bauern in einem 3,5 × 4,6 Meter großen Massengrab beerdigt worden waren. Anfang November 1632 hatte hier eine der Hauptschlachten des Dreißigjährigen

On any given weekday, lorries thunder through the small Anhalt town of Lützen, located in the border triangle between Saxony, Saxony-Anhalt, and Thuringia. An old thirteenth-century castle still stands here, and a little further on is a neo-Renaissance town hall. This seemingly insignificant place was once an important scene in European history. Those arriving from the west will quickly notice how much the town has been shaped by political and social upheavals over the past millennium. They pass the grave of Lützen's most famous son: Friedrich Nietzsche. Shortly afterwards, roads named after influential figures such as Karl Marx intersect. On the outskirts of the town, on the right-hand side, is another historical landmark: the Museum Lützen 1632. This simple, exposed concrete building turns its back on the road.

Twenty years ago, a large quantity of lead bullets was found in the surrounding fields. Subsequent excavations revealed a unique discovery: The remains of 47 fallen soldiers, buried by farmers in a 3.5- by 4.6-metre mass grave. In early November 1632, one of the main battles of the Thirty Years' War took place here. This religious

Krieges getobt, eines Glaubenskriegs zwischen den katholischen und den protestantischen Mächten Europas, in dem es aber auch um Territorien und Einflusssphären ging. Nach aktuellen Schätzungen starben um Lützen mindestens 6.000 Soldaten für diese Ziele. Im freigelegten Grab liegen heute sowohl Schweden als auch Deutsche, Protestanten als auch Katholiken ohne erkennbare Unterscheidung. Es ist das einzige bekannte Grab seiner Art in Europa und erlaubt erstmals, Tathergänge und Details über das Leben der Schlachtteilnehmer nachzuvollziehen.

Bekannt war Lützen bisher vor allem wegen des in der Schlacht ums Leben gekommenen Schwedenkönigs Gustav II. Adolf, zu dessen Andenken bereits kurz nach dem Krieg ein Feldstein aufgestellt worden war. Der König selbst ruht als Nationalheld im Zentrum Stockholms in der Riddarholmskyrkan. Sein Todesort ist dennoch seit Jahrhunderten eine Pilgerstätte für Protestanten, die den König als Freiheitskämpfer verehren. Das Museum 1632, das nun im Gegensatz dazu den namenlosen Toten gewidmet ist, befindet sich neben dem Wallfahrtsort. Vom neuen Parkplatz aus gesehen, blockiert die schwarz-graue Leichtbetonwand den Blick auf die Gedenkstätte. Der Bau ist sowohl neuer Eingang und Besucherzentrum als auch Ort des Hauptexponats. Von außen verrät eine über dem Boden schwebende schwarze Öffnung das Grab, das für Wanderausstellungen bei Bedarf entfernt werden kann.

Der schlichte Bau beruht auf einem Wettbewerbsbeitrag von Peter Zirkel Architekten mit Naumann Wasserkampf Architekten von 2017. Mit rund 5,37 Millionen Euro zur »Verbesserung der regionalen Wirtschaftsstruktur« wurde das Projekt zum Ausgleich von Standortnachteilen in der ländlichen Region gefördert. In der abstrakten Form einer Scheune nimmt es sich dem Bestand gegenüber angenehm zurück. Das markante Dach fällt vom Parkplatz zum Gedenkplatz hin ab auf ein menschliches Maß. Ein niedriges Fensterband verbindet Neubau und Gedenkstätte visuell; die umliegenden Eichen spiegeln sich im Glas. Auch im Inneren hält sich der Bau bewusst zurück. Ein kleiner Prolograum stimmt auf den grausamen Kontext ein. Das ehemalige Schlachtfeld, auf dem sich die Gegner etwa an der Linie der heutigen Bundesstraße gegenüberstanden, ist – als Exponat gerahmt – von einem in den 75 Zentimeter tiefen Beton eingeschnittenen Fenster aus zu sehen: Wo heute Weizenfelder und der tiefe Himmel des Burgenlands eine gewisse ländliche Idylle vermitteln, standen sich Fußtruppen und Kavallerie in einer der brutalsten Schlachten dieses Krieges gegenüber. Symbolisch für den heutigen lokalen Baukreislauf ist in der Ferne aber auch das Betonwerk auszumachen, aus dem der für die Außenwände verbaute Leichtbeton stammt.

war was fought between Catholic and Protestant powers in Europe, but it was also about territory and spheres of influence. According to current estimates, at least 6,000 soldiers died for these causes around Lützen. Today, Swedes and Germans, Protestants and Catholics, lie in the exposed grave indistinguishably. This grave is unique in Europe, enabling us to reconstruct the events of the battle and learn details about the lives of those who took part for the first time.

Until now, Lützen was best known as the place where the Swedish king, Gustav II Adolf, lost his life in battle. A field stone was erected in his memory shortly after the war. The king himself is buried as a national hero in the Riddarholmskyrkan in the centre of Stockholm. Nevertheless, the site of his death has been a place of pilgrimage for Protestants who have revered him as a freedom fighter for centuries. In contrast, the Museum 1632, which is dedicated to the nameless dead, is located next to the pilgrimage site. From the new car park, the black-grey lightweight concrete wall blocks the view of the memorial. The building serves as a new entrance and visitor centre, as well as housing the main exhibition. From the outside, a black opening floating above the floor reveals the tomb, which can be removed for travelling exhibitions if necessary.

The simple building is based on a 2017 competition entry by Peter Zirkel Architekten and Naumann Wasserkampf Architekten. Funded with around 5.37 million euros to compensate for locational disadvantages in the rural region, the project was part of a scheme 'to improve the regional economic structure'. Its abstract barn-like form blends in nicely with its surroundings. The striking roof slopes down from the car park to the memorial site, bringing it down to human scale. A low band of windows visually connects the new building and the memorial site, with the surrounding oak trees reflected in the glass. The interior of the building is also deliberately understated. A small prologue room sets the tone for the grim context. From a window cut into 75-centimetre-deep concrete, the former battlefield, where the opposing forces faced each other along the line of today's federal highway, can be seen framed as an exhibit. Where wheat fields and the deep Burgenland sky convey a certain rural idyll today, infantry and cavalry faced each other in one of the most brutal battles of the war. The concrete plant, which produces the lightweight concrete used for the exterior walls, can also be seen in the distance, symbolising today's local construction cycle.

Fenster auf das ehemalige Schlachtfeld.
Window onto the former battlefield.

**Blick auf das Museum vom
ehemaligen Schlachtfeld aus.**
View of the museum from the
former battlefield.

**Das Foyer erstreckt sich über
die gesamte Traufbreite und
öffnet sich zur Gedenkstätte.**
The foyer extends across the
entire width of the eaves and
opens onto the memorial.

**Die Gedenkstätte mit Schinkels
Baldachin für den »Schwedenstein«
im Vordergrund. Im Hintergrund
das Museum.**
The memorial with Schinkel's
canopy for the *Schwedenstein*
('Swedes' Stone') in the foreground.
The museum is in the background.

Das Hauptexponat ist das bei Grabungen gefundene Massengrab.
The main exhibit is the mass grave that was found during the excavations.

Die Treppe ins Untergeschoss führt zum Hauptexponat.
The stairs to the basement floor lead to the main exhibit.

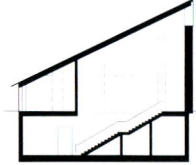

Schnitt Treppe Untergeschosss
Basement stairs, section

Schnitt Exponat
Exhibit, section

Eine steile Treppe führt hinunter in die zwielichtige Grabgalerie. Im Zentrum hängen die Gebeine, eingelassen in eine schwarze Vertäfelung. Von oben fällt sakral anmutendes Licht in den hohen Mittelraum. Der Inszenierung gelingt ein genialer Trick: Der Unordnung der scheinbar wahllos über- und untereinanderliegend verscharrten Toten steht die strenge Rasterung der gefundenen Geschosse gegenüber. Vier bewusst überdimensionierte Stützen verstellen den direkten Blick (und verstecken die Lüftung des Museums). Sie lenken Besucher entlang den Wänden unter niedrigen Decken zu Informationen über die Teilnehmer der Schlacht, deren jüngstes Opfer 14 Jahre alt war. Es ist ein bedrückender Ort, der zugleich mit einfachen gestalterischen Mitteln einen würdevollen Rahmen herstellt.

Dies war nicht immer so in Lützen. Mit der Eisenbahn kamen Touristen aus ganz Europa. 1837 weihte die Stadt einen nach dem Entwurf von Karl Friedrich Schinkel entstandenen gusseisernen Baldachin über dem Gedenkstein ein, um Pilger davon abzuhalten, Steinbröckchen als Andenken zu entfernen. Auch ein Biergarten wurde zum Ausflugsziel; Gustav II. Adolf ist bis heute Bier-Patron für *Ur-Krostitzer*. Um den Umgang mit der Erinnerung an die Katastrophe des Dreißigjährigen Krieges aufzuwerten, stiftete ein Förderer als erste – schwedisch finanzierte – strukturfördernde Maßnahme eine Gedenkkapelle. Ende des Ersten Weltkriegs kam das sogenannte Klein Schweden, ein Blockhaus für einen Kustos, hinzu, was nach 1945 zu dem Mythos führte, es handele sich hier um eine andere Art Attraktion: schwedisches Staatsgebiet, das DDR-Bürger frei besuchen konnten. Mit dem Neubau des Museums ist die 100 Jahre während Transformation von einem Unterhaltungsort zu einem würdigen Antikriegsmahnmal nun vorerst vollendet.

A steep staircase leads down to the dimly lit burial gallery. In the centre, the bones are embedded in black panelling. From above, a light of a sacred appearance shines down onto the high central room. The staging pulls off an ingenious trick: the disorder of the bones, seemingly buried randomly on top of and underneath each other, contrasts with the strict grid pattern of the shells. Four deliberately oversized supports obstruct the direct view and conceal the museum's ventilation system. These guide visitors along the walls and under low ceilings to information about those who participated in the battle, the youngest of whom was just 14 years old. It is an oppressive place which, at the same time, creates a dignified setting through the use of simple design elements.

This was not always the case in Lützen. The advent of the railway brought tourists from all over Europe. In 1837, the town erected a cast-iron canopy over the memorial stone, designed by Karl Friedrich Schinkel, to stop pilgrims taking pieces of stone home with them as souvenirs. The beer garden also became a popular destination, and Gustav II Adolf remains the patron saint of Ur-Krostitzer beer to this day. To enhance the memory of the Thirty Years' War, a benefactor donated a memorial chapel, the first (Swedish-financed) structural support measure. At the end of the First World War, a log cabin known as 'Little Sweden' was added for a custodian. After 1945, this led to the myth that it was a different kind of attraction: Swedish territory that GDR citizens could visit freely. With the construction of the new museum, the transformation of the site from an entertainment venue to a dignified anti-war memorial, which began 100 years ago, has now been completed.

Zur Straße hin gibt sich der Sichtbetonbau geschlossen.
From the street, the exposed concrete building appears closed off.

Grundriss Erdgeschoss
Ground floor plan

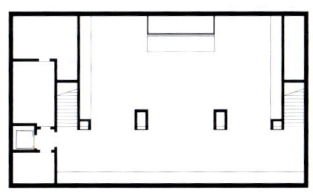

Grundriss Untergeschoss
Basement floor plan

sauerbruch hutton
Franklin Village, Mannheim

Kritik **Brita Köhler**

Architekten / Architects
sauerbruch hutton – Gesellschaft von
Architekten mbH
Lehrter Straße 57
10557 Berlin
www.sauerbruchhutton.de
comms@sauerbruchhutton.com

Projektteam / Project team
Matthias Sauerbruch,
Geschäftsführung
Louisa Hutton, Geschäftsführung
Juan Lucas Young, Geschäftsführung
Vera Hartmann, Geschäftsführung,
Projektleitung
Jürgen Bartenschlag, Partner

Bauherren / Clients
Innovatio Projektentwicklung GmbH,
Heidelberg / pro.fund GmbH, Berlin

**Tragwerksplanung /
Structural engineering**
Pirmin Jung Deutschland GmbH,
Remagen (Holzbau / Timber construction)
Schmidt & Laabs Ingenieur-
gesellschaft mbH, Gera (Massivbau /
Solid construction)

**Haustechnik / Building
services engineering**
IBA Gebäudetechnik Gera GmbH, Gera

Bauphysik / Building physics
Pirmin Jung Deutschland GmbH,
Remagen

Brandschutz / Fire prevention
Pirmin Jung Deutschland GmbH,
Remagen

**Landschaftsarchitektur /
Landscape architecture**
Idealice Landschaftsarchitektur, Wien

**Ausführung Holzbau / Execution of
timber construction**
oa.sys baut GmbH, Alberschwende,
Österreich

Standort / Location
Franklin-D.-Roosevelt-Straße 98–108
68309 Mannheim

Fertigstellung / Completion
August 2023

Fotografie / Photography
Jan Bitter, Berlin

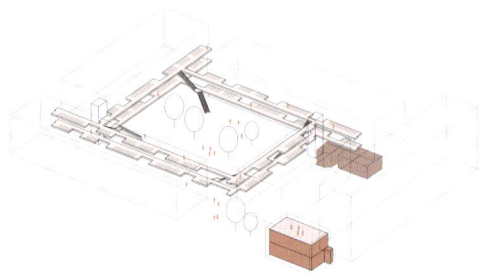

Isometrie Gemeinschaftsflächen
Isometry of communal areas

Wohngebäude am Quartiersplatz.
Residential building on the neighbourhood square.

In Mannheim kann man zurzeit einem der größten Stadtentwicklungsprojekte in Deutschland beim Wachsen zusehen: Auf dem 144 Hektar großen Areal des in den 1950er Jahren entstandenen Benjamin Franklin Village mit ehedem 8.000 dort stationierten US-amerikanischen Streitkräften wächst heute durch Konversion und Nachverdichtung der neue Stadtteil Franklin heran. Perspektivisch wird er 10.000 Menschen beheimaten, 2.000 Arbeitsplätze sollen entstehen. Die Planung von Franklin Mitte folgt dem umstrittenen Masterplan von MVRDV aus den Niederlanden: Das rationale Planraster der Baracken durchbrechen Rasenhügel und Wohnhochhäuser in den Buchstabenformen H, O, M und E – symbolhaft für das neue Zuhause.

Unter teils einheitsgrauen Wohnblöcken sticht das vom engagierten Projektentwickler Innovatio initiierte und von sauerbruch hutton feinfühlig entworfene Wohnquartier Franklin Village gestalterisch wie konzeptionell heraus: Entstanden ist ein gemeinschaftsorientiertes und inklusives Wohnquartier, gebaut in nachhaltiger Holzbauweise, wie man es sonst eher von Baugruppen oder Genossenschaften kennt. Es vereint 90 bezahlbare Mietwohnungen unterschiedlicher

One of the largest urban development projects in Germany is currently taking shape in Mannheim: the new Franklin district is emerging through conversion and redensification on the 144-hectare site of Benjamin Franklin Village, which was built in the 1950s and was formerly home to 8,000 US military personnel. The district will eventually accommodate 10,000 residents and generate 2,000 jobs. Franklin Mitte's design follows MVRDV's controversial master plan – the rational grid of the barracks is broken up by grassy hills and residential high-rises shaped like the letters H, O, M and E, which are symbolic of the new home.

In the midst of the sometimes uniform grey apartment blocks, the Franklin Village residential quarter, which was initiated by the committed project developer Innovatio and sensitively designed by sauerbruch hutton, stands out in terms of both design and concept. The result is a community-oriented and inclusive residential quarter, which was built using sustainable timber construction methods, as is otherwise more commonly seen in building groups or cooperatives. It comprises

Aufzug der außenliegenden Erschließung, im Hintergrund das erweiterte Bestandsgebäude.
Elevator for the external access, with the extended existing building in the background.

Laubengänge mit Terrassen.
Access galleries with terraces.

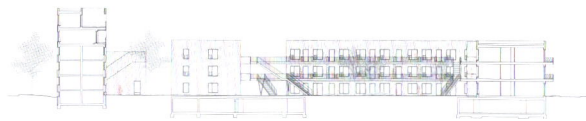

Schnitt Ost-West
East-west section

Blick in den gemeinschaftlich genutzten grünen Innenhof.
View into the communal green courtyard.

Grundriss 1. Obergeschoss
First floor plan

Grundriss Erdgeschoss
Ground floor plan

Größen für alle Generationen und Lebenslagen, mit vielfältigen Gemeinschaftsflächen, einem zentralen Quartiersforum und Werkstätten. Das Grundstück dockt an den »Loop« an, einen rund drei Kilometer langen Rundweg durch das neue Viertel – einladend zum Spazieren und Radeln entlang von Wohnhäusern, Schulen, Sportstätten und vorbei am Gemeinschaftshaus von Franklin Village. Letzteres dient nicht nur der Bewohnerschaft des Village als Treffpunkt und Veranstaltungsort, sondern auch als Anker für die Nachbarschaft und kann angemietet werden.

Die Architekten haben auf dem Grundstück vier Gebäudeteile um einen großzügigen Innenhof gruppiert. Die Dreigeschossigkeit gab der Bebauungsplan vor, maßstabsgerecht zur Nachbarschaft und zu den Freiräumen. Ein Bestandsgebäude an der Nordostseite wurde erhalten, aufwändig saniert und durch eine zweigeschossige Aufstockung in Holzbauweise erweitert.

Der Wohnungsmix im Franklin Village ist vielfältig: von Ein- bis Vier-Zimmer-Einheiten bis hin zu Clusterwohnungen mit fünf Zimmern mit je eigener Nasszelle und Privatsphäre für die WG-Bewohner. Das Achsraster der Holzbaukonstruktion erlaubte variable Grundrisse – jeder Wohnungstyp wurde in zwei verschiedenen Größen entwickelt. Durch die Verteilung der unterschiedlichen Wohnungstypen im gesamten Komplex entstehen integrierende, familienähnliche Nachbarschaften. Pflegebedarfe können über Mitwohnende oder in Zusammenarbeit mit lokalen Dienstleistern gedeckt werden. Fünf Prozent der Wohnungen sind für Menschen mit Behinderung vorgesehen. Ein Träger für soziale Arbeit begleitet das Zusammenleben.

Vom Innenhof führen Treppen und Aufzüge hinauf zu den umlaufenden, stützenfrei auskragenden Laubengängen und weiter zu den Wohnungen. Maximal zwei Nachbarwohnungen liegen auf dem Weg zur eigenen Tür, was die nötige Privatheit garantiert. Vor den Eingangstüren befindet sich eine Balkon- und Pufferzone von 1,60 Metern Tiefe, die sich die Bewohner gern aneignen und für Begegnungen nutzen. In die Laubengänge eingeschnittene Lichtöffnungen bringen mehr Helligkeit für das Erdgeschoss und schaffen Abstand zu den dahinterliegenden privaten Räumen. Die niedrigen Brüstungshöhen der Fenster und tiefe Fensterbänke ergeben innen wie außen zusätzliche Sitzgelegenheiten – ein schönes Detail und finanziell leistbar dadurch, dass nicht überall Öffnungsflügel verbaut wurden.

90 affordable rental apartments of various sizes for people of all ages and lifestyles, as well as diverse communal areas, a central neighbourhood forum, and workshops. The property is linked to the 'Loop', a three-kilometre circular route through the new neighbourhood, which invites residents to walk or cycle past residential buildings, schools, sports facilities, and the Franklin Village community centre. The latter serves not only as a meeting place and event venue for residents but also as a focal point for the neighbourhood and is available to rent.

The architects arranged four building sections around a spacious inner courtyard. The three-storey design was specified in the development plan to maintain the neighbourhood's scale and open spaces. An existing building on the north-east side was preserved and extensively renovated, with a two-storey timber extension added.

Franklin Village offers a diverse range of apartments, from one- to four-room units to five-room cluster apartments, each with its own bathroom to ensure privacy for flatmates. The timber construction's grid system allowed for variable floor plans, with each apartment type developed in two sizes. The distribution of the different apartment types throughout the complex creates integrated, family-like neighbourhoods. Care needs can be met by fellow residents or in cooperation with local service providers. Five per cent of the apartments are reserved for people with disabilities. A social work organisation supports the communal living experience.

Stairs and lifts lead from the inner courtyard up to the surrounding, column-free, cantilevered pergolas, and then on to the apartments. With a maximum of two neighbouring apartments on the way to your own door, the necessary privacy is guaranteed. In front of the entrance doors is a 1.6-metre-deep balcony and buffer zone, which residents like to use for socialising. Light openings cut into the pergolas bring more brightness to the ground floor and create distance from the private rooms behind. The low parapet heights of the windows and deep windowsills provide additional seating inside and out, and this beautiful detail is financially affordable because opening sashes were not installed everywhere.

Die Neubauten sind ab Oberkante Keller in Holzrahmenkonstruktion mit Holz-Beton-Verbunddecken errichtet. Die Fassadenelemente wurden zu 80 Prozent in Vorarlberg vorgefertigt. Auf der Baustelle folgte die vertikale, grau lasierte Bretterschalung aus Weißtanne, hinter der die horizontalen Fugen – und damit die Container-Anmutung der vorproduzierten Elemente – elegant verschwinden. Dort wo es möglich war, haben die Wohnungen zusätzlich Balkone mit filigranen Geländern erhalten.

Zum Innenhof hin – wie könnte es bei sauerbruch hutton anders sein – setzt Farbe wichtige Akzente. Den Farbkanon von Bruno Taut zitierend, gaben die Architekten den tragenden Schotten und Untersichten der Laubengänge einen Anstrich in erdigen Tönen. Geringer Materialeinsatz, große Wirkung – so entstehen Orientierung und Identifikation.

Auch dem Freiraum kommt in Zusammenarbeit mit den Landschaftsarchitekten Idealice aus Wien ein hoher Stellenwert zu. Anstelle gewöhnlicher Spielplatz-Tristesse finden sich hier viel Naturmaterial, eine Wasserpumpe mit Matschecke, Spieltische sowie eine abwechslungsreiche Bepflanzung, Kräuter zum Ernten und schützende Sträucher vor den Wohnungen. In die Fassade integriert sind eine Tauschbörse und ein Bücherschrank. Unter der Erde: die Tiefgarage für Autos und Fahrräder sowie Werkstätten zum Reparieren und Werkeln. Dank dieser Anordnung blieb oberirdisch Platz für zahlreiche neue Bäume.

Das Gemeinschaftshaus mit Dachgarten ist Treffpunkt und Herz des Quartiers. Es bietet Raum für Veranstaltungen, Co-Working und Feste. Die von der Bauherrschaft entwickelte Quartiers-App organisiert Belegung, Events und Nachbarschaftshilfe.

Nachhaltigkeit heißt im Franklin Village: vorgefertigte Bauteile, nachhaltige und recycelte Materialien, Inklusion und gemeinschaftliche Nutzung statt Eigentum. Quartiersnahe Dienstleistungen und Angebote im Haus reduzieren Wege und Kosten. Der von Land und EU geförderte Holzrahmenbau trägt zur Minimierung der CO_2-Emission bei, ebenso die Nutzung von E-Mobilität, Car-Sharing und Fotovoltaik. Franklin Village paart diese Aspekte mit anspruchsvoller, identitätsstiftender Architektur. »Mehr davon!« möchte man Politik, Gesellschaft, Architekten und Projektentwicklern zurufen.

The new buildings are constructed from the top edge of the basement upwards using a timber frame construction with composite timber-concrete ceilings. Eighty per cent of the façade elements were prefabricated in Vorarlberg. On site, vertical, grey-glazed board formwork made of silver fir was installed, behind which the horizontal joints, and thus the container-like appearance of the prefabricated elements, elegantly disappear. Where possible, the flats were also fitted with balconies featuring delicate railings.

Towards the inner courtyard, colour sets important accents, as you would expect from sauerbruch hutton. Drawing inspiration from Bruno Taut's colour canon, the architects painted the load-bearing partitions and pergola soffits in earthy tones. The minimal use of materials has maximum impact, creating a sense of orientation and identification.

Open space is also a high priority, achieved in collaboration with the Vienna-based landscape architects Idealice. Instead of dreary playgrounds, there are natural materials, a water pump with a mud corner, play tables, varied planting, herbs for harvesting, and protective shrubs in front of the flats. A swap meet and a bookcase have been integrated into the façade. The underground car park is designed for cars and bicycles, as well as for workshops for repairs and DIY. Thanks to this arrangement, there is space above ground for numerous new trees.

The community centre, complete with a roof garden, is the heart and meeting place of the neighbourhood. It offers spaces for events, co-working, and celebrations. The neighbourhood app, developed by the client, organises occupancy, events, and neighbourhood assistance.

At Franklin Village, sustainability means using prefabricated components and sustainable and recycled materials, as well as promoting inclusion and shared use instead of ownership. Local services and on-site amenities reduce the need for travel and associated costs. The timber frame construction is subsidised by the state and the EU to help minimise CO_2 emissions, as does the use of e-mobility, car sharing, and photovoltaics. Franklin Village combines these aspects with sophisticated, identity-forming architecture. 'More of this!' is the message we should be sending to politicians, society, architects, and project developers.

Die Materialität und die Farbgebung der Laubengänge sowie der tragenden Schotten dienen der Adressbildung und Identifikation.
The materiality and colour scheme of the access galleries and load-bearing bulkheads serve to create a sense of identity and recognition.

Die Farbgebung der Untersichten akzentuiert die gemeinschaftlich genutzten Außenräume zusätzlich.
The colour scheme of the undersides further accentuates the communal outdoor spaces.

Schema der Polychromie über den Laubengängen
Scheme of polychromy above the access galleries

Vor den Eingangstüren befindet sich eine Balkon- und Pufferzone, die sich die Bewohner gern aneignen.
In front of the entrance doors there is a balcony and buffer zone, which the residents like to make their own.

schleicher.ragaller architekten
Betriebskindergarten, Stuttgart-Weilimdorf

Kritik **Uwe Bresan**

Architekten / Architects
schleicher.ragaller freie architekten bda
partnerschaft mbb
Immenhofer Str. 17/1
70180 Stuttgart
www.schleicher-ragaller.de
info@srfa.de

Projektteam / Project team
Michael Ragaller, Projektleitung
Domenik Schleicher, stellv.
Projektleitung
Frauke Weißinger, Projektleitung
Maximilian Scheffel, Projektleitung /
Bauleitung
Marco Feil, Projektbearbeitung
Emmet Kenny, Projektbearbeitung

Bauherren / Clients
Vector Informatik GmbH vertreten
durch: Sebastian Gaiser,
Antonio Migliore, Pascal Kälber,
Stuttgart-Weilimdorf

Tragwerksplanung /
Structural engineering
Entwurfsplanung / Conceptual design:
BuP. Boll Beraten und Planen
Ingenieurgesellschaft mbH & Co. KG,
Stuttgart
Ausführungsplanung / Execution
planning:
Boll Partner für Tragwerke GmbH & Co.
KG, Stuttgart

Haustechnik / Building
services engineering
Krebs Ingenieure GmbH, Ditzingen

Elektro / Electrical engineering
Müller & Bleher Filderstadt GmbH &
Co. KG, Filderstadt

Bauphysik / Building physics
Kurz und Fischer GmbH, Winnenden

Brandschutz / Fire prevention
C&M Brandschutzingenieure,
Ilka Claus & Sarah Maschke PartGmbB,
Stuttgart

Landschaftsarchitektur /
Landscape architecture
Koeber Landschaftsarchitektur GmbH,
Stuttgart

Sonstige / Others
sustainable strategies – DGNB Auditor,
Stuttgart-Weilimdorf

Fertigstellung / Completion
Dezember 2024

Fotografie / Photography
Zooey Braun, Stuttgart

Blick von Norden. Überdachte Spielterrassen vor den Gruppenräumen.
View from the north. Covered play terraces in front of the group rooms.

Keine andere Bauaufgabe in Deutschland hat in der zurückliegenden Dekade einen solchen Boom erfahren wie Kindertagesstätten. Durch den gesellschaftlichen Wandel gefordert und vonseiten des Staats finanziell gefördert, sind Kita-Neubauten, einst eine Nische, zu einer fast schon klassischen Aufgabe für kleine und mittlere Architekturbüros geworden. Dabei hat sich über die Jahre und vor dem Hintergrund einer rigiden Förderpolitik allerdings auch eine gewisse Gleichförmigkeit der Lösungen entwickelt. Vor allem in ländlichen und vorstädtischen Kontexten dominiert der Typus des lang gestreckten, rechtwinkligen Bungalows im Grünen – mal mit, mal ohne sichtbares Dach –, gern holzverkleidet und im Inneren durch die lineare Anordnung der Gruppenräume funktional strukturiert.

Dass es anders gehen kann, zeigen schleicher.ragaller architekten aus Stuttgart. In Weilimdorf, einem Vorort der baden-württembergischen Landeshauptstadt, haben sie eine Betriebskita realisiert, die durch eine minimale Abweichung vom oben beschriebenen Schema einen erstaunlichen räumlichen Mehrwert

No other type of construction in Germany has experienced such a boom over the past decade as daycare centres. Driven by social change and financially supported by the state, the construction of new daycare centres, which were once a niche market, has become a standard task for small and medium-sized architectural firms. However, over the years, a certain uniformity of solutions has developed against the backdrop of rigid funding policies. In rural and suburban areas in particular, the most common design is the elongated, rectangular bungalow surrounded by greenery, sometimes with a visible roof and often clad in wood. The interior is typically organised along a linear arrangement of group rooms.

Another way is shown to exist by schleicher.ragaller architekten from Stuttgart. In Weilimdorf, a suburb of the capital of the state of Baden-Württemberg, they have created a company daycare centre that generates astonishing spatial added value by deviating minimally from

generiert. Durch die simple Verdrehung der Gruppenräume um 45 Grad gegen die lineare Struktur des Hauses entstehen sowohl im Innen- wie im Außenraum trianguläre »Resträume«, die sich durch ihre funktionale Unbestimmtheit der individuellen Aneignung öffnen. Es sind gedeckte Spielplätze, die – im Frühling und Sommer draußen, im Herbst und Winter drinnen – zusätzliche Raumreserven zum Herumtollen bieten.

Die zusätzlichen Quadratmeter konnten auch dank des qualitätsbewussten Bauherrn realisiert werden. Das Unternehmen Vector, gegründet 1988 von drei innovativen Köpfen aus Schwaben, ist heute einer jener typischen mittelständischen *hidden champions*, die die Technologielandschaft im deutschen Südwesten prägen. Über die Hälfte der insgesamt 4.500 Mitarbeiter arbeiten am Stammsitz in Weilimdorf. Hier ist über die Jahre ein in vielerlei Hinsicht beispielhafter Campus gewachsen. Hochwertige Architektur, genussvolle Verpflegung und Zusatzangebote wie ein firmeneigener Fitnessbereich tragen zu einer positiven Arbeitsatmosphäre und hohen Mitarbeiterzufriedenheit bei.

Mit der neuen Betriebskita unterstreicht das Unternehmen sein umfassendes Engagement in Sachen Mitarbeiterbindung. Und auch die Wahl der Stuttgarter Architekten ist kein Zufall; Wertschöpfung betreibt man bei Vector gern in der Heimat. Nach ersten Vorgesprächen mit insgesamt drei Stuttgarter Architekturbüros entschieden sich die Verantwortlichen sehr bewusst für das Team von Domenik Schleicher und Michael Ragaller; beide Seiten sprechen heute von großen Übereinstimmungen sowohl beim Qualitätsverständnis wie in der Gesprächskultur.

Die Arbeit an der Betriebskita in Weilimdorf begann mit einer klugen Verortung. Zur Verfügung stand ein riesiges Baugrundstück in Verlängerung der Campusachse. Die Architekten schlugen eine Teilung des Grundstücks in zwei Teilgebiete vor. Das westlich der Achse gelegene rechtwinklige Grundstück soll zunächst unbebaut bleiben und Platz für mögliche zukünftige Erweiterungen der Büroflächen bieten. Die Kita hingegen wurde auf dem östlichen, durch einen natürlichen Bachlauf schräg angeschnittenen Grundstück platziert. So rückt der Kita-Neubau von der Haupterschließungsstraße im Westen ab und nimmt sich gegenüber den Bestandsbauten zurück. Diese überzeugende Lösung gab dann auch den entscheidenden Impuls, das Gebäude entlang des fließenden Gewässers und damit diagonal zur umgebenden Bebauung zu positionieren. Auch der nächste Schritt, die Verdrehung der Gruppenräume um 45 Grad hin zur zentralen Campusachse, war damit vorgezeichnet.

the above-described scheme. Simply rotating the group rooms by 45 degrees against the linear structure of the building creates triangular 'residual spaces' both indoors and outdoors. Due to their functional indeterminacy, these spaces are open to individual appropriation. These are covered playgrounds that offer additional space for romping around – outdoors in spring and summer, indoors in autumn and winter.

The additional square metres were made possible thanks to the client's commitment to quality. Founded in 1988 by three innovative minds from Swabia, Vector has become one of the typical medium-sized 'hidden champions' shaping the technology landscape in south-western Germany. Over half of Vector's 4,500-strong workforce is employed at the Weilimdorf headquarters. Over the years, an exemplary campus has grown here. High-quality architecture, enjoyable catering, and additional amenities such as a company-owned fitness area, contribute to a positive working atmosphere and high levels of employee satisfaction.

The new company daycare centre underlines the company's commitment to retaining employees. The choice of Stuttgart architects is also no coincidence; Vector aims to generate value in its local area. After initial preliminary discussions with three Stuttgart-based architectural firms, those responsible made a conscious decision. They chose the team led by Domenik Schleicher and Michael Ragaller. Both parties now speak of a high degree of agreement in terms of their understanding of quality and communication culture.

Work on the company daycare centre in Weilimdorf began with a clever location choice, which was the first step in the project. A large plot of land was available in the extension of the campus axis. The architects proposed dividing the plot into two sections. The rectangular plot to the west of the axis will remain undeveloped for the time being to provide space for potential future office expansions. The nursery, on the other hand, was placed on the eastern plot, which is cut diagonally by a natural stream. This positioning moves the new nursery building away from the main access road to the west and sets it back from the existing buildings. This convincing solution provided the decisive impetus to position the building diagonally to the surrounding buildings, along the flowing water. The next step – rotating the group rooms by 45 degrees towards the central campus axis – was thus predetermined.

Gebäude und Außenspielbereich in der Morgendämmerung.
Building and outdoor play area at dawn.

Überdachter Haupteingangsbereich mit
Sitzbank und Blick zur Kita-Leitung.
Covered main entrance area with bench and
view of the daycare centre management.

Nordfassade mit Rundfenstern.
North façade with round windows.

Leporello-Faltwand.
Leporello folding screen.

Spielbereich mit »Sitzarena«.
Play area with 'seating arena'.

Garderobenelement vor den Gruppenräumen.
Wardrobe element in front of the group rooms.

Empfangstresen im Eingangsbereich.
Reception desk in the entrance area.

Realisiert wurde das Gebäude dann unter der Maßgabe größtmöglicher Nachhaltigkeit – begleitet von einem DGNB-Auditor und heute nicht nur mit Platinstatus zertifiziert, sondern darüber hinaus aufgrund seiner gestalterischen und baukulturellen Qualitäten von der DGNB mit dem Diamantstatus prämiert. In der Umsetzung bedeutete das eine konsequente Holzbauweise, den Einsatz von Geothermie für Heizung und Kühlung sowie die Gestaltung eines extensiv begrünten und mit einer Fotovoltaik-Anlage ausgestatteten Dachs.

Das zweifellos Nützliche dabei stets mit dem Schönen und Atmosphärischen zu verbinden, ist letztlich die große Leistung des Architektenteams. Notwendige Speichermassen wurden durch gelbe Klinkerwände realisiert. Aus dem Lot verschobene Steine geben den Mauern ein feines Kreuzstichmuster – in den großen Dreiecken sicht- und spürbar als Positivform, in den Gruppenräumen entsprechend als Negativ. Die Lüftung der Gruppenräume wurde dezentral organisiert, weshalb auf die üblichen Lüftungsrohre an den Decken verzichtet werden konnte. So kommt die sauber detaillierte, sichtbare Holzkonstruktion der Decken ungestört zur Geltung. An markanten Stellen ist sie sogar noch durch runde Oberlichter und seitliche Lichtbänder betont. Die Fassade besteht aus sägerauer Nadelholzschalung, ergänzt durch Vollholzfenster. Durch den sich aus der Bauform ergebenden Witterungsschutz sind die Fensterrahmen lediglich geölt. Über die dreieckigen, mit einem feinen Ziegelbelag im Fischgrätverband gestalteten Terrassenflächen geht es aus den Gruppenräumen nach draußen. Hier ergänzt eine natürlich gestaltete Spiellandschaft, geplant durch Koeber Landschaftsarchitektur, das stimmige Gesamtkonzept. Einfach bauen – in dieser Betriebskita ist es wunderbar gelungen!

The building was constructed with the greatest possible sustainability in mind, accompanied by an auditor from the Deutsche Gesellschaft für Nachhaltiges Bauen (German Sustainable Building Council; DGNB), and is now certified at platinum level. It has also been awarded diamond status by the DGNB in recognition of its design and architectural qualities. This involved the consistent use of timber construction and geothermal energy for heating and cooling, as well as the design of an extensively greened roof equipped with a photovoltaic system.

Undoubtedly, the architectural team's greatest achievement is their ability to combine practicality with beauty and atmosphere. The necessary storage-efficient building mass was created using yellow clinker brick walls. The off-centre bricks give the walls a delicate cross-stitch pattern, which is visible and tangible in the large triangles and in the group rooms as a positive and negative form, respectively. The group rooms are ventilated in a decentralised manner, meaning that the usual ventilation pipes on the ceilings could be dispensed with. This allows the clean, visible wooden construction of the ceilings to take centre stage. In prominent places, this is emphasised by round skylights and side light strips. The façade consists of rough-sawn softwood formwork, complemented by solid wood windows. Thanks to the building's design providing weather protection, the window frames simply needed to be oiled. The group rooms open onto triangular terrace areas covered in fine herringbone bricks. Here, the harmonious overall concept is complemented by a naturally designed play area that was planned by Koeber Landschaftsarchitektur. Simple building – this company daycare centre is a wonderful example of how it can be done!

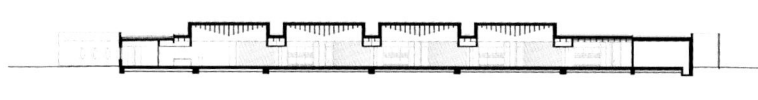

Längsschnitt
Longitudinal section

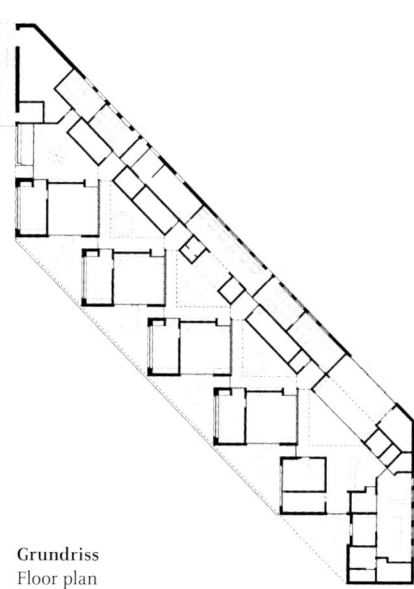

Grundriss
Floor plan

Schlicht Lamprecht Kern Architekten
Bürgerzentrum MittenIm, Niederwerrn

Kritik **Stefanie Lampe**

 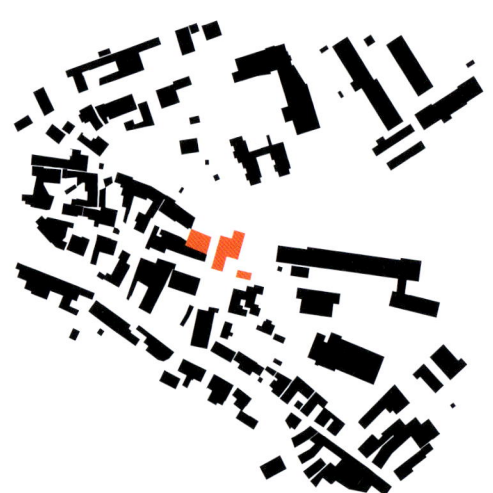

Architekten/Architects
Schlicht Lamprecht Kern Architekten
BDA
Maibacher Straße 51
97424 Schweinfurt
www.schlichtlamprechtkern.de
info@schlichtlamprechtkern.de

Projektteam/Project team
Stefan Schlicht, Projektleitung
Christoph Lamprecht, Projektleitung
Dominik Malucha, Projektbearbeitung
Franziska Klein, Projektbearbeitung

Bauherren/Clients
Gemeinde Niederwerrn vertr. durch
Bürgermeisterin Bettina Bärmann,
Niederwerrn

**Projektsteuerung, Bauleitung/
Project management**
Schlicht Lamprecht Kern Architekten
BDA, Schweinfurt

**Tragwerksplanung/
Structural engineering**
Joachim Ingenieure, Schweinfurt

**Haustechnik/Building
services engineering**
Ingenieurbüro Kiesel, Gerolzhofen

**Heizung, Sanitär/
Plumbing and heating**
Ingenieurbüro Kiesel, Gerolzhofen

Elektro/Electrical engineering
Ingenieurbüro Bopp GmbH,
Schweinfurt

Bauphysik/Building physics
Mai Bauphysik, Gerolzhofen

Lichtplanung/Lighting design
Day & Light Lichtplanung, München

Brandschutz/Fire prevention
Brandschutzplanung Endres GmbH,
Untereisenheim

**Landschaftsarchitektur/
Landscape architecture**
Dietz und Partner GbR
Landschaftsarchitekten BDLA,
Elfershausen

Innenarchitektur/Interior design
Schlicht Lamprecht Kern Architekten,
Schweinfurt

Fassadenplanung/Façade planning
Schlicht Lamprecht Kern Architekten,
Schweinfurt

Sonstige/Others
Typografie und CI/Typography and
coporate identity:
grafisches Büro, Wien, Österreich

Standort/Location
Schulstraße 7
97464 Niederwerrn

Fertigstellung/Completion
September 2024

Fotografie/Photography
Stefan Meyer, Berlin
Stefan Schlicht, Schweinfurt (S. 167
unten/bottom)

Die neue Mitte von Niederwerrn von Norden aus. V.l.n.r: Bürgerhaus,
Energiescheune; dahinter quer: Fachwerkhaus/Ladenmuseum.
The new centre of Niederwerrn from the north. From left to right: community centre,
'energy barn', behind it: half-timbered house/shop museum.

Niederwerrn ist keine kleine Kommune im ländlichen Raum, die gegen Abwanderung kämpft. Durch die unmittelbare Nähe zu Schweinfurt ist das Problem anders gelagert. Der ursprüngliche Ort ist im Laufe der Zeit immer weiter Richtung Osten nach Schweinfurt gewachsen, an dessen Grenze er inzwischen stößt. Dabei wurde der Altort buchstäblich links liegen gelassen und verlor seine Funktion als Mitte der Gemeinde. Die Menschen wohnen im großen Siedlungsgebiet, arbeiten in Schweinfurt und haben wenig Anlass, in den Altort zu kommen.

In einem Bürgerbeteiligungsprozess hat sich trotzdem, oder gerade deswegen, gezeigt, dass viele Bewohner sich einen neuen sozialen Treffpunkt rund um einen Dorfplatz wünschen. Schlicht Lamprecht Kern Architekten ermittelten in einem gesamtörtlichen Planungskonzept die Position der neuen Ortsmitte. Dort stoßen Altort und Siedlung aufeinander: Schule, Kita, Seniorenzentrum und die schon vor einigen Jahren sanierte Bücherei in der alten Synagoge grenzen direkt an den Bereich. Wichtige offizielle und inoffizielle Wegeverbindungen haben sich hier bereits gekreuzt.

Niederwerrn is not a small, rural community struggling with depopulation. Its close proximity to Schweinfurt means it faces different challenges. Over time, the original town has grown steadily eastwards towards Schweinfurt and now borders it. In the process, the old core of the village has been left behind, losing its function as the centre of the community. People live in the large residential area and work in Schweinfurt, so they have little reason to visit the old town.

Nevertheless, or perhaps precisely because of this, a public participation process revealed that many residents would like to see the establishment of a new social meeting place centred around a village square. Schlicht Lamprecht Kern Architekten identified the location for the new town centre as part of a comprehensive local planning concept. This is where the old town and the new settlement meet, with the school, daycare centre, senior citizens' centre, and library in the renovated old synagogue directly adjacent to the area. Important official and unofficial routes already intersect here.

Veranstaltungsraum im neuen Bürgerhaus.
Event room in the new community centre.

Der Hauptbau wurde in Recycling-Beton ausgeführt. Der Abbruch kam von Brücken aus einen Umkreis von 40 Kilometern.
The main building was constructed using recycled concrete. The demolition material came from bridges within a 40-kilometre radius.

An der Fassade wurde der Beton angespitzt, wodurch er an die typischen Rauputzoberflächen der Umgebung erinnert.
The concrete on the façade was pointed, giving it a similar appearance to the typical rough plaster surfaces found in the surrounding area.

Der neue Platz für Feste und Feiern. Links die ehemalige Synagoge/Bibliothek, im Hintergrund die beiden Baukörper des Bürgerhauses, rechts das Fachwerkhaus/Ladenmuseum.
The new square for festivities and celebrations. On the left is the former synagogue/library, in the background are the two buildings of the community centre, and on the right is the half-timbered house/shop museum.

Einziges Problem: Ein Großteil der Grundstücke im gewünschten Bereich war nicht im Besitz der Gemeinde. Das bedeutet in den meisten Fällen das Ende eines guten Konzepts. Nicht so in Niederwerrn. Dank der engagierten Bürgermeisterin Bettina Bärmann, die nicht nur den nötigen Elan und die Durchsetzungskraft mitbrachte, sondern auch einen langen Atem, konnte der Plan trotzdem umgesetzt werden. Eine kluge Grundstückspolitik, bei der die benötigten Flächen über Grundstückstausch in den Besitz der Gemeinde kamen, schuf ab 2014 die Voraussetzungen.

Kirche, Rathaus, Dorfkneipe und Tante-Emma-Laden haben als das Zentrum definierende Orte ausgedient. »MittenIm« bietet stattdessen neue soziale Treffpunkte, wo Jung und Alt zusammenkommen. Rund um den neuen Dorfplatz gibt es nun ein Bürgerhaus, ein kleines Ladenmuseum, die Bücherei und die sogenannte Energiescheune. Der Neubau des Bürgerhauses, in dem Veranstaltungsräume, Vereinsraum, Trauzimmer und das Café untergebracht sind, folgt in Positionierung und Materialität Vorbildern im Ort. Entstanden sind ein steinernes Hauptgebäude und parallel dazu, aber leicht nach hinten versetzt, der hölzerne »Nutzbau«.

Die Lage am Hang machte einen massiven Betonsockel notwendig. Dank der Umsetzung des Hauptbaus in Recycling-Beton konnte dieser in der Gegend etabliert werden. Das Abbruchmaterial kam von Brücken in der Region – so blieben Abbruch, Aufbereitung und Anlieferung in einem Umkreis von 40 Kilometern. Im Inneren wurde der Beton schalungsrau belassen, die Schalungsbretter wurden anschließend in der Energiescheune als Wandverkleidung verwendet. Für die Betonbaufirma war der Auftrag Anlass, wieder in den Hochbau einzusteigen und den jüngeren Mitarbeitenden die Erstellung einer hölzernen Schalung beizubringen. An der Fassade wurde der Beton angespitzt, wodurch er an die typischen Rauputzoberflächen der Umgebung erinnert. Ein (!) Steinmetz bearbeitete die Fassade und schuf den nun so markanten Gegensatz von glatten und rauen Flächen, die das Licht unterschiedlich brechen und der Fassade Tiefe geben. Hölzerne Fensterläden schaffen die Verbindung zum Holzbau.

The only problem was that the municipality did not own a large proportion of the land in the desired area. In most cases, this would spell the end of a good concept. Not so in Niederwerrn, however. Thanks to the dedication of Mayor Bettina Bärmann, who brought the necessary drive, assertiveness, and perseverance to the project, the plan was ultimately implemented. From 2014 onwards, a clever land policy saw the necessary land come into the municipality's possession through land swaps, creating the conditions for this.

The church, town hall, village pub, and corner shop have long served as defining locations at the heart of the community. Instead, 'MittenIm' now offers new social meeting places where young and old can come together. Surrounding the new village square there is now a community centre, a small shop museum, and a library, as well as the so-called *Energiescheune* ('energy barn'). The new community centre houses event rooms, a club room, a wedding room, and a café, and its positioning and materials follow local models. The result is a stone main building with a wooden 'utility building' set back from it.

The hillside location required a solid concrete base. Thanks to the use of recycled concrete for the main structure, this could be established in the area. The demolition material came from bridges in the region, meaning demolition, processing, and delivery all took place within a 40-kilometre radius. Inside, the concrete was left in its rough-formed state and the formwork boards were used as wall cladding in the *Energiescheune*. For the concrete construction company, the contract presented an opportunity to re-enter the building construction sector and to pass on knowledge of how to build wooden formwork to younger employees. The concrete on the façade was pointed to give it a rough-cast finish, reminiscent of typical local surfaces. Just one (!) stonemason worked on the façade, creating the striking contrast between smooth and rough surfaces that refract light differently, giving the façade depth. Wooden shutters establish a connection to the timber construction.

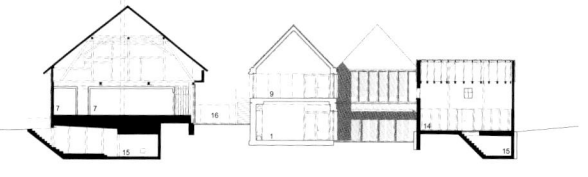

Schnitt
Section

Auch auf dem Platz wurde nachhaltig gedacht: Ein Klimastein mit offenen Fugen, der ebenfalls zu 40 Prozent aus wiederverwendetem Beton besteht, kann Wasser speichern und langsam wieder abgeben. Die Freiraumgestaltung von Dietz und Partner bietet viele Möglichkeiten zum Verweilen und spielt äußerst gelungen mit der steilen Topografie. Trotzdem entstand ein zentraler Platz, auf dem genug Raum ist für traditionelle Tänze und einen Zunftbaum.

Das Ladenmuseum geht zurück auf die private Sammlung eines Einwohners, der diese der Gemeinde vererbt hat. Eine imposante Theke aus einem »Kolonialwarenladen« hat nun in dem kleinen sanierten Fachwerkbau einen Platz gefunden. Statt personalintensiver Öffnungszeiten kommt gern jemand aus der Bücherei, schließt auf und erzählt etwas zu den Ausstellungsstücken.

Die große Scheune war aus städtebaulicher Sicht erhaltenswert und wurde nun zur Energiescheune. Sie liefert mit einem ausgeklügelten Energiemix aus Pelletheizung und Solar auf dem Dach die Energie für das gesamte neu entstandene Quartier. Hier ist außerdem noch Platz für Ausstellungen und Veranstaltungen.

Auf allen Ebenen wurde robust und nachhaltig gedacht: von der vorausschauenden Grundstückspolitik über die Grundrisse, die viel Flexibilität erlauben und auch zukünftige Anforderungen aufnehmen können, bis hin zu den verwendeten Materialien. Schlicht Lamprecht Kern durften das Projekt nicht nur von den ersten Studien bis zur Ausführung begleiten, sondern auch die Innenräume bis hin zum Farbkonzept planen.

Alle Beteiligten arbeiteten mit Begeisterung am Projekt, nicht nur die Planenden und die Verantwortlichen bei der Gemeinde, sondern auch die Handwerker. Sie kommen auch nach Abschluss des Projekts noch gern im Café vorbei und präsentieren Freunden und Familie ihr Werk.

Aber damit nicht genug: Die Gemeinde hat noch viel vor; weitere Häuser wurden bereits gekauft. Im nächsten Schritt werden zwei angrenzende Bauten für eine Erweiterung der Bücherei und für die Musikschule saniert. Nach dem Neubau der Schule soll auch der Übergang zur Siedlung hin gestalterisch angepasst werden. Das alles auch in zehn Jahren noch »MittenIm« Herzen von Niederwerrn.

The design of the square also considered sustainability: the climate stone, which consists of 40 per cent recycled concrete and has open joints, can store water and release it slowly. The open space, designed by Dietz und Partner, offers many places to relax and blends in well with the steep topography. Nevertheless, the central square has enough space for traditional dances and a guild tree.

The shop museum originated from the private collection of a local resident, who left it to the community in their will. A striking counter from a 'colonial goods shop' now occupies the small, renovated half-timbered building. Rather than having labour-intensive opening hours, a member of library staff is happy to come by, unlock the door, and talk to visitors about the exhibits.

From an urban planning perspective, the large barn was worth preserving and has now been converted into an *Energiescheune*. With its sophisticated energy mix of pellet heating and solar panels on the roof, it supplies the entire newly built neighbourhood with energy. There is also space for exhibitions and events.

Robust and sustainable thinking was applied at all levels, from forward-looking land use policy and flexible floor plans that can accommodate future requirements to the choice of materials. Schlicht Lamprecht Kern Architekten was commissioned to oversee the project from the initial studies through to execution, as well as designing the interiors and colour scheme.

Everyone involved worked enthusiastically on the project – not only the planners and local council representatives, but also the tradespeople. Even after the project was completed, they still enjoyed dropping by the café to show their friends and family what they created.

But that's not all. The municipality has big plans and has already purchased more buildings. The next step is to renovate two adjacent buildings to expand the library and accommodate the music school. Once the new school has been built, the transition to the residential area will also be redesigned. In ten years' time, all of this will still be at ('MittenIm') the heart of Niederwerrn.

In der Gemeinde bestand der Wunsch nach Orten des Zusammenkommens und der generationsübergreifenden Begegnung.
The community expressed a desire for spaces where people of all ages could come together and interact.

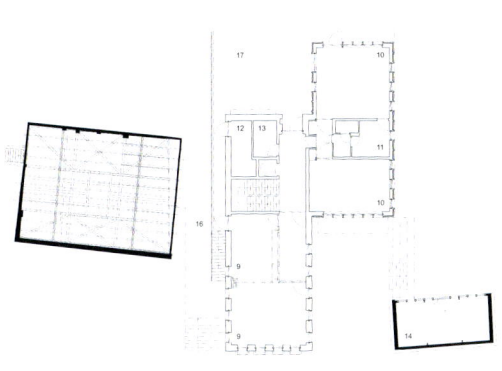

Grundriss Obergeschoss
First floor plan

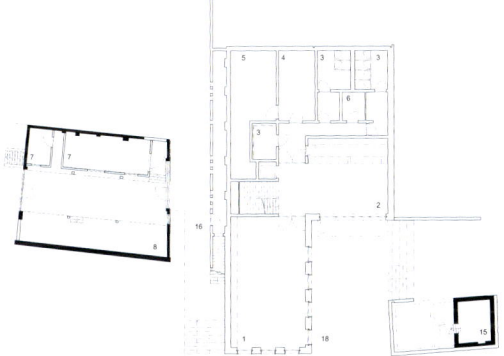

Grundriss Erdgeschoss
Ground floor plan

Ansicht von Nordosten. Ein neues Netz aus Wegen und Plätzen verbindet den Altort und das Siedlungsgebiet.
View from the north-east: A new grid of paths and squares now connects the old town with the residential area.

Eine historische Scheune wurde zur »Energiescheune« – für die autarke und nachhaltige Energieversorgung sämtlicher Gebäude am Platz.
A historic barn has been converted into an *Energiescheune* ('energy barn') to provide a self-sufficient and sustainable energy supply for all the buildings on the site.

studiomolter/Stadtbau GmbH Regensburg
Wohnhaus Regensburg

Kritik **Jonas Malzahn**

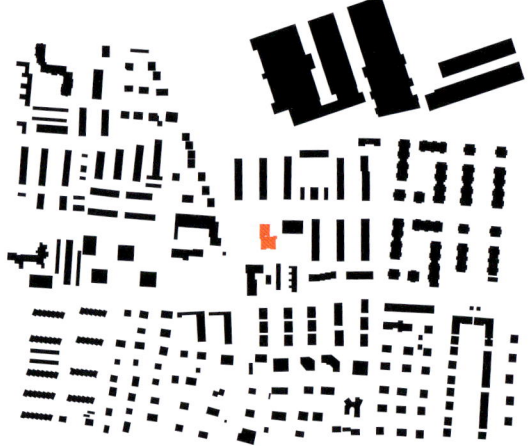

Architekten/Architects
studiomolter/Stadtbau GmbH
Regensburg
Fraunhoferstraße 3
80469 München
www.studiomolter.com
studio@philippmolter.com

Projektteam/Project team
Thomas Dirschedl, Projektleitung
Gesamtmaßnahmen
Götz Kessler, Geschäftsführung
Stadtbau GmbH
Hans Teufl, Leitung Technik Stadtbau
GmbH
David Gautrand, Projektleitung
Gebäudehülle
Emily Murphy, Planung Gebäudehülle
Philipp Molter, Entwurf Gebäudehülle

Bauherren/Clients
Stadtbau GmbH Regensburg

**Beteiligtes Architekturbüro/
Other architects involved**
Huber Architekten GmbH
Dechbettener Straße 10
93049 Regensburg
www.archhu.de
Thomas Reimann, Projektleitung
Bauüberwachung
Frederik Thomas, Partner
Bauüberwachung

**Projektsteuerung/
Project management**
Stadtbau GmbH Regensburg
93055 Regensburg

**Tragwerksplanung/
Structural engineering**
IB Augustin, Regensburg

**Haustechnik, Heizung, Sanitär/
Building services engineering,
heating, plumbing**
Trieb Ingenieurbüro, Mühldorf am Inn

Elektro/Electrical engineering
M. Schrödl Elektroplanung GmbH,
Bach a. d. Donau

Bauphysik/Building physics
iaoe| ingenieurbüro für
gebäudeanalyse, optimierung und
energieffizienz, Regensburg

Brandschutz/Fire prevention
Troiber Architekten FSA, Regensburg

**Landschaftsarchitektur/
Landscape architecture**
Lichtgrün Landschaftsarchitektur,
Regensburg

Fassadenplanung/Façade planning
Stadtbau-GmbH, Regensburg

Energieberatung/Energy Consultant
Nemeth & Stopper, München

Sonstige/Others
Technische Hochschule Rosenheim,
Rosenheim

Standort/Location
Alfons-Bayerer-Straße 2
93049 Regensburg

Fertigstellung/Completion
Dezember 2023

Fotografie/Photography
Roland Halbe Fotografie, Stuttgart
(S. 170 mittig/centre, S. 173
unten/bottom)
Herbert Stolz, Regensburg (S. 169,
S. 170, S. 173 oben/top)

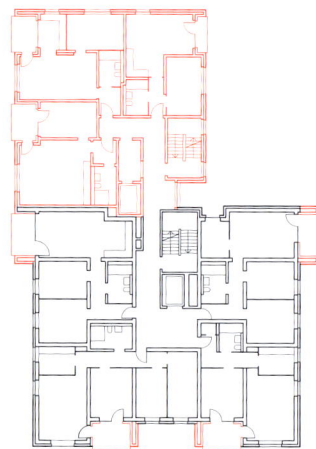

**Grundriss Regelgeschoss
Alt- und Neubau**
Standard floor plan,
old and new building

Ansicht von Westen: Bestand / Modernisierung und Neubau.
View from the west: existing building / modernisation and new building.

In vielen deutschen Städten fehlt Wohnraum. Auch in Regensburg ist der Wohnungsmarkt angespannt, und jeder Quadratmeter mehr bringt Entlastung. Deshalb entschloss sich die städtische Tochtergesellschaft Stadtbau dazu, eines ihrer Objekte im Westen der Stadt zu erweitern. Das 14-geschossige Hochhaus aus den 1960er Jahren benötigte aufgrund von Brandschutzauflagen ein zweites Fluchttreppenhaus. Diese Notwendigkeit wurde als Impuls genutzt, um das Potenzial aus dem unscheinbaren Bestandsgebäude herauszukitzeln.

Behütet und ruhig gelegen zwischen mehrgeschossigen Zeilenbauten, großzügigen Einfamilienhäusern, Garagen und meterhohen grünen Hecken, bot sich dank ausgedehnter Grünräume der Siedlungsstruktur die Möglichkeit, das Gebäudevolumen fast zu verdoppeln. Die Planung der Ergänzung um zusätzliche drei Wohneinheiten pro Stockwerk übernahm die Stadtbau in Eigenregie. Dabei konnten sich die Planenden von den qualitätsvollen bestehenden Wohnungsgrundrissen der 1960er Jahre inspirieren lassen. Zu den bereits existierenden 58 Wohnungen wurden 40 weitere geplant. Nicht nur in Regensburg findet man diese gute

Many German cities are experiencing a housing shortage. The housing market in Regensburg is also tight, so any additional space is welcome. This is why Stadtbau, the municipal subsidiary, decided to expand one of its properties in the west of the city. The 14-storey 1960s high-rise required a second emergency stairwell due to fire safety regulations. This necessity provided the impetus to unlock the potential of the unassuming existing building.

Thanks to the sheltered and quiet location between multi-storey terraced houses, spacious detached houses, garages, and metre-high green hedges, as well as the extensive green spaces within the settlement, it was possible to almost double the building volume. Stadtbau undertook the planning of the addition of three extra residential units per floor. The planners drew inspiration from the existing, high-quality apartment floor plans from the 1960s. A further 40 apartments were planned to complement the existing 58. Regensburg is not the only place with this favourable starting point for densification and the creation of urgently needed living space. Many

Grundriss Bestand/Neubau
Regelgeschoss 1 bis 8
Standard floor plan 1 to 8,
existing building/new building

Neubau, Ansicht von Norden.
New building, view from the north.

**Detailansicht von Süd mit
fassadenintegrierter Fotovoltaik.**
Detailed view from the south
with photovoltaics integrated into
the façade.

**Ansicht von Osten:
Modernisierung und Neubau.**
View from the east:
modernisation and new building.

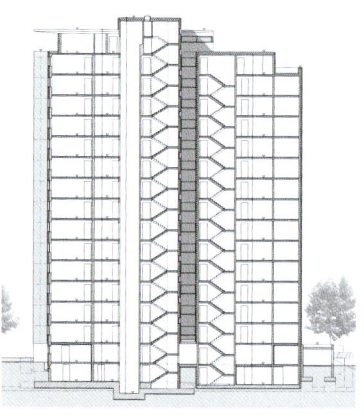

Schnitt
Section

Ausgangslage für die Nachverdichtung und Schaffung von dringend benötigtem Wohnraum. In vielen Städten Deutschlands gibt es ähnliche Situationen, für die dieses Projekt als Beispiel dienen kann. In der Nachbarschaft war das zusätzliche Bauvolumen nicht unumstritten, die Anrainer befürchteten eine Verschattung, was jedoch widerlegt werden konnte.

Um das Regensburger Hochhaus in die Zukunft zu führen, gab man sich nicht mit der räumlichen Erweiterung zufrieden, sondern suchte durch ein Wettbewerbsverfahren nach weiteren Ideen, die ausgehend vom Vorhandenen das Gebäude energetisch, technisch, architektonisch und in Bezug auf den Wohnkomfort verbessern. Das Münchener Architekturbüro studiomolter bildete gemeinsam mit dem Ingenieurbüro Nemeth & Stopper und der Technischen Hochschule Rosenheim ein Team, das damit überzeugte, den Wohnturm in einen elegant glänzenden, helle Wohnräume bietenden und Sonnenenergie sammelnden »Leuchtturm« zu transformieren. Die Hauptakteurin der Verwandlung befindet sich dabei über 147 Millionen Kilometer entfernt: Durch eine wohlproportionierte Vergrößerung der Fensteröffnungen erhellt die Sonne die Wohnräume. Gesammelt wird die Sonnenenergie von 770 Quadratmetern in die Süd- und Westfassade integrierten Fotovoltaikpaneelen; sie deckt 65 Prozent des Energiebedarfs des Gebäudes ab. Darüber hinaus lässt das Sonnenlicht die champagnerfarbene Fassade weithin sichtbar strahlen und verhilft durch das Schattenspiel auf der fein gegliederten Gebäudehülle zu Rhythmus, Tiefe, Maßstäblichkeit und Abwechslung in der Außenwirkung des in seiner unmittelbaren Umgebung größten Gebäudes.

Das ambitionierte Projekt sah sogar eine weitaus größere Fläche der matt glänzenden Fotovoltaikelemente vor, so dass auch das angrenzende Quartier von der produzierten erneuerbaren Energie hätte profitieren können. Doch rechtliche Hürden standen diesem Schritt im Weg. Eine weitere Herausforderung war, neben brandschutzrechtlichen Auflagen für die in der Fassade installierte Technik, die Statik des Bestands. Stark reduzierte Dicken der Betondecken und Balkone sowie die schlechte Baustoffqualität machten einen Teilrückbau unausweichlich. Da die Wände aus Holzspanbetonhohlsteinen nur eine begrenzte Last durch die neue, mit Mineralwolle gedämmte, vorgehängte Fassadenkonstruktion aufnehmen können, fiel die Wahl der Planenden für die Außenhaut auf ein rund 0,7 Millimeter dickes Aluminium-Wellblech. Nicht nur

other German cities find themselves in a similar situation, and this project could serve as an example to them. The additional building volume was controversial in the neighbourhood, with nearby residents fearing it would cast shadows. However, this concern was refuted.

In order to bring the high-rise building in Regensburg into the future, the decision was made not to opt for spatial expansion, but to hold a competition to find ideas that would improve the building in terms of energy efficiency, technology, architecture, and living comfort based on the existing structure. Munich-based architectural firm studiomolter teamed up with engineering firm Nemeth & Stopper and Rosenheim University of Applied Sciences to win the competition with their proposal to transform the residential tower into an elegant, gleaming 'lighthouse' offering bright living spaces and solar energy collection. The sun, over 147 million kilometres away, is the main contributor to the transformation. It illuminates the living spaces through a well-proportioned enlargement of the window openings. Solar energy is collected by 770 square metres of photovoltaic panels integrated into the south and west façades, which cover 65 per cent of the building's energy requirements. In addition, the sunlight makes the champagne-coloured façade shine brightly. The play of shadows on the finely structured building envelope adds rhythm, depth, scale, and variety to the external appearance of the largest building in its immediate vicinity.

The ambitious project envisaged covering a much larger area with matt-finish photovoltaic elements so that the neighbouring district could benefit from the renewable energy produced, too. However, legal hurdles prevented this from happening. In addition to fire safety requirements for the technology installed in the façade, another challenge was ensuring the structural integrity of the existing building. The poor quality of the building materials and the significantly reduced thicknesses of the concrete ceilings and balconies made partial demolition unavoidable. As the wood chip concrete hollow blocks used for the walls could only bear a limited load due to the new mineral wool-insulated curtain wall construction, the planners opted for 0.7-mm-thick corrugated aluminium sheet metal for the outer skin. The decision to use the 92 per cent recycled metal was influenced not only by the low weight of the material, but also by the structural rigidity provided by the corrugation and its durability. The team from practice and

das geringe Gewicht des Materials, auch die strukturelle Steifigkeit durch die Welle sowie die Langlebigkeit führten zu der Entscheidung, das zu 92 Prozent recycelte Metall zu verwenden. Das Team aus Praxis und Forschung – Architekturbüro und Hochschule – entwickelte eine vollständig rückbaubare Fassade, die trotz des geringen Gewichtsspielraums mit innovativer Technik zur Energiegewinnung ausgestattet ist. Ihr architektonisches Erscheinungsbild wird jedoch nicht durch die Technik bestimmt. Die Auflagen des Brandschutzes bezüglich der entflammbaren Installationen in der Fassade machte sich das Architektenteam als Gestaltungselement zunutze. Es setzte den Brandüberschlag hemmende Lisenen aus schlanken Betonfertigteilen als horizontal gliederndes Element auf allen Fassadenseiten ein. Die matt champagnerfarben schimmernde Farbe der Elemente dazwischen bezieht sich auf die ursprüngliche Bauzeit und wurde in Anlehnung an Fassadenelemente der 1950er und 1960er Jahre gewählt. So ist das schöne neue Gewand zugleich Funktionsbekleidung.

Aufgrund der baulichen Veränderungen des Hochhauses musste die Bewohnerschaft für die Bauzeit das Gebäude verlassen. Obwohl vonseiten der Stadtbau Regensburg die Möglichkeit gegeben wurde, zog keiner der ursprünglichen Mieter nach der Modernisierung und Erweiterung zurück. Den neuen Wohnkomfort mit Fußbodenheizung und Echtholzparkett genießen nun die neuen Mieter des »Glanzstücks«. Vervollständigt wird die Transformation durch eine funktionale und grüne Freiraumgestaltung, die sowohl Spielraum für Kinder als auch geschützte Abstellmöglichkeiten für verschiedene Fahrzeuge mit zwei bis vier Rädern bietet.

Auch wenn das Bauen mit Bestand immer sehr gebäudespezifische Lösungen verlangt, so zeigt dieses Projekt, dass die Potenziale zum Beispiel hinsichtlich des Einsatzes von Fotovoltaik noch nicht ausgeschöpft sind und es sich lohnt, die Herausforderungen anzunehmen, um aus dem Bestehenden einen Mehrwert für die Zukunft zu schaffen.

research – architectural firm and university – developed a completely demountable façade. Despite the low weight margin, it is equipped with innovative technology for energy generation. However, the technology does not determine its architectural appearance. The architectural team incorporated the fire safety requirements regarding flammable installations in the façade into the design. Fire-retardant pilaster strips made of slender precast concrete elements were used as horizontal structuring elements on all sides of the façade. The matt champagne colour of the elements in between refers to the original construction period, taking inspiration from façade elements from the 1950s and 1960s. Thus, the beautiful new exterior is also functional.

Due to structural changes being made to the high-rise building, the residents had to vacate the premises while the construction work was being carried out. Although Stadtbau Regensburg offered them the opportunity to return, none of the original tenants moved back in once the modernisation and extension work had been completed. The new tenants of this 'shining piece of work' now enjoy the new living standards, complete with underfloor heating and real wood parquet flooring. The transformation is completed by functional, green open spaces that offer a play area for children and secure parking facilities for two- to four-wheeled vehicles.

Although building with existing structures always requires bespoke solutions, this project demonstrates that the potential, particularly with regard to photovoltaic use, has not yet been fully realised. It shows that it is worthwhile overcoming the challenges to create added value from existing structures for the future.

**Detailansicht von Südost:
Loggien (Modernisierung
und Neubau).**
Detailed view from the southeast: loggias (modernisation and
new building).

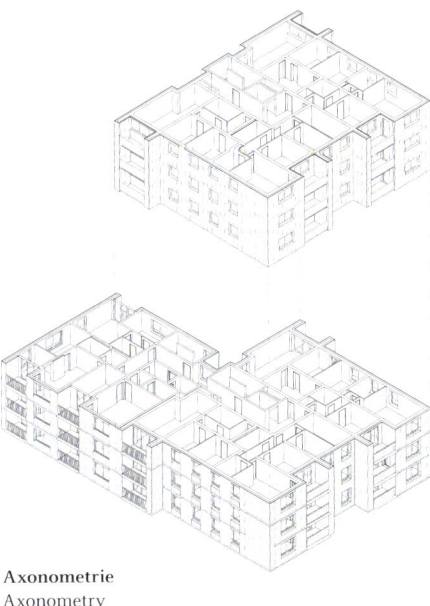

Axonometrie
Axonometry

**Ansicht von Südwest:
Modernisierung und Neubau.**
View from the south-west:
modernisation and new building.

Waechter + Waechter Architekten
Innovationsfabrik 2.0, Heilbronn

Kritik **David Kasparek**

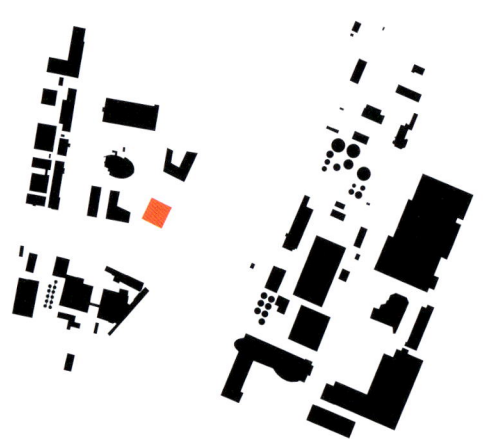

Architekten/Architects
Waechter + Waechter Architekten BDA PartmbB
Fritz-Bauer-Straße 11
64295 Darmstadt
www.waechter-architekten.de
ww@waechter-architekten.de

Projektteam/Project team
Felix Waechter, Inhaber, Architekt
Sibylle Waechter, Inhaberin, Architektin
Patrick Schürmann, Projektleiter
Fabio Vonrhein Teixeira da Fonseca, stellv. Projektleiter
Marion Maja Laubach, Projektmitarbeiterin

Bauherren/Clients
Stadtsiedlung Heilbronn GmbH, Heilbronn

**Tragwerksplanung/
Structural engineering**
merz kley partner GmbH, Dornbirn, Österreich

**Heizung, Sanitär/
Plumbing and heating**
Gadow + Graeske GmbH, Walldorf, Baden

Elektro/Electrical engineering
SIB GmbH & Co. KG, Heilbronn

**Bauphysik/Building physics
Akustik/Acoustics**
Müller-BBM Building Solutions GmbH, Planegg/München

Brandschutz/Fire prevention
Dehne, Kruse Brandschutzingenieure GmbH & Co. KG, Braunschweig

**Landschaftsarchitektur/
Landscape architecture**
Büro Hink Landschaftsarchitektur GmbH, Schwaigern

Fassadenplanung/Façade planning
Waechter + Waechter Architekten mit knippershelbig GmbH, Stuttgart

Standort/Location
Im Zukunftspark 4
74076 Heilbronn

Fertigstellung/Completion
Februar 2024

Fotografie/Photography
Brigida González, Stuttgart
Achim Birnbaum, Pforzheim
(S. 177 unten/bottom)

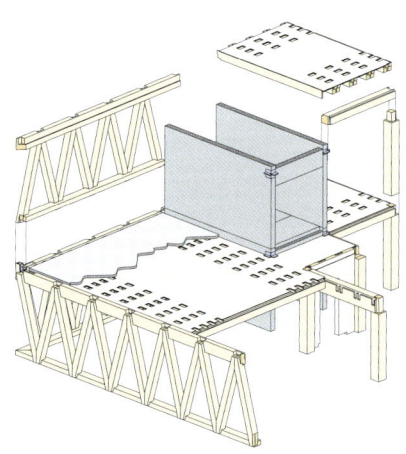

Isometrie Tragwerk
Isometry structural framework

Die Innovationsfabrik ist direkt am Neckarufer entstanden.
The Innovation Factory was built right on the banks of the Neckar River.

So freudlos die unmittelbare Umgebung unweit des Neckars in Heilbronn auch wirken mag, so ermutigend ist das Haus, das sich nun in diesem Umfeld findet. Ironischerweise heißt das Entwicklungsgebiet, das die Stadt hier auf der Neckarinsel hat wachsen lassen, *Zukunftspark*. Das allermeiste aber sieht nicht nach Zukunft aus, sondern nach unserer stadtplanerischen und architektonischen Gegenwart, die so vieles dem Renditestreben unterordnet, nur das Auto nicht, dem sie nach wie vor zu viel Raum zubilligt. Zwischen mehrgeschossiger Autoparkgarage, Wärmedämmverbundsystem und flächenoptimiertem Büroeinerlei als Anlageobjekt jedoch ist eben jene »Innovationsfabrik« eine erfrischende Ausnahme, nach Plänen des Darmstädter Büros Waechter + Waechter Architekten direkt am Ufer erbaut und damit in zweiter Reihe der Adresse »Im Zukunftspark«.

Hier finden Gründungswillige alles, was sie für den Start in die Selbstständigkeit benötigen. Das beginnt bei der Postadresse, die man hier erhält, und führt über Infrastrukturen wie Teekocher, Kaffeemaschine, Internetanschluss und Geschirrspüler bis zu sehr

As joyless as the immediate surroundings near the Neckar River in Heilbronn may seem, the building that now stands in this environment is encouraging. Ironically, the development area that the city has allowed to grow on the Neckar island is called Zukunftspark ('Future Park'). However, most of it does not resemble the future, but rather our current urban planning and architecture, which subordinates so much to the pursuit of profit – except for the car, to which it continues to allocate excessive space. Between the multistorey car park, the thermal insulation composite system, and the space-optimised office monotony of investment properties, this 'Innovation Factory' is a refreshing exception. Built directly on the riverbank, it was designed by the Darmstadt-based firm Waechter + Waechter Architekten and is located in the second row of the address 'Im Zukunftspark'.

Aspiring entrepreneurs will find everything they need to start their own business here. This includes a postal address, infrastructure such as a tea kettle, coffee machine, internet connection, and dishwasher, and very presentable rooms for customer meetings. In other

vorzeigbaren Räumen für Kundengespräche. Alles also, was man braucht, wenn das eigene Unternehmen gerade startet, man aber noch nicht über die nötigen finanziellen Mittel verfügt. Ob Einzelbüro oder ganzer Gebäudeflügel, das Haus stellt verschieden große Raumkompartimente bereit, was sowohl unterschiedlichen Startkapazitäten entspricht als auch Raum für Wachstum bietet. Klein anfangen und dann größer werden, hier geht es.

All das haben die Entwerfenden in einen Holzbau übersetzt. Um ein mit einer gläsernen Laterne gedecktes Atrium herum organisieren sie das Haus auf quadratischem Grundriss. Die Holzkonstruktion an den Decken und Wänden wird offen gezeigt. Das Atrium durchmisst die fünf Stockwerke bis unters Dach und versorgt die Umgänge mit Tageslicht. Mit seinen etwas überraschend die Mitten besetzenden massiven Holzpfosten, die die Balken der anschließenden Decken tragen, ist das ein wirklich schöner Innenraum. Durch die Positionierung der Pfosten werden die Ecken der Umgänge freigelassen, was wie eine Reverenz an die Eckdiskussionen zu Beginn der architektonischen Moderne gelesen werden kann, als es der Eisenbeton war, der es ermöglichte, Gebäudeecken nicht mit Pfeilern, Säulen oder Pfosten stützen zu müssen. Übersetzt vom CO_2-aktivierenden in einen CO_2-bindenden Baustoff, ist dem Team um Sibylle und Felix Waechter ein trefflich funktionierender Kommunikationsraum gelungen. Er lässt den Blick schweifen, bietet Platz für Gespräche zwischen den hier Arbeitenden einerseits und mit ihren potenziellen Auftraggebenden andererseits. Durch eine Spindeltreppe, die als Shortcut das Erdgeschoss mit dem ersten Stockwerk verbindet, erhält der Raum darüber hinaus ein schönes, dynamisierendes Element, dessen Metallgeländer in einem Farbton lackiert sind, der dem der umgebenden Holzbauteile sehr ähnelt.

words, it provides everything you need when you are just starting out but do not yet have the necessary financial resources. Whether you need a single office or an entire wing, the building offers rooms of various sizes to accommodate different start-up capacities and provide room for growth. Start small and grow bigger – this is the place to do it!

The designers translated all of this into a timber construction. They organised the building around a square floor plan, centring it on an atrium covered by a glass lantern. The wooden beams on the ceilings and walls are openly displayed. The atrium spans five floors up to the roof, providing the corridors with daylight. With solid wooden posts in the centre supporting the adjoining ceilings, it is a truly beautiful interior. The positioning of the posts leaves the corners of the galleries free, reminiscent of the corner discussions at the beginning of architectural modernism when reinforced concrete enabled building corners to be constructed without the need for supporting pillars, columns, or posts. By switching from a CO_2-activating to a CO_2-binding building material, the team led by Sibylle and Felix Waechter has succeeded in creating a communication space that works perfectly. It allows the eye to wander, offering space for conversations between those who work here and with their potential clients. A spiral staircase connecting the ground and first floors adds a beautiful, dynamic element to the space. Its metal railings are painted a colour similar to that of the surrounding wooden components.

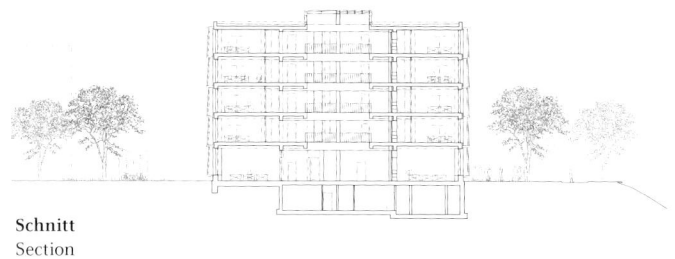

Schnitt
Section

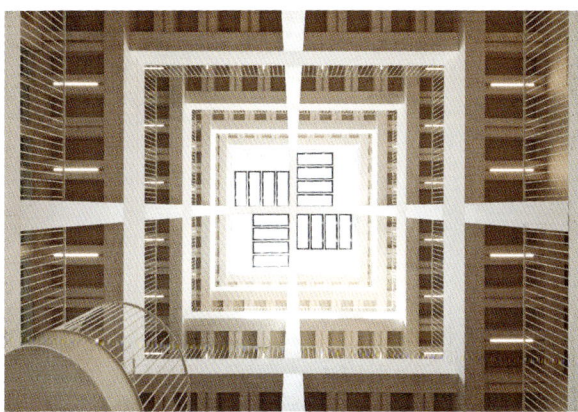

Oberlichter gewährleisten eine optimale Belichtung.
Skylights ensure optimal lighting.

Helle Kommunikations- und Begegnungszonen rund
um eine zentrale Halle laden zum Austausch ein.
Bright communication and meeting areas around
a central hall encourage interaction.

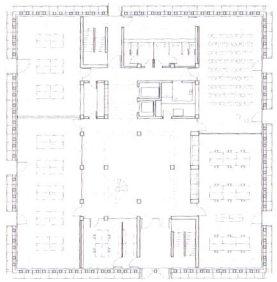

Grundriss Erdgeschoss
Ground floor plan

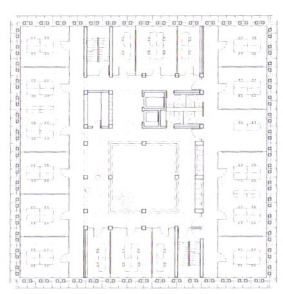

Grundriss 1. Obergeschoss
First floor plan

Die Halle bildet den Mittelpunkt und ermöglicht
eine einfache Orientierung.
The hall forms the centre point and makes it easy to
find your way around.

Eine Spindeltreppe verbindet als Shortcut das
Erdgeschoss mit dem ersten Stockwerk.
A spiral staircase connects the ground floor with
the first floor as a shortcut.

Aus den Büros reicht die Sicht durch die außenliegende Holzfassade mit ihren schräg gestellten V-Stützen nach draußen – am schönsten an den drei Seiten, wo sich direkte Blicke auf den Fluss und in Richtung Stadt erhaschen lassen. Hier zeigt sich dann das vielleicht einzige Manko des Hauses. Die Holzfassade wird von einem Kleid aus großformatigen Gläsern geschützt, das, einer Schindelung gleich, das gesamte Haus umfängt. Es ist der konstruktive Holzschutz, der die Bauteile vor Verwitterung bewahrt, viel mehr aber nicht »kann«. Dabei wäre das ohne Weiteres denkbar gewesen, etwa in Form eines Klimagartens, der das sonst so überzeugend organisierte innere Raumgefüge nicht nur erweitert, sondern es zudem anders mit dem Außenraum verbunden hätte. Zumal die V-Stützen so dimensioniert sind, dass sie auch im Brandfall die notwendigen Lasten tragen. Obschon die beiden betonierten Treppenhauskerne, die die Zukunftsfabrik erschließen, die Holzkonstruktion zur Genüge aussteifen, begründet das Architektenteam die Stellung der Stützen auch als statisch wirksames Element. Doppelt hält besser, klar, aber das Bild, das das Gebäude nun nach außen zeigt, scheint ein mindestens ebenso relevantes Entwurfsziel gewesen zu sein.

Und das ist auch gut so. Gerade an einem solchen Ort. Denn dem hier herrschenden Genius Loci mag man sich als ambitioniert entwerfendes Büro doch eher ungern anschließen, und so wird die Ebene der Schönheit als architektonische Funktion umso wichtiger. Wie sehr der Funktionsbegriff seit Henri Louis Sullivans Diktum von der Form, die der Funktion folge, durch Verkürzungen und Übersetzungsfehler im Zuge der architektonischen Moderne fehlgeleitet ist, wurde in den letzten Jahren an verschiedenen Stellen diskutiert und soll hier nun nicht wiederholt werden. Die »Innovationsfabrik 2.0« aber macht klar, wie relevant eine markante Form ist, die hier nicht nur funktionierende Räume dank angemessener und zeitgemäßer Konstruktion bildet, sondern eben auch stadträumlich eine selbstbewusste Position bezieht und damit jene immer wieder zu kurz kommende Idee von einer gelingenden Zukunft andeutet.

So ist hier ein Gebäude entstanden, das so viel mehr Zukunft in sich trägt als die Häuser und Infrastrukturen, die es umgeben. Ein Haus, das mehr sein will, als diese Umgebung und tatsächlich auch mehr ist: Architektur, wie sie im Anthropozän sein könnte, gefügt aus Materialien, die CO_2 binden und nicht länger freisetzen, einem Zweck dienlich, der die Nutzenden ermächtigt. In diesem Sinne ist die Innovationsfabrik ein Inkubator neuer Ideen, ein Möglichkeitsraum auf der einen Seite. Auf der anderen Seite vor allem aber Ausdruck und Abdruck einer anbrechenden Zukunft, die so viel mehr sein könnte als die mutlosen Nachbarn im Zukunftspark es vermuten lassen.

The view from the offices extends through the exterior wooden façade with its slanted, V-shaped supports. The view is at its most beautiful on the three sides where there are direct views of the river and the city. And this is where perhaps the only drawback of the building becomes apparent, namely that the wooden façade is protected by a cladding of large-format glass panels, which, like shingles, envelop the entire building. This structural wood protection measure protects the components from weathering, but cannot do much more than that. An alternative would have been to create a climate garden, which would not only have expanded the interior space, but also connected it differently to the exterior. This is especially feasible given that the V-shaped supports are dimensioned in such a way that they can bear the necessary loads even in the event of a fire. While the two concrete stairwell cores that open up the future factory provide sufficient reinforcement for the timber construction, the architects also justify the position of the supports as a structurally effective element. It's better to be safe than sorry, of course, but the image that the building now presents to the outside world seems to have been at least as important a design goal.

And that's a good thing. Especially in a place like this. As an ambitious architectural firm, one might be reluctant to embrace the prevailing *genius loci*, which makes the level of beauty an all the more important architectural function. The extent to which the concept of function has been misguided since Henry Louis Sullivan's dictum 'form follows function' has been discussed in various places in recent years due to simplifications and translation errors in the course of architectural modernism, and will not be repeated here. However, the 'Innovation Factory 2.0' demonstrates the importance of a striking form that creates functional spaces through appropriate and contemporary construction. It also occupies a self-assured position in the urban landscape, hinting at the idea of a successful future that is often overlooked.

The result is a building that embodies so much more of the future than the surrounding houses and infrastructure. It is a building that aspires to be more than its surroundings, and indeed it is: it is architecture as it could be in the Anthropocene. It is constructed from materials that bind CO_2 and no longer release it. It serves a purpose that empowers its users. In this sense, the Innovation Factory is an incubator for new ideas and a space of possibility. However, above all, it is an expression of a dawning future that could be so much more than its despondent neighbours in the Zukunftspark would have us believe.

Der quadratische Baukörper hat eine allseits transparente Anmutung, ohne Vorder- und Rückseite. The square building has a transparent appearance on all sides, with no front or back.

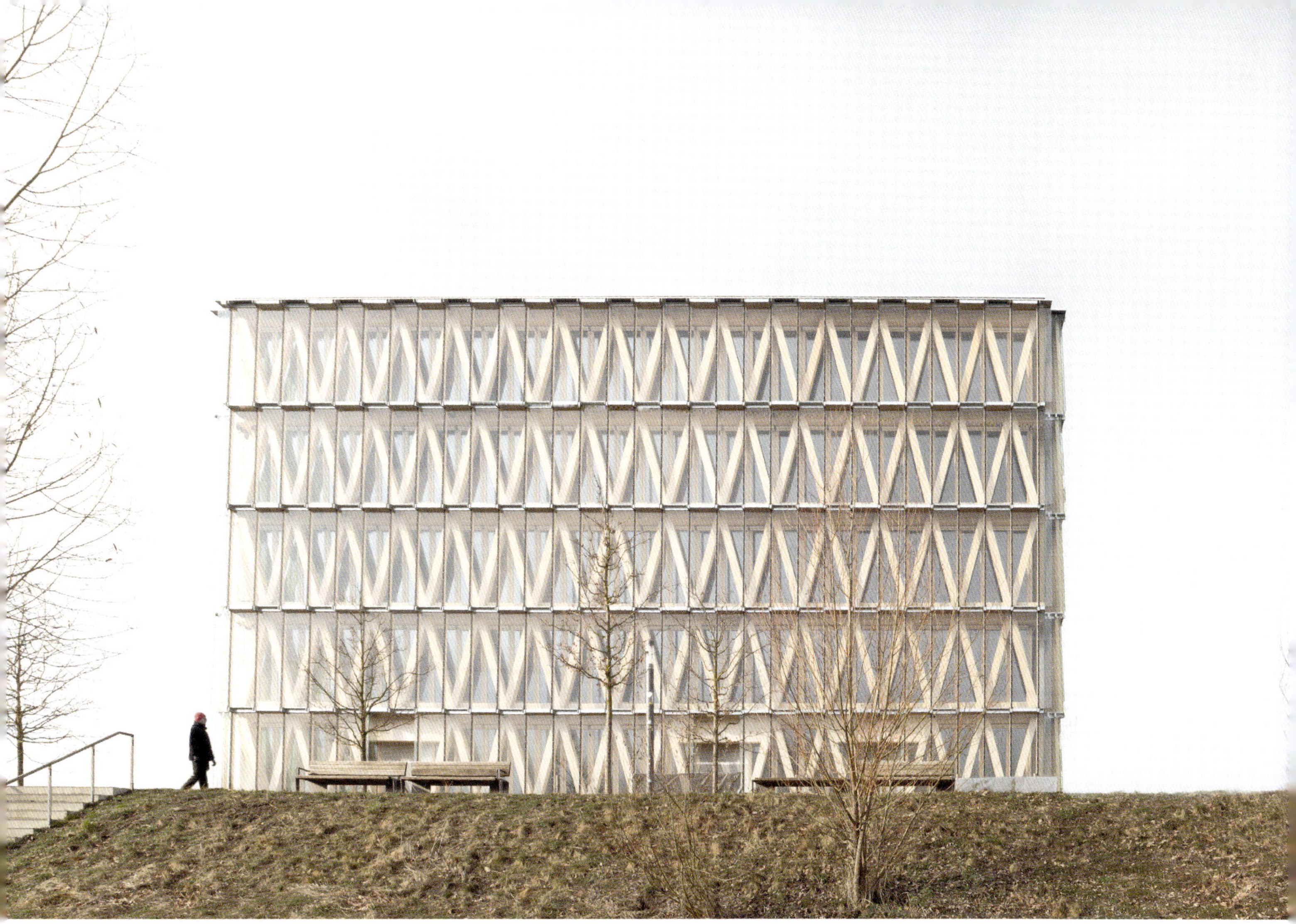

Die Raumproportionen
ermöglichen vielfältige
Konzepte – als offene
Bürolandschaft, aber
auch als Kombi- und
Zellenbüro.
The room's proportions
allow for a variety of
concepts – as an open-
plan office landscape, but
also as a combination
office or cubicle office.

Interview

—

»Expos müssen sich neu erfinden«

Interview mit Tobias Wallisser

'Expos Need to Reinvent Themselves'

Interview with Tobias Wallisser

»Expos müssen sich neu erfinden«

LAVA, Laboratory for Visionary Architecture, umreißen ihre Arbeitsweise mit konzeptuell, gemeinsam, digital und erneuernd; sie planen und bauen weltweit. Mit Tobias Wallisser, einem der Bürogründer, hat das DAM über die Kreislauffähigkeit temporärer Expo-Pavillons und Expos als Katalysatoren für Stadtentwicklung gesprochen.

Deutsches Architekturmuseum **Wir möchten mit Dir über Eure Erfahrungen mit den Expo-Pavillons in Dubai und Osaka reden. Beide hatten Nachhaltigkeit zum Thema. Wie geht das zusammen: Nachhaltigkeit und temporäres Bauen, wie es bei Expos in der Regel der Fall ist?**

Tobias Wallisser Für die Expo Dubai 2020 hieß das Thema »Connecting Minds, Creating the Future«. Wenn man Leute miteinander ins Gespräch bringen will, braucht man eine Plattform; den Deutschen Pavillon haben wir »Campus Germany« genannt. Die Idee war, die offenen Diskussionen über Nachhaltigkeit in Deutschland zu präsentieren. Wir waren interessanterweise mit unserem Pavillon die Einzigen, die gesagt haben: Wir haben ein Problem mit den fossilen Energien, das kann so nicht weitergehen. In den Boxen des Pavillons zeigten wir drei Themen: die Zukunft der Energie, die Zukunft der Stadt und Biodiversität. Man muss sich klarmachen: Ein Expo-Pavillon ist eine Eventmaschine, da laufen drei Millionen Besucher in sechs Monaten durch. Zusätzlich zur Ausstellung gibt es Gastronomie und einen VIP-Bereich. So ein Pavillon ist der Repräsentationsraum für das Land. Und obwohl sich Pavillon vom französischen *papillon*, also Schmetterling ableitet: Ein Leichtbau ist das natürlich nicht. Wir haben damals mit Schlaich Bergermann gebaut. Was wir zum Raumprogramm dazuerfunden haben, ist das große Raumvolumen zwischen den Boxen. Die Ausstellung war in und auf den Boxen, zum Teil auch in dem zentralen offenen Raum. Das war unser Beitrag zu »Connecting Minds«: Raum zu schaffen, der nichts kostet. Wir haben ihn und das Dach, eine Stahlkonstruktion, mit einfachsten Mitteln hinbekommen. Stahl ist ein nachhaltiger Baustoff. Wir haben von unseren Tragwerksplanern gelernt, dass von allem Stahl, der jemals produziert wurde, 99,9 Prozent noch im Einsatz sind. Stahl ist einfach zu wertvoll, um ihn wegzuwerfen. Das Dach in Dubai war nicht verschweißt, nur verschraubt. Diese ganzen Teile kann man wiederverwenden, etwa für Bushaltestellen. Dass das Haus ein Materiallager für die Zukunft ist, haben wir auch gezeigt. Der Deutsche Pavillon muss immer sofort

'Expos Need to Reinvent Themselves'

LAVA, the Laboratory for Visionary Architecture, describes its working methods as conceptual, collaborative, digital, and innovative. The firm plans and builds projects worldwide. The DAM spoke to Tobias Wallisser, one of the firm's founders, about the recyclability of temporary Expo pavilions and Expos as catalysts for urban development.

Deutsches Architekturmuseum **We would like to talk to you about your experiences with the Expo pavilions in Dubai and Osaka. Both focused on sustainability. How do sustainability and temporary construction, as is usually the case with Expos, go together?**

Tobias Wallisser The theme of Expo Dubai 2020 was 'Connecting Minds, Creating the Future'. To get people talking to each other, you need a platform. We called the German pavilion 'Campus Germany'. The idea was to showcase open discussions about sustainability in Germany. Interestingly, our pavilion was the only one to acknowledge the problem of fossil fuels and suggest that things cannot continue as they are. In the pavilion's boxes, we presented three topics: the future of energy, the future of cities, and biodiversity. It's important to realise that an Expo pavilion is a temporary structure designed to host large-scale events, with up to three million visitors passing through in six months. As well as the exhibition, there is catering and a VIP area. A pavilion like this represents the country. Although the word 'pavilion' is derived from the French *papillon*, meaning 'butterfly', it is, of course, not a lightweight construction. We built it with Schlaich Bergermann. We added the large volume of space between the boxes to the spatial programme. The exhibition took place in and on the boxes and also partly in the central open space. Our contribution to 'Connecting Minds' was to create space that cost nothing. We managed to do this and build the roof, a steel structure, using the simplest of means. Steel is a sustainable building material. We learned from our structural engineers that 99.9 per cent of all steel ever produced is still in use. Steel is simply too valuable to throw away. The roof in Dubai was bolted, not welded. All of these parts can be reused, for example, for bus shelters. We also demonstrated that the building acts as a store of materials for the future. The German pavilion always has to be dismantled immediately because, following the demise of the impressive Dutch pavilion at Expo Hannover 2000, the worst thing for the client would be for the Federal Republic to be associated with a ruin.

Eine verschraubte Stahlkonstruktion überdachte die Ausstellungskuben und den luftigen Raum dazwischen.
A bolted steel structure covered the exhibition cubes and the airy space between them.

Der Deutsche Pavillon
»Campus Germany« für die
Expo 2020 in Dubai, die
pandemiebedingt erst 2021
startete.
The German Pavilion
'Campus Germany' for
Expo 2020 in Dubai, which
did not start until 2021 due
to the pandemic.

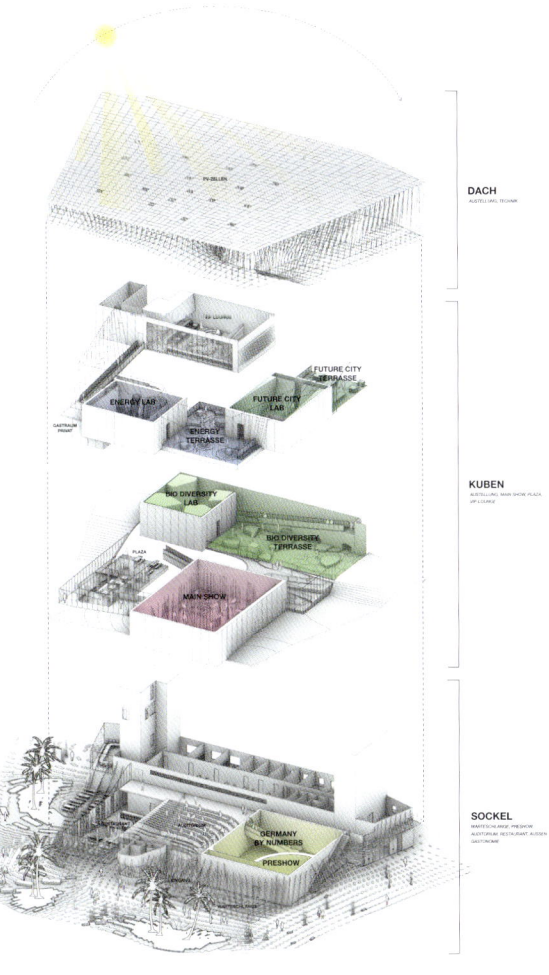

Der schichtweise
Aufbau des Pavillons
The pavilion's layered
structure

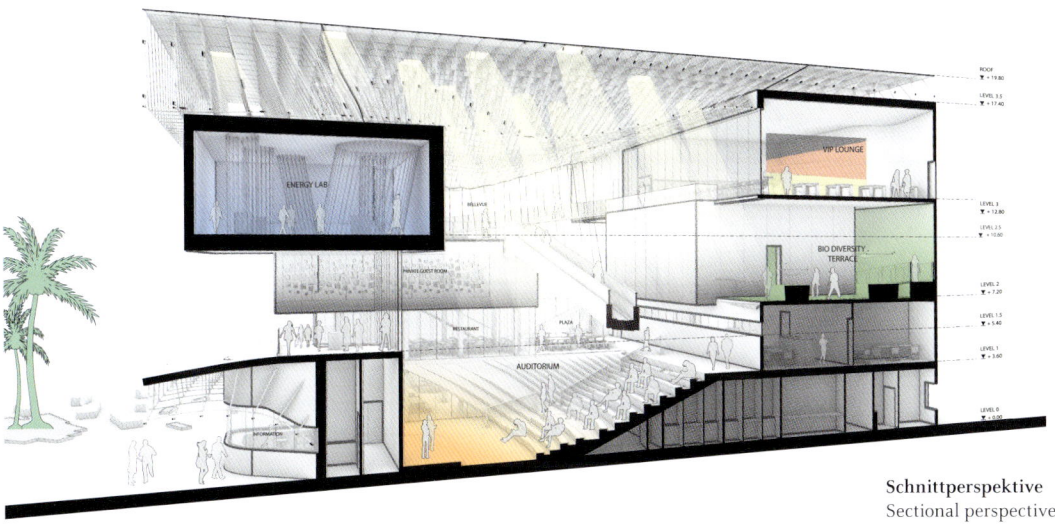

Schnittperspektive
Sectional perspective

abgebaut werden, weil es nach der Expo Hannover 2000 mit dem traurigen Ende des tollen Niederländischen Pavillons für den Auftraggeber das Schlimmste wäre, die Bundesrepublik würde mit einer Ruine in Verbindung gebracht. Unerheblich, denn beim Bauen verwenden wir 60 Prozent der Ressourcen und 35 Prozent der Energie, dafür generieren wir 50 Prozent des Abfalls und einen extrem hohen Anteil an CO_2-Ausstoß. Zirkularität wurde dann für uns das Thema des nächsten Pavillons 2025 zur Expo in Osaka.

DAM Lass uns über das Ende von Dubai reden: Was ist denn aus dem Pavillon geworden?

TW 90 Prozent des Materials sind recycelt worden. Das war schon vorher alles geregelt, von der Arge der verantwortlichen Agentur mit einer Baufirma. Alle Materialien gehören dieser Arge; sie kann mit dem Verkauf ihr Budget aufbessern. Mit Stahl funktioniert das gut, mit Gipskartonplatten hat man natürlich ein Problem. Ansonsten gab es zwei Fluchttreppenhäuser aus Beton, die wurden abgebrochen und zu Beton-Müll. Die Exponate sind an örtliche Schulen verschenkt worden.

DAM Stichwort Exponate: Ihr habt für beide Expos die Gebäude entworfen, habt Ihr auch für die Inhalte gesorgt?

TW Es ist so: Die Bundesrepublik Deutschland, vertreten durch das Wirtschaftsministerium, lobt einen Wettbewerb zu einem Pavillon aus. Zu diesem Wettbewerb muss eine Gruppe antreten, die die gesamte Planung, die Inhalte und den Rückbau verantwortet. Das können wir als Architekturbüro nicht machen. So wie ich das kenne, ist immer eine Firma dabei, die auf Pavillonbau spezialisiert ist. Dann gibt es Agenturen, die erarbeiten die Inhalte und sind meistens auch für die Gestaltung der Ausstellung zuständig. Das ergibt dann die Arbeitsgemeinschaft. Wir als Architekten sind Auftragnehmer und bringen noch Fachplaner für Statik und Haustechnik mit. Wir haben aber dennoch Einfluss auf die Ausstellung; den Campus Germany haben wir gemeinsam definiert. Hinzu kommt, dass in Deutschland alles sehr geregelt ist, da müssen Inhalte aus allen Bundesländern vertreten sein.

DAM In Osaka hat aber das Gebäude selbst quasi das Thema vorgegeben?

TW Genau. Die Expo Osaka hatte den Titel »Designing Future Society for Our Lives« und richtete sich an ein Zielpublikum, das überwiegend aus Japanern bestand. Es war weniger international als in Dubai. Es kamen bis zu 220.000 Menschen am Tag auf diese Expo – das entspricht einer mittelgroßen Stadt in Deutschland. Wir haben uns gefragt: Mit welchem Thema kann man

This is irrelevant, however, because we use 60 per cent of resources and 35 per cent of energy in construction, but generate 50 per cent of waste and an extremely high proportion of CO_2 emissions. Circularity was therefore the theme for our next pavilion at the 2025 Expo in Osaka.

DAM Let's talk about the end of Dubai: what happened to the pavilion?

TW Ninety per cent of the material has been recycled. This had all been arranged in advance by the consortium ('Arge'), comprising the responsible agency and a construction company. The consortium owns all the materials and can supplement its budget by selling them. This works well with steel, but there is, of course, a problem with plasterboard. There were also two concrete escape stairwells that were demolished and turned into concrete waste. The exhibits were donated to local schools.

DAM Speaking of exhibits: you designed the buildings for both exhibitions, but did you also provide the content?

TW The situation is as follows: the Federal Republic of Germany, represented by the Ministry of Economics, is holding a competition to design a pavilion. A group must enter the competition and be responsible for the entire planning, content, and dismantling process. As an architectural firm, we are unable to fulfil this requirement. As far as I am aware, a company specialising in pavilion construction is always involved. Then there are agencies that develop the content and are usually also responsible for designing the exhibition. These parties then form a working group. As architects, we act as contractors, bringing in specialist planners for structural engineering and building services. However, we still have influence over the exhibition – we defined 'Campus Germany' together. Additionally, Germany has strict regulations, so content from all federal states must be represented.

DAM But in Osaka, didn't the building itself pretty much dictate the theme?

TW Exactly. Expo Osaka, which was titled 'Designing Future Society for Our Lives', was aimed at a target audience that consisted mainly of Japanese people. It was less international than the one in Dubai. Up to 220,000 people visited the expo every day, which is equivalent to the population of a medium-sized German city. We asked ourselves: What theme could we use to present ourselves to the outside world? Drawing on our experience in Dubai, where we reused 90 per cent of the materials, we knew it would still be a huge effort.

»Wa! Germany«: *Wa* bedeutet im Japanischen »Kreis« oder »Harmonie«. 'Wa! Germany': In Japanese, 'wa' means 'circle' or 'harmony'.

sich dort nach außen präsentieren? Mit den ganzen Erfahrungen von Dubai, wo wir zwar 90 Prozent wiederverwendet haben, was aber trotzdem ein Riesenaufwand war. Die Idee war: Machen wir es genau andersrum. Wir bauen jetzt wirklich ein zirkuläres Gebäude und zeigen: Wenn wir für ein temporäres Gebäude, das nur sechs Monate steht, zirkulär bauen können, dann gibt es keine Ausrede mehr, das mit anderen Gebäuden nicht auch zu machen. Die Gebäude in Osaka sehen also anders aus. Zunächst: Wir hatten nur einen kleinen Aufzug zur VIP-Lounge im ersten Geschoss. Für die Ausstellung brauchten wir keinen Aufzug, und Rolltreppen gab es auch nicht. Also nichts, was Energie verbraucht und aufwändig produziert wird. Wir haben gesagt, um den Pavillon so klein wie möglich zu machen, muss er selbst Teil der Ausstellung sein. Wir hatten also von vornherein ein kleineres Raumprogramm und haben es auf dem schmalen Grundstück auf sieben Rundbauten verteilt: vorne drei Pavillons für Restaurant, VIP-Lounge und Empfang, hinten vier Pavillons für die Ausstellung, dazwischen eine Rampe als Verbindung, ein Veranstaltungsbereich und das Ganze eingebettet in eine sanft ansteigende Landschaft. Wir haben versucht, so wenig Volumen wie möglich zu erzeugen. Es gibt den biologischen und den technischen Kreislauf. Unserer war einer der wenigen Pavillons, die ein Fundament aus wiederverwendetem Stahl und nicht aus Beton hatten. Der Stahl kann später noch mal weiterverwendet werden. Auf dem Fundament steht ein gemietetes Gerüst, das gleiche System, wie es für die temporären Tribünen zu Olympia in Paris verwendet wurde. Die Back-of-House-Funktionen sind dort eingefügt. Daneben stehen die zylindrischen Holzbauten. Die Decken sind spannend: Sie haben mittig ein Auge, damit kann man die Spannweiten der windmühlenartig angeordneten Träger verkürzen. Und es fällt Licht von oben ein, denn wir haben die Oculi nur mit einer Membran abgedeckt. Die hölzernen Elemente, muss ich zugeben, kamen aus Deutschland. Aber am Ende war es besser, dadurch einen dünneren Querschnitt verwenden zu können, den die Japaner akzeptiert haben, weil er in Deutschland zugelassen war.

DAM **Musstet Ihr nach japanischen oder nach deutschen Vorschriften bauen?**

TW Auch bei einer Expo gelten keine Sonderregeln. Diese Pavillons sind Bundesbauten. Das heißt, wir müssen bis Leistungsphase drei alles nach deutschen Gesetzen planen. Dann wird nochmal auf die lokalen Vorschriften umgeplant. Alles, was man in Japan und in Deutschland einhalten kann, muss man einhalten. Das war in Dubai interessant, denn dort gibt es eine andere Brandschutzstrategie. Wir haben einen Kern mehr gebraucht, konnten dafür aber längere Fluchtwege realisieren. Wenn man in Japan sagt, wir würden

So, we decided to do the exact opposite: We're now building a truly circular building to show that if we can build circularly for a temporary structure that will only stand for six months, there's no reason why we can't do the same with other buildings. The buildings in Osaka therefore look different. Firstly, there was only a small lift to the VIP lounge on the first floor. There was no need for an elevator or escalators for the exhibition. This meant that we didn't have anything that consumed energy or was costly to produce. In order to make the pavilion as small as possible, we decided that it had to be part of the exhibition itself. From the outset, we had a smaller space programme and distributed it across seven round buildings on the narrow plot: three pavilions at the front for the restaurant, VIP lounge, and reception area; and four pavilions at the back for the exhibition area, a ramp connecting them, an event area, and the whole thing embedded in a gently sloping landscape. We tried to create as little volume as possible. There are two cycles: the biological cycle and the technical cycle. Ours was one of the few pavilions with a foundation made of reused steel rather than concrete. The steel can be reused later. On top of the foundation stands a rented scaffold – the same system that was used for the temporary grandstands at the Paris Olympics. The back-of-house functions are integrated there. Next to it are the cylindrical wooden structures. The ceilings are striking: they feature an opening in the centre, which shortens the spans of the windmill-like beams. Light also falls in from above because we have only covered the oculi with a membrane. I must admit that the wooden elements came from Germany. However, it was ultimately better to be able to use a thinner cross-section, a decision that the Japanese accepted because it had been approved in Germany.

DAM **Did you have to build it in accordance with Japanese or German regulations?**

TW There are no special rules for Expos either. These pavilions are federal buildings. This means that we have to plan everything in accordance with German law up to service phase three. Then, we must redesign everything to comply with local regulations. Anything that can be complied with in Japan and Germany must be complied with. This was interesting in Dubai because they have a different fire safety strategy there. We needed an additional core, but in return we were able to create longer escape routes. If you tell the woman at the office in Japan that you want to build a circular building, she will take out her building code book and tell you that such a thing does not exist in Japan. Japanese construction companies also quoted enormous prices, certain that they

Das windmühlenartige Dachtragwerk mit Lichtauge.
The windmill-like roof framework with a skylight.

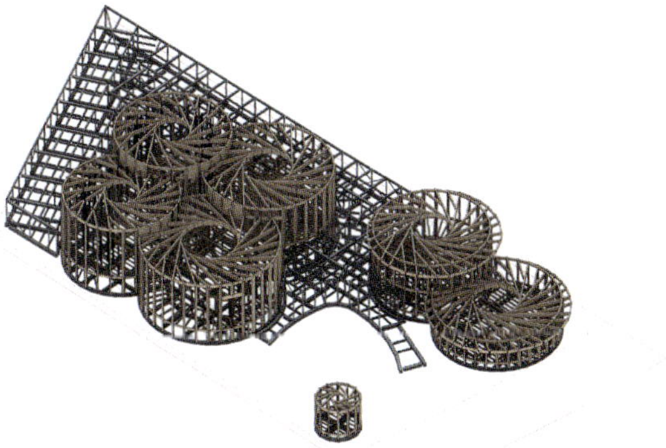

Der stufenweise Aufbau des Pavillons in Osaka: Ein Stahlgerüst als Fundament, darauf sieben Holzrundbauten, verbunden durch Rampen und Treppen, eingebunden in einen kleinen Park.
The gradual construction of the pavilion in Osaka: a steel frame as the foundation, topped by seven wooden circular buildings connected by ramps and stairs, integrated into a small park.

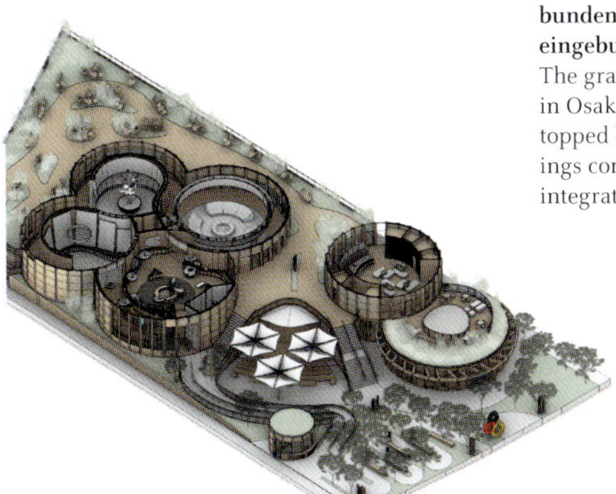

Einer der Ausstellungsbereiche mit Drehsofa und Projektionsrotunde.
One of the exhibition areas with a rotating sofa and projection rotunda.

Innen- und Außenraum sind üppig bepflanzt.
The interior and exterior spaces are lavishly planted with vegetation.

gern ein zirkuläres Gebäude bauen, dann holt die Frau beim Amt ihr Baurechtsbuch raus und sagt, das gibt es bei uns gar nicht. Und die japanischen Baufirmen haben gigantische Preise aufgerufen, weil sie sich sicher waren, dass man nur mit ihnen bauen kann. Man lernt extrem viel, wenn man in anderen Ländern baut; nicht nur sind die Baugesetze anders, sondern das ganze System des Bauens.

Kommen wir noch zu den Materialien, dazu haben wir lange geforscht. Die brauchen alle eine baurechtliche Zulassung, da bleibt dann nicht mehr so viel. Stampflehm etwa ist in Japan nicht als Baustoff zugelassen. Wir haben das damit gelöst, dass wir die Sondermaterialien Stampflehm, Hanfbeton (*hempcrete*) und Mycelium für die Ausfachungen und Wandverkleidungen der Holzkonstruktionen zu Exponaten erklärt haben. Hätte ich vor fünf Jahren nicht gedacht, dass ein Konzept machbar ist, bei dem das Ministerium experimentelle Paneele in einem Bundesbau akzeptiert.

Mein Lieblingsteil ist die Landschaft. Sie war von vornherein als Ökosystem gedacht. Das sollte nicht nur dekorativ aussehen, sondern auch die Aufenthaltsqualität verbessern. Daran sind wir in Dubai noch gescheitert. Da gab es ein paar Palmen draußen, innen hatten wir keine lebenden Pflanzen. In Osaka haben wir mit einer Baumschule vor Ort zusammengearbeitet und dort Bäume ausgesucht. Die waren für sechs Monate ausgeliehen. Es gab sowohl innen und außen als auch auf den Dächern Pflanzen, die von lokalen Gärtnern jeden Tag gepflegt wurden. Die Holzstruktur und die Landschaft bilden also den biologischen Kreislauf der Pavillons.

Im Kern von jeder dieser vier Trommeln gab es einen großen Ausstellungsbereich, da wurden die Aspekte der Zirkularität erklärt. Es gab zum Beispiel ein Sofa, das fuhr ganz langsam auf einer Drehscheibe, und oben an der Decke hing ein Spiegel mit einer Projektion zum zirkulären Leben: Was braucht man im Leben, worauf kann man verzichten? Für uns ist das vielleicht banal, aber die Botschaft ist eindeutig und kam an. Es gab ein Spiel zur zirkulären Wirtschaft. Die Menschen haben interagiert, das hat wirklich gut funktioniert. Sie sind viel länger geblieben, als man eigentlich gedacht hatte. Wir hatten diesmal keine Gipskartonwände. Vielleicht bin ich damit obsessiv, aber mittlerweile geht das alles mit Materialien, die man wieder von der Wand nehmen und weiterverwenden kann. Der gesamte Pavillon konnte sauber zerlegt und in den Kreislauf zurückgeführt werden.

were the only ones who could build it. Building in other countries teaches you a great deal; not only are the building regulations different, but the entire building system is, too.

Let's move on to the materials, which we researched extensively. They all need to be approved for use in construction, so there aren't many options available to us. Rammed earth, for instance, is not approved as a building material in Japan. We solved this issue by declaring the special materials – rammed earth, hempcrete, and mycelium – to be used for the infill and wall cladding of the wooden structures as exhibits. Five years ago, I would not have thought a concept in which the ministry would accept experimental panels in a federal building would be feasible.

My favourite part is the landscape. It was designed as an ecosystem from the outset. The aim was not only to make it visually appealing, but also to enhance the visitor experience. We didn't quite achieve that in Dubai, though. There were a few palm trees outside, but there were no living plants inside. In Osaka, however, we collaborated with a local tree nursery and selected the trees there. They were on loan for six months. Plants were located inside and outside, as well as on the roofs, and were tended to daily by local gardeners. The wooden structure and the landscape together form the biological cycle of the pavilions.

At the centre of each of these four drum-shaped structures was a large exhibition area where the aspects of circularity were explained. For instance, there was a sofa that moved slowly around a turntable and a mirror hanging from the ceiling with a projection about circular living. The projection asked questions such as 'What do you need in life?' and 'What can you do without?' This may seem trivial to us, but the message was clear and got through. There was also a game about the circular economy. People interacted with each other, and it worked really well. They stayed much longer than we had expected. This time, we didn't have any plasterboard walls. Perhaps I'm obsessed with this, but nowadays everything can be made using materials that can be removed from the wall and reused. The entire pavilion could be dismantled cleanly and returned to the cycle.

DAM **Du würdest also sagen, dass Expos – neu gedacht – durchaus noch ihre Berechtigung haben? Es wird manchmal angezweifelt, ob sie überhaupt noch sinnvoll sind in einer globalisierten Welt.**

TW Expos müssen sich neu erfinden. Früher waren Expos Leistungsschauen der Wirtschaftskraft. Dann gab es Pavillons wie dreidimensionale Reisebroschüren, durch die man durchlaufen konnte. In Dubai hatte unser Pavillon noch etwas vom Deutschen Museum in München, wo man überall etwas in die Hand nehmen kann. In Osaka waren es große Bilder und die Interaktion mit einem kleinen Objekt, das die Inhalte erklärt hat, außerdem Infografiken im Manga Style. Wenn ich ein Thema wie zirkuläres Bauen vermitteln will, ist so eine Expo schon der richtige Ort. Weil es kein Museum ist, weil alle kommen und wissen wollen, was in Deutschland los ist und danach noch Schnitzel essen gehen. Ich glaube, dass eine Expo, im Gegensatz zu einer Weltmeisterschaft oder einer Olympiade viel weniger kommerziell ist. Da gibt es kein Coca-Cola und auch kein CNN. Jedes Land kann die Inhalte darstellen, die ihm wichtig sind. Man lernt dadurch extrem viel auf engstem Raum.

DAM **Was könnt Ihr konzeptionell-typologisch aus den Expo-Erfahrungen für Eure anderen Projekte ziehen?**

TW Wir haben im Mittleren Osten immer schon Klima-Masterpläne gemacht. Jedes Haus hat Klimazonen, also die Übergänge zwischen innen und außen. Hier mit dieser ganzen Energiespardiskussion baut man 50 Zentimeter dicke Wände, da hat das Haus ganz deutlich ein Innen und ein Außen. Das ist in anderen Gegenden traditionell anders, dort baut man Übergänge. So wie das, was ich bei dem ersten Expo-Pavillon gezeigt habe, dieses Leben zwischen innen und außen. Das haben wir auch schon für Bürohäuser übernommen. Nur zu verschatten zum Beispiel, bringt nicht genug. Also muss man überlegen, was man zusätzlich tun kann, wie etwa mit Wasser oder mit Pflanzen zu kühlen. Oder: Wie bringt man mehr Luftbewegung zustande? Es wird auch bei uns hier heißer. Die Nachtauskühlung funktioniert nicht mehr ausreichend. Ich finde Innenhöfe, also Atriumhäuser, toll. Warum das Haus in die Mitte des Grundstücks setzen? Beim traditionellen Atriumhaus ist die Grundstücksgrenze gleichzeitig die Außenwand des Gebäudes. Wir arbeiten gerade an einem Masterplan im Oman. Und versuchen dort, wieder mehr Familien in eigenen Bereichen, aber zusammenhängenden Gebäuden unterzubringen. Diesen Clustergedanken gibt es ja zunehmend auch bei uns wieder: Wie schafft man es, dass der Einzelne das Gefühl von Individualität hat, aber baulich eine Gemeinschaft besteht? Kann man so ressourcensparender

DAM So, you would say that Expos – reimagined – still have their place? Some people question whether they are still relevant in a globalised world.

TW Expos need to reinvent themselves. In the past, Expos were showcases of economic power. There were pavilions that were like three-dimensional travel brochures that you could walk through. In Dubai, our pavilion was reminiscent of the Deutsches Museum in Munich, where visitors can touch and interact with everything. In Osaka, there were large pictures and the interaction with a small object that explained the content, as well as infographics in manga style. If I want to communicate a topic such as circular construction, an Expo like this is the right place. It's not a museum; everyone comes to find out what's going on in Germany, and then they go out for schnitzel afterwards. Unlike a World Cup or the Olympics, I believe that an Expo is much less commercial. There's no Coca-Cola or CNN. Every country can present content that is important to them. You can learn a great deal in a very short time.

DAM What conceptual and typological insights can you draw from your Expo experiences for your other projects?

TW We have always created climate master plans for locations in the Middle East. Every house has climate zones, i.e., transitions between the interior and exterior. With all this talk of saving energy, people here are building 50-centimetre-thick walls, which clearly define the interior and exterior of a building. In other regions, the tradition is different; there, transitions are built. As I demonstrated in the first Expo pavilion, it's about living between the inside and outside. We have already adopted this approach for office buildings. Providing shade alone is not enough. You also need to consider what else you can do, such as cooling with water or plants. Or: how can you create more air movement? It's getting hotter here, too. Night-time cooling is no longer sufficient. I think courtyards, i.e., atrium buildings, are great. Why build the building in the middle of the plot? In a traditional atrium building, the outer wall of the building is also the property boundary. We are currently working on a master plan in Oman. And we are trying to accommodate more families in their own areas, but in connected buildings. The cluster concept is also becoming increasingly popular here. How can you give individuals a sense of individuality while still creating a community in terms of construction? Can construction be made more resource-efficient? Or could the users themselves build individual parts? Like a shelf – there is a common structure, and individuals store their own things there. I believe this approach is very contemporary, both in Oman and here in Germany. I find this much more exciting than building stacked boxes.

bauen? Oder bauen die Nutzer selbst einzelne Teile aus? Wie bei einem Regal – da ist eine gemeinsame Struktur, und die Einzelnen legen ihre eigenen Dinge dort ab. Ich glaube, dass so etwas total zeitgenössisch ist, und zwar sowohl im Oman als auch hier in Deutschland. Das finde ich viel spannender, als gestapelte Kisten zu bauen.

DAM Geht es für Euch beim Thema Expos weiter?

TW Unser Büro aus Sydney hat den Masterplan für die Expo 2030 in Riad gewonnen. Ich habe den Eindruck, sie haben dort unsere Ideen begriffen, und hoffe, dass wir die nun auch so umsetzen können. Wir planen sogar zwei Masterpläne parallel: den Masterplan für die Expo und den Masterplan für die Nachnutzung des Expo Geländes. Die Idee ist, die Expo als Katalysator für eine langfristige Stadtentwicklung auf dem ausgewiesenen Areal zwischen drei Autobahnen zu sehen. Für die Expo gibt es einen inneren Bereich mit fünf »Blütenblättern« und außen herum relativ vielen Parkmöglichkeiten. Aber diese Bereiche werden so geplant, dass nach der Expo eine andere Nutzung dort stattfinden kann. Es wird relativ viele Pavillons geben, die nicht von den Ländern individuell, sondern nach einem modularen System gebaut sind. Die also später umgenutzt werden können, ob für Freizeitnutzungen oder als öffentliche Gebäude. Da gibt es ein »Wadi«, ein Flussbett, dort sollen öffentliche Parks als Hauptverbindungen angelegt werden. In der Mitte steht das sogenannte Icon, eine Skulptur, wie man es klassisch bei Expos hat. Und ansonsten gibt es in jedem der fünf Bereiche einen Themenpavillon, die Länderpavillons und eben die Zonen, die für die Nachnutzung stehen bleiben. Der Marokkanische Pavillon in Dubai war zum Beispiel so konzipiert, dass man einen Wohnungsbau daraus machen konnte. Der Sustainability-Pavillon ist heute ein Naturkundemuseum. Das finde ich extrem interessant. Es wird ein neuer Stadtteil vorbereitet, der gleichzeitig an die bestehende Stadt bereits angebunden ist. In Dubai wurde eine Nachnutzung angedacht, aber vor Kurzem ein neuer Masterplan darübergelegt, der nicht mehr viel mit dem alten Plan zu tun hat. In Riad soll das anders werden. Und ja, bei einer solchen Entwicklung breche ich doch eine Lanze für Expos. Ich glaube, man kann sie zeitgemäß gestalten.

DAM Are you continuing with the theme of Expos?

TW Our office in Sydney won the master plan for Expo 2030 in Riyadh. I got the impression that our ideas were well received, and I hope that we will now be able to implement them. In fact, we are planning two master plans in parallel: one for the Expo itself, and one for the subsequent use of the site. The idea is to view the Expo as a catalyst for the long-term urban development of the designated area between the three motorways. The Expo site itself comprises an inner area with five 'petals' and a relatively large number of parking spaces on the perimeter. However, these areas are planned in such a way that they can be used for other purposes after the Expo. A relatively large number of pavilions will be built according to a modular system rather than individually by the countries. This means they can be repurposed later for leisure or public use. A 'wadi', or riverbed, will be transformed into public parks that will serve as the main connection points. In the centre stands the Icon, a sculpture, as is traditional at Expos. There is also a theme pavilion in each of the five areas, as well as country pavilions and zones that will remain for subsequent use. The Moroccan pavilion in Dubai, for example, was designed so that it could be converted into a residential building. The Sustainability Pavilion is now a natural history museum. I find that extremely interesting. A new district is being developed that will be connected to the existing city. In Dubai, reuse was considered, but a new master plan has recently been presented that differs significantly from the old plan. In Riyadh, things are set to be different. Yes, given such developments, I am willing to advocate for Expos. I believe they can be designed in a contemporary way.

Der Masterplan für die Expo 2030 in Riad ist der Auftakt zu einer langfristigen Stadtentwicklung.
The master plan for the Riyadh Expo 2030 marks the beginning of a long-term urban development project.

23 behet bondizo lin architekten
W-Mission Headquarters, Seoul, Südkorea

24 Peter Haimerl . Architektur mit
Studio Clemens Bauder
Domcenter Linz, Österreich

Shortlist
Deutscher
Architektur
Export
Shortlist
German
Architecture
Export

—

2026

behet bondizo lin architekten
W-Mission Headquarters, Seoul, Südkorea

Kritik **Martin Rein-Cano**

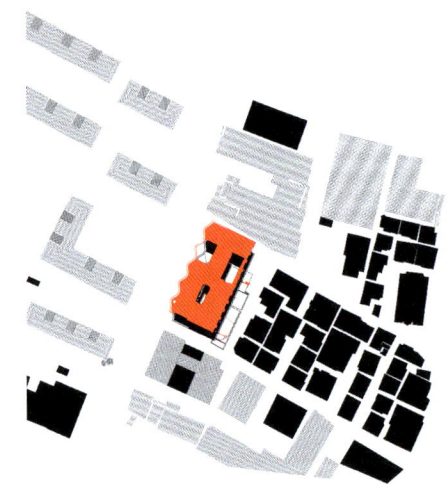

Architekten/Architects
behet bondzio lin architekten
Hafenweg 26b
48155 Münster
www.2bxl.com
buero@2bxl.com

**Beteiligtes Architekturbüro/
Other architects involved**
BCHO Partners
55-7 Sil bldg Banpo-4dong
Seocho-gu, Seoul, Südkorea
www.bchoarchitects.com
bc@bchoarchitects.com

**Projektsteuerung/
Project management**
Janghak Engineering & Construction
Co., Ltd., Seoul, Südkorea

**Tragwerksplanung/
Structural engineering**
Eun Structural Engineering Co., Ltd.,
Seoul, Südkorea

**Haustechnik/Building
services engineering**
Elektro/Electrical engineering:
Smtec Co., Ltd., Gyeonggi-do
Klimatechnik/Air-conditioning:
Sahmwon Mechanical Engineering Co.,
Ltd., Seoul, Südkorea

Standort/Location
656-1206, Seongsu-dong 1-ga,
Seongdong-gu
Seoul, Südkorea

Fertigstellung/Completion
Dezember 2024

Fotografie/Photography
Yu-Chen, Chao Photography,
Taipeh, Taiwan
Martin Rein-Cano, Berlin (S. 199)
Nicolas Barriola, Wikipedia Creative
Commons (S. 104)

Die Iglesia de Cristo Obrero y Nuestra
Señora de Lourdes von Eladio Dieste
(1958–1960) in Atlántida, Uruguay.
The Iglesia de Cristo Obrero y Nuestra
Señora de Lourdes by Eladio Dieste
(1958–1960) in Atlántida, Uruguay.

Schauplatz eines strukturellen Wandels: Seongsu-dong im Nordosten von Seoul.
The scene of structural change: Seongsu-dong, in the north-east of Seoul.

Struktureller Wandel in städtischen Quartieren setzt Neues und Altes zueinander in Beziehung. In Seongsu-dong, einem ehemaligen Industrieviertel im Nordosten Seouls, lässt sich ein solcher urbaner Strukturwandel deutlich ablesen. Wo einst Schuhfabriken in charakteristischen Klinkerbauten ihre Produktion hatten, etabliert sich heute die koreanische Modebranche. Das Quartier, das die Einheimischen schlicht »Seongsu« nennen, formiert sich zu einem neuen Standort für Kunst, Kultur und Design.

Inmitten der kreativen Metamorphose dieses Quartiers ist der neue Hauptsitz der Textilfirma W-Mission nach Entwürfen von behet bondizo lin architekten entstanden. Das Gebäude ist mehr als nur ein Geschäftsstandort – es vereint Firmensitz und Arbeitsstätte, Wohnen und soziale Gemeinschaft unter einem Dach und hinter einer skulpturalen Fassade. Diese programmatische Vielfalt spiegelt sich in einer Architektur wider, die auf ihr heterogenes Umfeld zu allen Seiten unterschiedlich reagiert und damit den funktionalen Anforderungen und dem komplexen Kontext gleichermaßen gerecht wird.

Structural transformation in urban neighbourhoods brings together the old and the new. Such urban structural change is clearly evident in Seongsu-dong, a former industrial district in north-east Seoul. Where shoe factories once operated in distinctive red-brick buildings, the Korean fashion industry is now taking root. Locals simply call the neighbourhood Seongsu, and it is emerging as a new hub for art, culture, and design.

In the midst of this neighbourhood's creative transformation, the new headquarters of textile company W-Mission have been built according to designs by behet bondizo lin architekten. The building is more than just a business location; it brings together company headquarters, a workplace, living spaces, and a social community under one roof and behind a sculptural façade. This diversity of function is reflected in an architecture that responds differently to its heterogeneous surroundings on all sides, thus doing justice to both the functional requirements and the complex context.

Mit markanter Geste präsentiert das Gebäude zur Straße seine wellenförmige Rotklinkerfassade. Geschlossen und skulptural geformt, schützt diese das Innere vor Lärm und starker Besonnung, während sie zugleich eine ausgeprägte Präsenz im Stadtraum entwickelt. Die Architekten beziehen sich damit auf Eladio Dieste, den uruguayischen Meister der Backsteinschale, dessen Kirchenbau in Atlántida mit seiner geschwungenen Wand zum Vorbild wurde. Diese Reverenz ist nicht zufällig gewählt: Die Bauherrin und Gründerin der Textilfirma gehört einer Kirchengemeinde an, die die Räume im Gebäude für ihre Zusammenkünfte nutzt.

Die Gestaltung der Gebäudehülle sucht auf mehreren Ebenen Bezüge – neben dem architekturhistorischen Bezug transferiert sie die Stofflichkeit von Röcken und anderen Textilien als Übersetzung der Unternehmenstätigkeit in die formale Erscheinung. Zugleich verleiht die Geschlossenheit der Fassade mit den sehr kleinen Öffnungen zur Westseite dem Baukörper einen sakralen Charakter, der der religiösen Teilnutzung des Gebäudes entspricht. Es ist eine Außenhaut entstanden, die gleichermaßen Schutz bietet und symbolhaft wirkt. Während sich die Straßenfassade also geschlossen zeigt, öffnet sich das Gebäude mit großzügigen Verglasungen vollständig nach Osten und ermöglicht weite Ausblicke über die kleinteilige Bebauung der Nachbarschaft. Die dazwischenliegenden Nord- und Südfassaden wiederum vermitteln mit präzise gesetzten Fensteröffnungen in unterschiedlichen Formaten zwischen Offen- und Geschlossenheit. An der Westfassade lassen kleine Fensteröffnungen das Licht punktuell ins Gebäudeinnere einfallen und unterstreichen damit den gemeinschaftlichen Charakter des Hauses.

The building presents its undulating red brick façade to the street in a striking gesture. Its closed, sculptural shape protects the interior from noise and strong sunlight while developing a distinctive presence in the urban space. The architects were inspired by Eladio Dieste, the Uruguayan master of brick cladding, and his church in Atlántida with its curved wall served as a model. This reference is no coincidence: the client, who founded the textile company, belongs to a church congregation that uses the building's rooms for meetings.

The design of the building façade draws on references from several different areas. In addition to architectural history, it translates the materiality of skirts and other textiles into its formal appearance, reflecting the company's activities. At the same time, the closed nature of the façade, with its tiny openings on the west side, lends the building a sacred character, in keeping with its religious use. The result is a façade that provides protection and has a symbolic effect in equal measure. While the street façade appears closed, the building opens up completely to the east with generous glazing, offering sweeping views of the neighbourhood's small-scale development. The north and south façades, on the other hand, convey a sense of openness and closure through precisely placed window openings of various formats. The west façade has small window openings that allow light to enter the interior of the building at specific points, emphasising its communal nature.

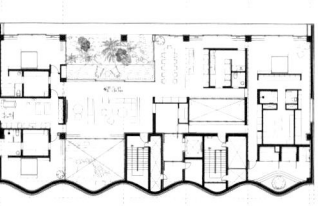

Grundriss 10. Obergeschoss
Tenth floor plan

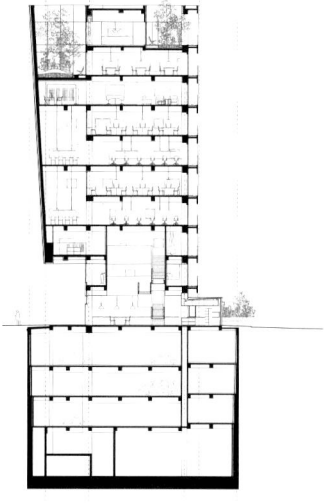

Schnitt
Section

Grundriss Erdgeschoss
Ground floor plan

Die Fassade nach Norden vermittelt zwischen Offen- und Geschlossenheit.
The north-facing façade strikes a balance between openness and closedness.

Die Westseite des Baukörpers mit den sehr kleinen Öffnungen hat einen eher sakralen Charakter.
The west side of the building, with its very small openings, has a rather sacred character.

Kleine Fensteröffnungen lassen das Licht punktuell ins Gebäudeinnere einfallen.
The small window openings allow light to enter the interior of the building at specific points.

197

Der lange Tisch und die Treppenskulpur im Erdgeschoss.
The long table and the staircase sculpture on the ground floor.

Doppelgeschossiger Showroom von W-Mission.
Double-storey W-Mission showroom.

Blick vom ersten Obergeschoss.
View from the first floor.

Das eigentliche architektonische Ereignis entfaltet sich im Inneren des Baus. Hier entwickelt sich ein dreidimensionales Raumgefüge, das über ein konventionelles Bürogebäude hinausgeht. Die unterschiedlichen Ebenen sind durch Loggien, Patios und Lichthöfe miteinander verschachtelt. Räumliche Elemente greifen ineinander und erzeugen ein beeindruckendes skulpturales Kontinuum. Im Erdgeschoss werden die Besucher von einem Café empfangen – ein öffentlicher Auftakt, der das Gebäude in das Quartier öffnet. Darüber liegen Büro-, Arbeits- und gemeinschaftlich nutzbare Räume, so auch der temporäre Gemeindesaal. Im obersten Geschoss befindet sich die private Wohnung der Eigentümerin. Diese vertikale Zonierung der unterschiedlichen Nutzungen wird durch räumliche Verschränkungen zu einem lebendigen Organismus. Kleine Gärten tauchen auf verschiedenen Geschossen auf, zweigeschossige Räume schaffen Weitungen, zahlreiche Durchblicke und Ausblicke erzeugen räumliche Verbindungen. Es entsteht ein Raumgefüge, das moderne Arbeitsformen ebenso ermöglicht wie kollektive Aktivitäten. Das Gebäude fungiert als urbaner Impulsgeber: Durch die Vermietung als Pop-up-Store für die Modebranche entsteht ein kultureller und wirtschaftlicher Mehrwert für das Quartier.

Das W-Mission Headquarters zeigt außerdem, wie Architektur zwischen verschiedenen Intentionen vermitteln kann – zwischen Tradition und zeitgenössischem Ausdruck, zwischen privatem und öffentlichem Raum, zwischen Wirtschaftlichkeit und Kultur. In einer Stadt wie Seoul, begriffen im stetigen Wandel, ist so ein charakteristischer städtischer Baustein entstanden, der differenziert und respektvoll auf sein sich veränderndes Umfeld reagiert, gemeinschaftliche Nutzungen ermöglicht und den Standort des innovativen Textilunternehmens angemessen repräsentiert.

The real architectural spectacle takes place inside the building. Here, a three-dimensional spatial structure emerges that transcends the confines of a traditional office building. The different levels are interconnected by loggias, patios, and atriums. Spatial elements come together to form an impressive sculptural continuum. On the ground floor, visitors are welcomed by a café, which serves as a public entrance, opening the building up to the neighbourhood. Above this are offices, workspaces, and communal areas, including a temporary community hall. The owner's private apartment is located on the top floor. This vertical zoning of different spaces is transformed into a living organism through spatial interconnections. Small gardens appear on different floors, two-storey rooms form expanses, and numerous vistas and views create spatial connections. The result is a spatial structure that facilitates modern forms of work as well as collective activities. The building acts as an urban catalyst; renting it out as a pop-up store for the fashion industry generates cultural and economic value for the neighbourhood.

The W-Mission Headquarters demonstrates how architecture can mediate between different intentions, such as tradition and contemporary expression, private and public space, and economic efficiency and culture. In a constantly changing city like Seoul, a distinctive urban building block has been created that responds to its environment in a differentiated and respectful manner. It enables communal use and appropriately represents the location of the innovative textile company.

Blick in einen der begrünten Innenhöfe in den Obergeschossen.
View into one of the green inner courtyards on the upper floors.

Peter Haimerl . Architektur mit Studio Clemens Bauder
Domcenter Linz, Österreich

Kritik **Yorck Förster**

Architekten/Architects
Peter Haimerl . Architektur
Lothringerstraße 13
81667 München
www.peterhaimerl.com
architektur@peterhaimerl.de

Projektteam/Project team
Peter Haimerl, Architekt
Gernot Baumann, Architekt
Felix Meyer-Sternberg, Produktdesign

Bauherren/Clients
Bischof-Rudigier-Stiftung,
Michael Hager (Dombaumeister) und
Clemens Pichler (Vertretung Bischof-
Rudigier-Stiftung), Linz, Österreich

**Beteiligtes Architekturbüro/
Other architects involved**
Studio Clemens Bauder
Stelzerstraße 35
4020 Linz, Österreich
www.clemensbauder.net
Clemens Bauder, Architekt

**Projektsteuerung/
Project management**
BauMut Schinagl GmbH, Linz,
Österreich

**Tragwerksplanung/
Structural engineering**
DI Weilhartner ZT GmbH, Ried im
Innkreis, Österreich/
Puracrete, Übelbach, Österreich

**Haustechnik, Heizung, Sanitär/
Building services engineering,
plumbing and heating**
Priesner & Partner, Linz, Österreich

**Elektro/Electrical engineering
Lichtplanung/Lighting design**
ideee Hintersteiner KG, Bad Kreuzen,
Österreich

Innenarchitektur/Interior design
Peter Haimerl . Architektur, München

Fassadenplanung/Façade planning
Peter Haimerl . Architektur, München

Bauphysik/Building physics
IBB Ingenieurbüro Bidner, Tulfes,
Österreich

Standort/Location
Herrenstraße 36
4020 Linz, Österreich

Fertigstellung/Completion
April 2024

Fotografie/Photography
Gregor Graf, Linz (S. 201, S. 203 unten
rechts/bottom right)
Edward Beierle, München (S. 200,
S. 203 oben/top, unten links/bottom
left, S. 205)

Der Domplatz im Westen.
Domplatz ('Cathedral Square') to the west.

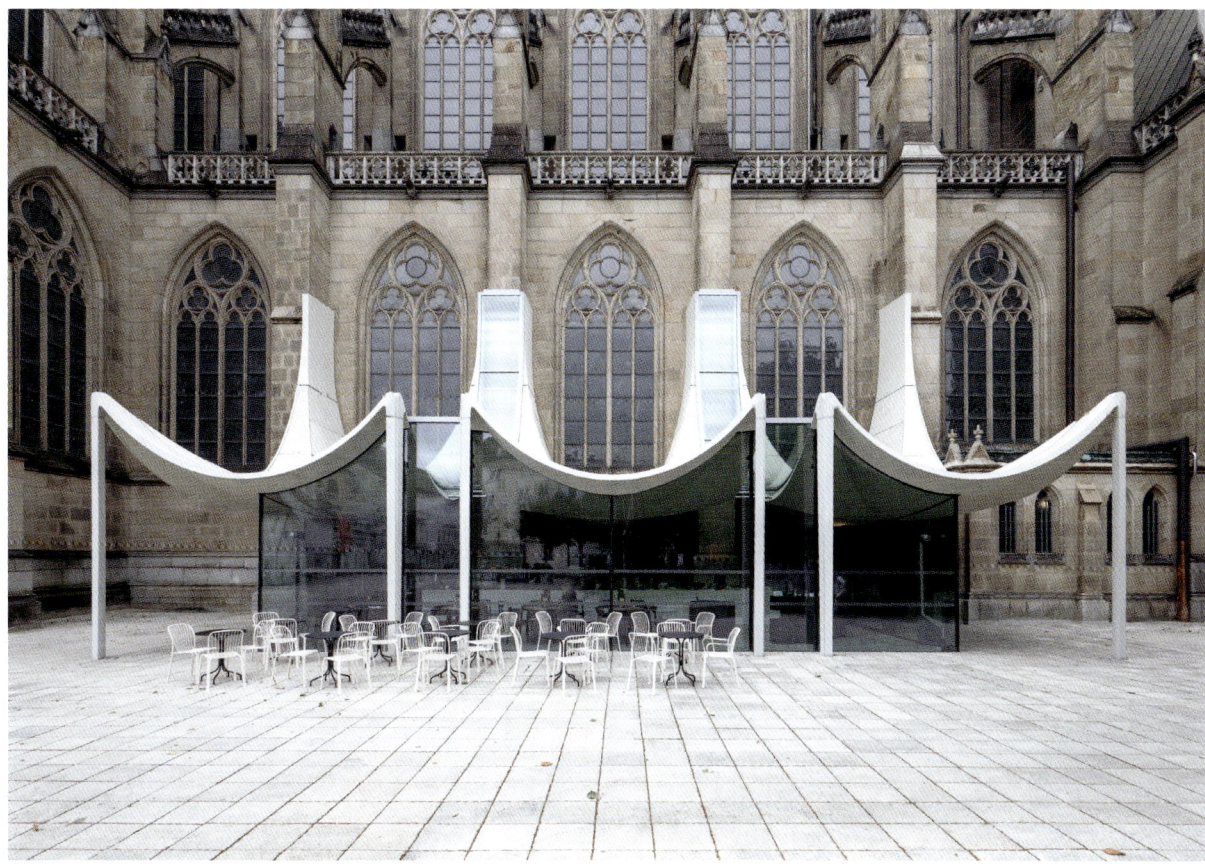

Das filigrane Domcenter ist ein Zubau an das Langhaus.
The delicate Domcenter is an extension to the nave.

Vordergründig ist das Domcenter in Linz ein sehr eleganter Cafépavillon, der sich an das Langhaus des Mariendoms anlehnt. Aber nicht nur. Die Etablierung eines freundlichen Ausschanks von kleinen Schwarzen hätte kaum weder den Aufwand noch die Baumaßnahme an sich an einem denkmalgeschützten Gebäude gerechtfertigt.

Es ist alles etwas anders, als es scheint: Der gotische Mariendom in Linz entstammt nicht dem Spätmittelalter. Er ein Kind des 19. Jahrhunderts und der Industrialisierung der vormals kleinen Stadt an der Donau. Der Bau ist von 1862 bis 1924 entstanden. Die Initiative für den neuen Dom ging auf den damaligen Bischof Rudigier zurück. Dieser sorgte auch dafür, dass als Dombaumeister Vincenz Statz aus Köln verpflichtet wurde. Finanziert werden sollte der Dombau über Spenden – das Konzept ging auf. Aber das Grundstück lag quer zu dem Großprojekt. Wegen seines Zuschnitts ist der Dom deshalb, statt wie zumeist von West nach Ost, mit der Achse des Langhauses um 90 Grad gedreht und von Nord nach Süd orientiert. Besucher kommen zumeist nicht über das eher versteckt im Stadtgefüge

At first glance, the Domcenter (Cathedral Centre) in Linz seems to be an elegant café pavilion leaning against the Mariendom (or New Cathedral) nave. But that's not all. Simply establishing a café serving *Kleiner Schwarzer* (the Austrian term for a single espresso) would hardly justify the expense of construction work on a listed building.

Everything is a little different than it seems. The Gothic Mariendom in Linz does not date back to the late Middle Ages. Rather, it is a product of the nineteenth century and the industrialisation of the formerly small town on the Danube. Construction took place between 1862 and 1924. The project was initiated at the behest of Bishop Rudigier. He also ensured that Vincenz Statz from Cologne was hired as the cathedral's master builder. The cathedral was to be financed by donations, and this proved successful. However, the plot of land was not suitable for such a large-scale project. Due to its shape, the cathedral is therefore oriented from north to south, with the nave's axis rotated 90 degrees, rather than from west to east as is usually the case. Visitors usually enter

gelegene Hauptportal im Norden, sondern über den Domplatz im Westen und betreten von dort über das Querschiff die Kirche. Damit geht der architektonische Raumeindruck der Länge und des Volumens des Mittelschiffs verloren. Auch kunsthistorisch liegt der Zugang von der Seite quer zum Bildprogramm der Kirchenfenster im Langhaus. Und die sind durchaus ungewöhnlich und sehenswert. Sie dokumentieren zum guten Teil den Linzer Dombau wortwörtlich fotorealistisch. Denn: Als Dokumentationsmedium stand damals schon die Fotografie zur Verfügung. Es gibt sogar ein Foto von der Grundsteinlegung. Die Bildaufnahmen wurden Vorlagen für die Darstellung von realen Personen aus der Baugeschichte.

So ist eine der Funktionen des Domcenters, die Besucher über einen möglichen Café- (und Toiletten-) Besuch unmerklich barrierefrei nach Norden zum Eingangsportal zu lenken. Zu dieser Funktion gehört die elegant abgeklärte Gestalt, die Peter Haimerl und mit ihm Clemens Bauder dem kleinen Zubau (ein Anbau darf es wegen des Denkmalschutzes für den Dom nicht sein) gegeben haben. Drei baldachinartige, helle Schalen scheinen vor den Strebepfeilern des Doms zu schweben und bilden das Dach. Jeder der »Baldachine« wirkt, als sei er von zwei Pfosten gestützt. Dazwischen bildet eine Glasfront den vertikalen Abschluss des Pavillons. Das Ganze hat eine erfreuliche Leichtigkeit. Zwischen der Seitenfront des Doms und neben dem »Baldachindach« findet sich im Sommer immer ein Schattenplatz im Außenbereich; bei Regen oder im Winter jedoch schützt das geschwungene Dach den luftigen Innenbereich. Die konvexe Krümmung der Schalen lässt das Licht elegant nach oben gleiten. Der Blick der Betrachtenden fällt dann auf die verglasten Fugen zwischen den »Baldachinen« und geht weiter hinauf, entlang der Strebepfeiler, bis zur Turmspitze in 135 Metern Höhe.

Konstruktiv verhält es sich freilich ganz anders: Das Bild des »Baldachindachs« suggeriert ein vom Langhaus des Doms abgehängtes Bauteil. In Linz aber hängt nichts. Aufgrund des oben erwähnten

the church via the transept from Domplatz ('Cathedral Square') in the west, rather than through the main portal in the north, which is hidden within the urban fabric. This means that the architectural impression of the length and volume of the central nave is lost. From an art-historical point of view, the side entrance also runs perpendicular to the pictorial programme of the church windows in the nave. These are quite unusual and well worth seeing. For the most part, they depict the construction of Linz Cathedral in a photorealistic manner. This is because photography was already a well-established medium for documentation at that time. There is even a photograph of the laying of the foundation stone. These photographs were used as templates for depicting real people from the history of the building.

One of the Domcenter's tasks is to guide visitors discreetly to the northern entrance via the café and toilets, ensuring they encounter no obstacles along the way. This function is reflected in the elegant, serene design of the small extension by Peter Haimerl and Clemens Bauder (it cannot be called an annexe due to the cathedral's listed status). Three light-coloured, canopy-like shells appear to float in front of the cathedral's buttresses, forming the roof. Each of the 'canopies' seems to be supported by two posts. A glass front forms the vertical end of the pavilion between them. The whole structure has an appealing lightness. In summer, there is always a shaded spot outside between the side of the cathedral and the 'canopy roof'; however, when it rains or in winter, the curved roof protects the airy interior. The convex curvature of the shells allows light to elegantly glide upwards. The viewer's gaze then falls on the glazed joints between the 'canopies' and continues upwards along the buttresses to the 135-metre-high spire.

The situation is quite different in terms of construction, however: the image of a 'canopy roof' suggests a component suspended from the nave of the cathedral. In Linz, however, nothing is suspended. Due to the

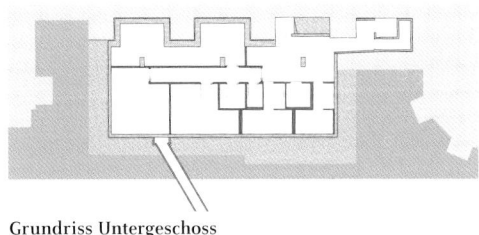

Grundriss Untergeschoss
Basement floor plan

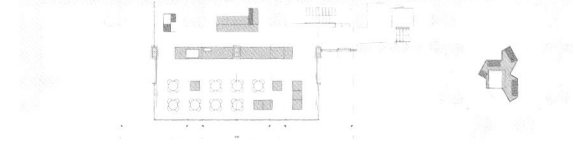

Grundriss Domcenter und Ausstellungskapelle
Floor plan Domcenter and exhibition chapel

Blick durch die Fugen zwischen den »Baldachin«-Elementen.
View through the gaps between the canopy elements.

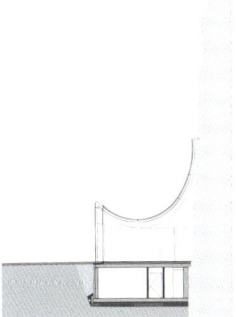

Schnitt
Section

Einer der »Pfosten« im Außenbereich.
One of the 'posts' in the outdoor area.

Der Linzer Mariendom wurde zwischen 1862 und 1924 nach einem Entwurf des vormaligen Kölner Dombaumeisters Vincenz Statz errichtet.
The Linz Mariendom was built between 1862 and 1924 based on a plan by Vincenz Statz, the former master builder of Cologne Cathedral.

Denkmalschutzes berühren die »Baldachine« die historische Fassade nicht einmal. Stattdessen ist jedes der drei Elemente eine aufrecht stehende (Beton-)Schalenkonstruktion. Bildhaft dargestellt ungefähr wie ein diagonal aufgeschlagenes Ei, das auf einer (geschickt kaschierten) Stütze balanciert. Den »Pfosten« im Außenbereich kommt dabei die Aufgabe zu, als Zugstangen die Schalen zu stabilisieren. Jede der Schalen besteht aus mehreren Teilen, die vorgefertigt angeliefert und vor Ort miteinander verbunden wurden. Die tragenden unteren Schalenteile sind aus Sichtbeton und dreidimensional gekrümmt. Darüber befindet sich die Dämmung. Die Dachschicht obenauf wiederum ist wie ein umgekehrtes Kreuzgratgewölbe nur zweidimensional gekrümmt.

Der neue Zugang über das Domcenter ist auch eine Brücke in die Gegenwart. Nicht von ungefähr begegnet den Besuchern als Erstes ein Video des Digitalmodells des Doms. Die Bischof-Rudigier-Stiftung (als formelle Eigentümerin des Bauwerks) und Dombaumeister Michael Hager haben in den letzten Jahren – auch im Zusammenhang mit dem 100-jährigen Jubiläum der Fertigstellung 2024 – viel Engagement aufgebracht, um das materielle Erbe aktuell erfahrbar zu halten. In Zusammenarbeit mit dem Team des Ars Electronica Futurelab wurden alle Pläne zum Dom digitalisiert und es wurde der digitale Zwilling des Gebäudes gebaut. Entstanden ist aus dieser Kollaboration gemeinsam mit Peter Haimerl auch eine neue Präsentation des Domschatzes.

Eine polygonale Stele (für den Domschatz) in der Ausstellungskapelle seitlich des Domcenters und Podien (mit Elementen zur Ausgestaltung des Doms) sind die neuen »Vermittlungsstationen«. Was so technokratisch klingt, bietet durch die perfekte Ausleuchtung der Objekte und zusätzlichen 3D-Projektionen des fotogrammetrisch aufgenommenen liturgischen Geräts eine Erweiterung der Objekterfahrung. Eine ganz eigene sinnliche Dimension entsteht zudem durch das Farbspiel der geometrischen Muster der umgebenden ornamentalen Kapellenverglasung aus der Glaswerkstätte von Josef Raukamp aus den 1930er Jahren. Nach diesem pompösen Auftakt besteht eine Stärke der weiteren Stationen im Langhaus im genauen Gegenteil. Sie bleiben immer beiläufig, sind eine Option für eine vertiefende Erläuterung, drängen sich aber nie in den Vordergrund – vor den grandiosen Raumeindruck des Langhauses. Dabei können die Stationen durchaus eine spielerische Dimension haben: Beim »Kuratierten Blick« auf die hochauflösenden Aufnahmen der Gemäldefenster gibt es eine Aufnahmeoption. Die Besucher werden dann zumindest virtuell in das Bildprogramm zur Grundsteinlegung des Mariendoms integriert.

aforementioned monument protection regulations, the 'canopies' do not touch the historic façade at all. Instead, each of the three elements is a (concrete) shell construction. Pictorially, they look roughly like diagonally cracked eggs balanced on cleverly concealed supports. The 'posts' in the outer area serve as tie rods to stabilise the shells. Each of the shells consists of several parts that were delivered prefabricated and then connected to each other on site. The load-bearing lower shell parts are made of exposed concrete. They are also curved three-dimensionally. Above this is the insulation. The roof layer on top is curved in two dimensions like an inverted cross vault.

The new entrance, via the Domcenter, serves as a bridge to the present day. It is no coincidence that visitors are greeted first by a video of the cathedral's digital model. In recent years, the Bishop Rudigier Foundation (the formal owner of the building) and cathedral master builder Michael Hager have been dedicated to ensuring the material heritage is preserved and remains accessible – including in relation to the 100th anniversary of its completion in 2024. In collaboration with the Ars Electronica Futurelab team, all plans for the cathedral were digitised and a digital replica of the building was created. This project also resulted in a new presentation of the cathedral's treasury, in collaboration with Peter Haimerl.

The new 'communication stations' are a polygonal stele (for the cathedral treasury) in the exhibition chapel to the side of the Domcenter, and podiums (with elements for adorning the cathedral). Although this may sound technocratic, it offers an enhanced experience of the objects thanks to the perfect lighting and additional 3D projections of the liturgical equipment recorded using photogrammetry. The play of colours in the geometric patterns of the surrounding ornamental chapel glazing, created by Josef Raukamp's glass workshop in the 1930s, also creates a unique sensory dimension. After this pompous prelude, one of the strengths of the other stations in the nave is precisely the opposite. They remain incidental, offering the option of a more in-depth explanation without ever pushing themselves into the foreground and distracting from the magnificent spatial impression of the nave. At the same time, the stations certainly have a playful dimension: the 'curated view' of high-resolution images of the stained-glass windows offers a recording option. Visitors are then virtually integrated into the pictorial programme for the laying of the foundation stone of Mariendom.

In die Stele ist ein Lift integriert, der die Besuchenden auf die Fensterebene der ehemaligen Kapelle hebt.
A lift is integrated into the stele, taking visitors up to the window level of the former chapel.

Das Farbenspiel der Kapellenverglasung auf der Ausstellungsstele.
The play of colours from the chapel's glazing on the exhibition stele.

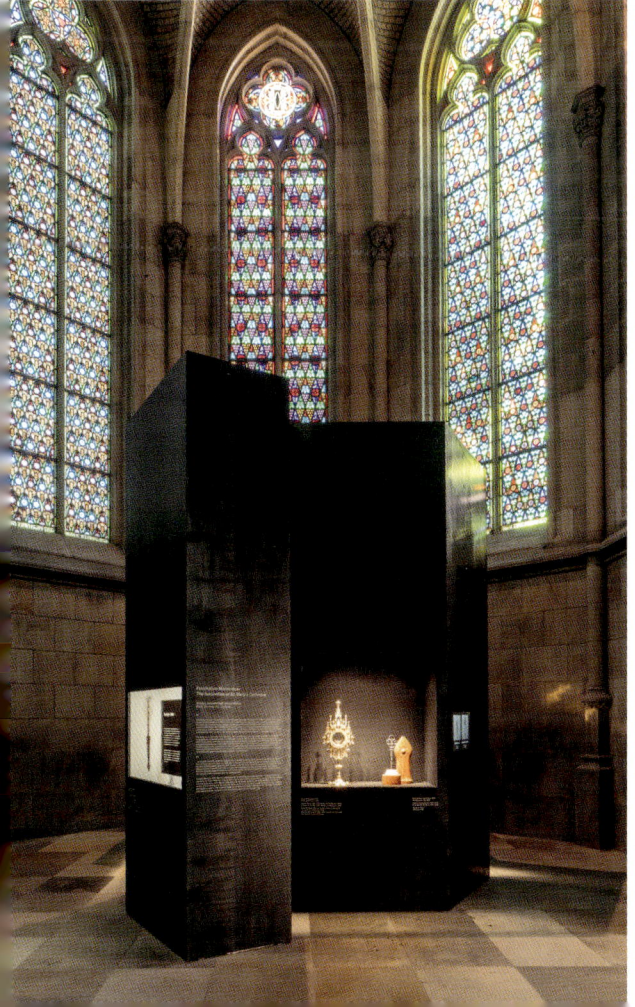

Podium im Langhaus.
Podium in the nave.

Anhang
Appendix

DAM Jahresbericht 2025
DAM Annual Report 2025

———————

Ausstellungen
Exhibitions

Das Deutsche Architekturmuseum war bis Juni 2025 wegen Sanierung geschlossen und zeigte im Interimsquartier DAM OSTEND, im Stadtraum sowie ab Juni wieder im DAM am Schaumainkai folgende Ausstellungen:
Until June 2025, the Deutsches Architekturmuseum was closed due to renovations and hosted the following exhibitions at the interim DAM OSTEND, in urban spaces, and from June on at the DAM on Schaumainkai:

BEST HIGH-RISES – Internationaler Hochhaus Preis 2024/25
International High-Rise Award 2024/25
14.11.2024– 12.01.2025 >> Museum Angewandte Kunst

DAM PREIS 2025 – Die 25 besten Bauten in / aus Deutschland
DAM PREIS 2025 – The 25 Best Buildings in / from Germany
01.02. – 21.04.2025 >> DAM Ostend

DAS ERSTE HAUS – Bauwelt Preis 2025
FIRST WORKS – Bauwelt Award 2025
26.04. – 25.05.2025 >> DAM Ostend

URBANE RESILIENZ IN DER PRAXIS – Impulse für die Stadt im Wandel
27.04. – 25.05.2025 >> DAM Ostend

41 JAHRE – 41 OBJEKTE. Ein Blick ins Archiv des DAM
01. – 15.06.2025 >> DAM

STADT FÜR ALLE – Stadtplanung zum Anfassen
CITY FOR ALL – Hands-on Urban Planning
01.06. – 07.09.2025 >> DAM

ARCHITECTURE AND ENERGY
Bauen in Zeiten des Klimawandels
Building in the Age of Climate Change
14.06 – 05.10.2025 >> DAM

STADT BAUEN HEUTE? Herausforderungen neuer Quartiere in Deutschland
BUILDING CITIES TODAY?
The Challenge of New Urban Neighbourhoods in Germany
28.06. – 02.11.2025 >> DAM

SULOG
Philippinische Architektur im Spannungsfeld
Filippino Architecture at the Crosscurrents
20.09.2025 – 18.01.2026 >> DAM

ARCHITEKTURBAUKÄSTEN 1890–1990
Die große Mitspielausstellung
Architectural Construction Kits – Plenty to Play With!
25.10.2025 – 08.02.2026 >> DAM

OUT OF STORAGE – Die Erwerbungen der Freunde des DAM im Fokus
Focusing on Acquisitions by the Friends of DAM
22.11.2025 – 01.03.2026 >> DAM

———————

DAM Ausstellungen auf Tour 2025
DAM touring exhibitions in 2025

SCHÖN HIER – Architektur auf dem Land
NICE OUT HERE – Architecture in Rural Areas
Kulturmühle Parchim
31.10.2024 – 31.01.2025
Spessart FORUM, Bad Soden-Salmünster
14.02. – 17.04.2025
Architekturforum Allgäu, Kempten und Sennhof, Heimertingen
29.05. – 29.06.2025
Bundesministerium für Landwirtschaft, Ernährung und Heimat
Tag der offenen Tür 23. + 24.08.2025
Wessobrunner Kreis e. V., Säulenhalle am Stadttheater, Landsberg am Lech
21.11. – 22.12.2025

GANZ GROSSE OPER – VIEL MEHR THEATER. Europäische Bühnenbauten im Vergleich
Opernhaus Bonn
03.05. – 12.07.2025
Kampnagel Internationale Kulturfabrik, Hamburg
22.09. – 08.11.2025

DAM PREIS 2025 – Die besten Bauten in / aus Deutschland
The best buildings in / from Germany
Tapetenwerk, Leipzig
20. – 24.10.2025

PROTEST / ARCHITEKTUR – Barrikaden, Camps, Sekundenkleber
PROTEST / ARCHITECTURE – Barricades, Camps, Super Glue
Historisches Museum Dnipro, Ukraine
06.02. – 23.03.2025

DIE NEUE HEIMAT (1950–1982)
B & O Parkhotel Bad Abling
Dauerausstellung seit 2021 / permanently on show since 2021

EINFACH GRÜN – Greening the City
B & O Parkhotel Bad Abling
Dauerausstellung seit 2023 / permanently on show since 2023

———————

Vortragsreihen
Lecture series

STADTplus – Themen, die die Stadt bewegen

DIE STADT + DIE FRANKFURTER SCHULE
Wolfgang Voigt
15.01.2025

DIE STADT + DAS VERBRECHEN
Anja Lange
12.02.2025

DIE STADT + DAS GEBABBEL
Henni Nachtsheim
03.09.2025

DIE STADT + DIE GOLDENEN 20ER JAHRE
Sabine Börchers
01.10.2025

Ausstellung »STADT FÜR
ALLE – Stadtplanung zum
Anfassen«, DAM Schaumainkai.
'CITY FOR ALL – Hands-on
Urban Planning' exhibition,
DAM Schaumainkai.

Ausstellung »STADT BAUEN
HEUTE? Herausforderungen
neuer Quartiere in
Deutschland«, DAM
Schaumainkai.
'BUILDING CITIES TODAY?
The Challenge of New Urban
Neighbourhoods in Germany'
exhibition, DAM Schaumainkai.

Ausstellung
»ARCHITECTURE
AND ENERGY –
Bauen in Zeiten des
Klimawandels«,
DAM Schaumainkai.
'ARCHITECTURE AND
ENERGY – Building
in the Age of Climate
Change' exhibition,
DAM Schaumainkai.

Ausstellung »SULOG –
Philippinische Architektur im
Spannungsfeld«,
DAM Schaumainkai.
'SULOG – Filippino Architecture
at the Crosscurrents' exhibition,
DAM Schaumainkai.

Ausstellung »URBANE
RESILIENZ IN DER PRAXIS –
Impulse für die Stadt im
Wandel«, DAM Ostend.
'URBAN RESILIENCE IN
PRACTICE – Impulses for the
City in Transition' exhibition,
DAM Ostend.

DIE STADT + DIE AUSCHWITZ-
PROZESSE
Katharina Stengel
12.11.2025

DIE STADT + DIE BIBLIOTHEKEN
Ragna Körby
03.12.2025

Internationale Landschaftsarchitektur:
Die Stadt ist der Sport – Stadtland-
schaften in Bewegung

Mehrwert – Strategien im Umgang mit
dem öffentlichen Raum
Martin Rein-Cano, TOPOTEK 1
23.02.2025

»possessed to skate« – Annektierung
des öffentlichen Raums durch Sport und
Bewegung
Lenni Burmeister
13.03.2025

More than Sport – neue Stadträume in
Copenhagen
Lene Zengenberg, COBE
03.04.2025

Destroying playgrounds! Über Landschaft als Provokation von Bewegung
Sebastian Sowa, SOWATORINI Landschaft
24.04.2025

_____

Begleitprogramm Ausstellungen
Accompanying program exhibitions

DAM PREIS 2025 – Die besten Bauten
in / aus Deutschland
Familienführung durch die Ausstellung
23.02.2025

Impulse für die Stadt im Wandel
Pecha-Kucha-Vorträge:
ACademie Aachen, Post-Corona-Innen-
stadt Frankfurt am Main, WANDELpfad
Homberg / Efze, SUPERBLOCKS Leipzig,
Parkmeilen München, Was wäre wenn …?
Nürnberg, Neckarinsel Stuttgart,
Reallabor Feuerwache Weimar,
Know-how teilen macht Städte stark
Erlangen
Marcus Gwechenberger, Andrea Jürges
27.04.2025

STADT FÜR ALLE – Stadtplanung zum
Anfassen
Projekttage für Schulklassen: Interaktiver Workshop und Stadtsafari
03., 04. + 05.06.2025

Projekttag für Studierende
06.06.2025

Familienführung durch die Ausstellung
08.06. / 29.06.2025

Lehrerfortbildung Stadt für alle: Die
Stadt durch die Augen der Fußgänger –
Interaktive Fortbildung und Stadtsafari
Osamu Okamura
02.06.2025

Interaktiver Workshop und Stadtsafari
für alle
07.06.2025

1. Architecture, Community and
Research against the Housing Crisis
Geraldine Dening / Architects for Social
Housing, Tabea Latocha
09.07.2025

ARCHITECTURE AND ENERGY –
Bauen in Zeiten des Klimawandels
Form follows energy – Beziehungen
zwischen Form, Energie, Architektur,
Städtebau und Gesellschaft
Brian Cody, Energy Design Cody
03.06.2025

Bauwerkstatt – Energie erleben
7.06.2025

Bauen im Spannungsfeld zwischen Ener-
gieeffizienz und Emissionsreduktion
Werner Sobek, Werner Sobek AG
12.06.2025

Das Konzept 2226 aus der Perspektive
der Gegenwart
Dietmar Eberle, baumschlager eberle
17.06.2025

Architektur und Energie – Vergangenheit, Gegenwart und Zukunft
Angèle Tersluisen, ee concept
24.06.2025

Familienführungen durch die
Ausstellung
06.07. / 12.07. / 17.08.2025

High-Tech / Low-Tech / Bestandserhalt –
Energieaufwand zwischen Effizienz und
Suffizienz
Tim Driedger, Architects for Future
28.08.2025

Exkursion B & O
Bau ForschungsQuartier, Bad Aibling
29. – 30.08.2025

Exkursion Institut für Leichtbau und
Konstruieren, Stuttgart
05.09.2025

Energieberatungsabend: Energetisches
Sanieren im Eigenheim – Energie sparen
für Mieter und Mieterinnen
Florian Köhler
11.09.2025

Podiumsdiskussion:
Energiewende vor Ort – Perspektiven
und Herausforderungen
Martin Göpfert, Thorsten Reichel,
Marcus Gwechenberger, Diana Pretzell,
Mechthild Harting
16.09.2025

Unboxing Carbon
Workshop mit Martha Lewis /
Henning Larsen
23.09.2025

Podiumsdiskussion:
Neue Landschaftsbilder? Energie-
gewinnung und ihre Herausforderungen
für die Landschaftsplanung
David Bauer, TU Berlin / Philipp Deilmann,
Universität Stuttgart / Christine von
Raven, Transsolar / Olaf Schroth, Hoch-
schule Weihenstephan-Triesdorf / Sandra
Sieber, TU Darmstadt
02.10.2025

STADT BAUEN HEUTE? Herausforderungen neuer Quartiere in Deutschland
Führung: Making of STADT BAUEN
HEUTE?
09.07. / 29.10.2025

Fahrradtour: Stadtteile der
Nachbarschaft
Yorck Förster
01.08.2025 Römerstadt und Nordweststadt
08.08.2025 Gallusviertel, Hellerhofsiedlung und Europaviertel

Familienführungen durch die Ausstellung
31.08. / 14.09. / 28.09.2025

Urban Kibbutz: 01 Affordable Housing – A Community Builds a City (Introduction)
Pecha Kucha presentations with Liebling Haus, Tel Aviv:
1. Merav Niv, Christoph Packhieser, Karen Orkin, Peter Kreisl, Yale Allweil, Beate Steinbach, Anat Nevo Barkai, Valentin Fuchs, Andrea Jürges
17.09.2025

Bauwerkstatt »Stadt Bauen Heute?«
20.09.2025

Podiumsdiskussion: Wie entstehen lebendige und nachhaltige Stadtquartiere?
Verena Brehm, Cityförster / Sabine de Buhr, IBA Hamburg / Michael Obrist, Feld72 / Marcus Gwechenberger
30.09.2025

SULOG – Filippino Architecture at the Crosscurrents
Pecha Kucha presentations:
Juan Carlo Calma, Dominic Galicia, Justin Guiab, Keshia Lim / SAN Studio, Aya Maceda / ALAO designs, Gabriel Schmid / Studio Barco, Andrew Sy / SLIC Architecture, Buck Richnold Sia / ZUBU DA, Edson Cabalfin, Patrick Kasingsing, Peter Cachola Schmal
19.09.2025

ARCHITEKTURBAUKÄSTEN –
Die große Mitspielausstellung
Familienführungen durch die Ausstellung
02.11. / 16.11. / 14.12.2025

Zeigt Eure Architekturbaukästen!
11.11.2025

Zeigt Eure Microscale MOCs!
18.11.2025

Florian Wacker: Liebling, ich habe den Römer geschrumpft!
15.01.2026

Oliver Tessmann: Stecken, klemmen (de-)montieren – Vom Fügen in der (realen) Architektur
28.01.2026

DAM PREIS 2026
Buchpräsentation Architekturführer Deutschland 2026
25.09.2025 >> Architektur Galerie Berlin

━━━━━━━━━━━

Weitere Veranstaltungen
Other events

ACHT ORTE –
BEGEGNUNGEN ZWISCHEN LITERATUR UND ARCHITEKTUR
Epilog und Buchpremiere
04.03.2025 >> Literaturhaus Frankfurt

Neustart DAM 41 –
Wiedereröffnungsfeier
01.06.2025 >> DAM Schaumainkai

DIE LANGE BANK –
Installation im Stadtraum
Schaumainkai
01.01. – 05.05.2025
Hauptwache
28.04. – 10.09.2025
Paulsplatz
seit 05.05.2025
Friedrich-Stoltze-Platz
28.07. – 11.08.2025 + 14.05. – 13.06.2025
Sandgasse
05.09. – 17.09.2025
Braubachstaße 7–9
05.05. – 21.08.2025
Braubachstraße 23b
08.05. – 16.05.2025
DAM Schaumainkai
27.05. – 03.06.2025
Paradiesplatz
seit dem 05.08.2025

WIA-Opening: Von Architektinnen der Moderne zur feministischen Raumpraxis für alle / Eileen Gray and Le Corbusier: The Sexual Politics of Modern Architecture
Beatriz Colomina
18.06.2025

Im Memoriam Hilmar Hofmann.
Ein Rundgang entlang des Museumsufers
Yorck Förster
24.08. / 05.10.2025

Herbstakademie CITY / CARE / COMMONS – 100 Jahre Neues Frankfurt
Grit Weber, Museum Angewandte Kunst / Gabu Heindl, Uni Kassel / Valentina Knežević, Museum Angewandte Kunst / Elke Krasny, AdK Wien / Eleonora Herder, partnersincrime, Doro Halbrock, UVM / Carolin Genz, Goethe-Uni Frankfurt, Dirk Schneider, Stadt Frankfurt / Anne Keßler, Bundesbauministerium / Johanna Betz, Goethe-Uni Frankfurt / Katharina Böttger, Angelina Schaefer, Historisches Museum Frankfurt / Tabea Latocha, Florian Janik, Goethe-Uni Frankfurt / Tina Zapf-Rodríguez, Stadträtin Frankfurt / Marcus Gwechenberger, Stadtrat Frankfurt / Paola Alfaro d'Alençon, Frankfurt University Applied Sciences / Laurenz Blaser, Kollektiv Raumstation / Andrea Jürges, DAM / Ruth Schlögl, Frankfurt University Applied Sciences / Vision31, Offenes Haus der Kulturen, Die Druckerei für Alle! / Miriam Meurers, Compagnie Babelabab / Helen Barr, Goethe-Uni Frankfurt / Julius Reinsberg, Kulturdezernat Frankfurt / Philipp Schulte, Frankfurt LAB / Renée Tribble, TU Dortmund / GUSTi Kulturkiosk, Güneş Theater
06. – 11.10.2025

DAM ARCHITECTURAL BOOK AWARD 2025
Ausstellung der prämierten Bücher auf der Frankfurter Buchmesse
16. – 19.10.2025

1. Auftaktveranstaltung »Off the Wall«: Vortrag und Diskurs zu Demokratie und Stadtgrün
Kooperation Frankfurt University of Applied Sciences & Freunde des DAM
Elisabeth Endres, Stresstest-Team
30.10.2025

2. Podiumsdiskussion: Für eine nachhaltige Architektur der Stadt
Jens Jakob Happ & Helmut Kleine-Kraneburg /
Urban Future Forum, Ernst Böhm / B+O, Elisabeth Endres, Peter Cachola Schmal
24.11.2025

Workshops und Events an der LANGEN BANK im Stadtraum
BlockLab
28.02. (Schaumainkai)

»ARCHITEKTURBAUKÄSTEN 1890–1990 –
Die große Mitspielausstellung«,
DAM Schaumainkai.
'ARCHITECTURAL CONSTRUCTION KITS
1890–1990 – Plenty to play with!', DAM
Schaumainkai.

Ausstellung »DAM PREIS 2025 – Die 25 besten
Bauten in/aus Deutschland«, DAM Ostend.
'DAM PREIS 2025 – The 25 Best Buildings in / from
Germany' exhibition, DAM Ostend.

Workshop: Bau Dir Dein Vogelhaus!
29.03. + 12.04.2025 (Schaumainkai)
16.08. + 30.08.2025 (Paulsplatz)

Lego
5.04.2025 (Schaumainkai)

Clean Ffm – Clean Walk
07.04.2025 (Schaumainkai)

Gipfeltreffen
13.04.2024 (Schaumainkai)

Yoga an der Langen Bank
26.04. + 01.05.2025 (Schaumainkai)

Eröffnung Smart Bank
30.04.2025 (Hauptwache)

Nacht der Museen 2025: Das DAM im
Stadtraum – Performance, Workshop,
Info & Musik an der Langen Bank
10.05.2025 (Agentur des Städtischen
Wandels)

International Skateday
21.06.2025 (Hauptwache)

Clean Ffm – Reverse Graffiti Aktion
03.07.2025 (Hauptwache)

Breakdance Battle Workshop
09.08. + 10.09.2025 (Paulsplatz)

Street Art Workshop
17.08. + 24.08.2025 (Paulsplatz)

»Neue Muße« Workshops
29.08. / 05.09. / 03.10.2025 (Paulsplatz)

Graffiti Workshop
28.09.2025 (Paradiesplatz)

Lampionfeste im Rahmen von
»100 Jahre Neues Frankfurt«
02.07.2025 (Paulsplatz)
13.09.2025 (Hellerhofsiedlung)

**Architekturvermittlung für Kinder
und Jugendliche**
Education in architecture for children and
young people

BlockLab: Minecraft und Frankfurt
14.02. / 28.02. / 14.03. / 28.03. / 11.04. /

23.05. / 06.06. / 20.06. / 26.09. / 10.10. /
24.10. / 07.11. / 27.11. / 05.12.

Satourday – das kostenlose Familien-
programm: Power House – wie Gebäude
lebendig werden
31.05.2024 >> DFF Deutsches Film-
institut & Filmmuseum

Stadt der Ideen
28.06.2025

Ferienprogramm: Stadturlaub am
Museumsufer / HAUPTSACHE Stadt –
Der Mensch als Teil der Stadt
07. – 11.07.2025, Nienke Wüst
14. – 18.07.2025, Nienke Wüst
21. – 25.07.2025, Melinda Nasedy

Einfach Reinkommen!
mit der Lebenshilfe Frankfurt
06. + 07.09.2025

LEGOBAUSTELLE
17.12.2024 – 12.01.2025
01.07. – 03.08.2024
16.12.2025 – 11.01.2026

**Folgende Kataloge und
Veröffentlichungen sind erschienen**
The following catalogues and books have
been published

DEUTSCHES ARCHITEKTUR
JAHRBUCH 2025
German Architecture Annual 2025
Hrsg. / ed.: Yorck Förster, Christina
Gräwe, Peter Cachola Schmal
Erschienen bei / published by:
DOM publishers
Deutsch / Englisch
German / English

ARCHITECTURE AND ENERGY
Bauen in Zeiten des Klimawandels
Hrsg. / ed.: Werner Sobek, Annette
Becker, Peter Cachola Schmal
Erschienen bei / published by:
Hirmer Verlag
Deutsch / Englisch
German / English

PLAN.SPIEL.STADT.
Verhandle klug, baue weise.
Hrsg. / ed.: Deutsches Architekturmuseum
(DAM)

Ein Spiel entwickelt von der Abteilung
Bildung und Vermittlung des DAM in
Zusammenarbeit mit Lookout

SULOG – FILIPPINO ARCHITECTURE
AT THE CROSSCURRENTS
Hrsg. / ed.: Edson Cabalfin, Patrick
Kasingsing, Peter Cachola Schmal
Erschienen bei / published by: Deutsches
Architekturmuseum (DAM)
Englisch / English

ARCHITEKTURFÜHRER
DEUTSCHLAND 2026
Hrsg. / ed.: Yorck Förster, Christina
Gräwe, Peter Cachola Schmal
Erschienen bei / published by:
DOM publishers
Deutsch / German

111 ARCHITEKTURBAUKÄSTEN.
Hrsg. / ed.: Sammlung Claus Krieger
Erschienen bei / published by:
Jovis Verlag
Deutsch / German

**Zu den wichtigsten Neuzugängen der
DAM-Sammlung zählen**
The most important new additions to
DAM's collections include

Peter Grundmann Architekten, Berlin
Modell Haus Fügener, 2023

Kunsthandel, Dresden
Sechs Skizzenbücher Hans Poelzig, um
1904 bis 1925 (Breslau(?), Berlin, Salzburg)

Ulrich Sack-Bernstiel, Neuenkirchen
Korrespondenz und Zeichnungen ver-
schiedener Architekten, versendet an den
Architekturkritiker Manfred Sack

Caren Kohl-Krier, Berlin
Zwei kolorierte Tuschezeichnungen von
Rob Krier zum Projekt Wohnhausanlage
Breitenfurter Straße, Wien, 1981 / 1982

Ingrid Amslinger und Hannsjörg Voth,
München
Fotokonvolute der 1980er Jahre
zu den Projekten »Boot aus Stein«
und »Himmelstreppe« (Marokko)

Jochem Jourdan, Dreieich
27 Pausen von Daniel Jourdan zu Projekten für Ernst May und Carl-Hermann Rudloff 1926–1930

Dreysse Architekten, Frankfurt am Main
Sanierung / Umbau des denkmalgeschützten Huthpark-Pavillons (1929), digitale Dokumentation

Georg Dierschke, Oberursel
Sammlung diverser Ankerbaukästen (vgl. Ausstell. Architekturbaukästen 1890–1990. Die große Mitspielausstellung, 25.10.2025 – 08.02.2026)

Jeff Wall, Vancouver
Entwurfsmodell Mahnmal Homosexuellen-Verfolgung, 1993 (Umwandlung Dauerleihgabe in Schenkung)

Erbengemeinschaft Kleihues, Berlin, St. Gallen
11 Grafiken »Berlin morgen« von Josef Paul Kleihues, 1983–1990 (Umwandlung Dauerleihgabe in Schenkung)

Würschinger Architekten, Berlin
Modell Ausbildungszentrum Rehau, 2005, (Umwandlung Dauerleihgabe in Schenkung)

DAM Forschungsprojekte
Research projects of the DAM

Gründungsakte/n Heinrich Klotz:
Erschließung, Erforschung, Sichtbarmachung und Vermittlung – Heinrich Klotz und das DAM im Konflikt um die Postmoderne 1979 bis 1989
DAM und Wüstenrot Stiftung, Juli 2022 bis Juli 2025
Bearbeiterin: Birte Lebzien, M.A.
Founding File Heinrich Klotz:
Register, Research, Presentation, and Education – Heinrich Klotz and the DAM in the Conflict over Postmodernism 1979 to 1989
DAM and Wüstenrot Stiftung, July 2022 until July 2025
Researcher: Birte Lebzien, M.A.

Wiedereröffnung des Ausstellungshauses Schaumainkai 43 am 1. Juni 2025.
Reopening of the exhibition building at Schaumainkai 43 on 1 June 2025.

Architekturpreise

Das DAM ist an der Auslobung wichtiger Architekturpreise beteiligt:

Seit 2007 zeichnet das DAM eines der im *Deutschen Architektur Jahrbuch* präsentierten Bauten mit dem DAM Preis für Architektur in Deutschland aus. Die Auszeichnung für das beste Gebäude 2007 ging an Wandel Hoefer Lorch & Hirsch aus Saarbrücken für die Gedenkstätte Hinzert, 2008 an Peter Zumthor aus Chur für das Kölner Kolumba Museum, 2009 an Barkow Leibinger aus Berlin für das Betriebsrestaurant Trumpf in Ditzingen, 2010 an David Chipperfield Architects aus Berlin für das Neue Museum Berlin, 2011 an Diener & Diener Architekten aus Berlin für das Naturkundemuseum Berlin, 2012 an Max Dudler Architekten aus Berlin für den Um- und Weiterbau des Hambacher Schlosses, 2013 an Lederer Ragnarsdóttir Oei aus Stuttgart für das Kunstmuseum Ravensburg, 2014 an Hess Talhof Kusmierz aus München für die Grundschule am Arnulfpark in München, 2015 an Bruno Fioretti Marquez aus Berlin für die Neuen Meisterhäuser in Dessau, 2017 an Studio Andreas Heller Architects & Designers aus Hamburg für das Europäische Hansemuseum in Lübeck, 2018 an bogevischs buero / SHAG Schindler Hable Architekten aus München für das genossenschaftliche Wohnprojekt wagnisART in München, 2019 an gmp Architekten von Gerkan Marg und Partner für den Kulturpalast Dresden, 2020 an David Chipperfield Architects aus Berlin für die James-Simon-Galerie in Berlin, 2021 an MVRDV aus Rotterdam und N-V-O Architekten und Stadtplaner aus München für WERK12 in München, 2022 an die Arge Summacumfemmer / Büro Juliane Greb für das Wohnhaus San Riemo in München, 2023 an Auer Weber aus München für die Erweiterung des Landratsamts Starnberg, 2024 an Gustav Düsing & Max Hacke, beide Berlin, für das Studierendenhaus der TU Braunschweig und 2025 an AFF Architekten, Berlin / Lausanne, für das »Spore Haus«, Berlin. Der DAM Preis 2026 geht an Peter Grundmann Architekten für das ZK/U Zentrum für Kunst und Urbanistik in Berlin.

Der Internationale Hochhaus Preis (IHP) wird seit 2004 alle zwei Jahre von der Stadt Frankfurt am Main vergeben. Initiiert und organisiert wird er in partnerschaftlicher Kooperation vom DAM und der DekaBank, die außerdem den IHP finanziert. Den IHP 2024 erhielt CapitaSpring in Singapur von BIG Bjarke Ingels Group (Kopenhagen, New York) und CRA-Carlo Ratti Associati (Turin, New York). Der Preis besteht aus einer Statue des Künstlers Thomas Demand und einem Geldpreis von 50.000 Euro.

Architectural Awards

DAM contributes to a number of important architectural prizes:

Since 2007, DAM has been selecting one of the buildings presented in the *German Architecture Annual* as the recipient of the DAM Preis for Architecture in Germany. The prize for best building has gone to the following: Wandel Hoefer Lorch & Hirsch from Saarbrücken for the Hinzert Memorial Center (2007); Peter Zumthor from Chur for the Kolumba Museum in Cologne (2008); Barkow Leibinger from Berlin for the Trumpf company restaurant in Ditzingen (2009); David Chipperfield Architects from Berlin for the Neues Museum Berlin (2010); Diener & Diener Architekten from Berlin for the Natural History Museum in Berlin (2011); Max Dudler Architekten from Berlin for the conversion and expansion of Hambach Castle (2012); Lederer Ragnarsdóttir Oei from Stuttgart for the Art Museum in Ravensburg (2013); Hess Talhof Kusmierz from Munich for the elementary school in Arnulf Park in Munich (2014); Bruno Fioretti Marquez from Berlin for the Neue Meisterhäuser in Dessau (2015); Studio Andreas Heller Architects & Designers from Hamburg for the European Hansemuseum in Lübeck (2017); bogevischs buero and SHAG Schindler Hable Architekten from Munich for the communal residential complex wagnisART in Munich (2018); gmp Architekten von Gerkan Marg und Partner for the Kulturpalast Dresden (2019); David Chipperfield Architects for the James-Simon-Galerie in Berlin (2020); MVRDV from Rotterdam and N-V-O Architekten und Stadtplaner from Munich for WERK12 in Munich (2021); Arge Summacumfemmer / Büro Juliane Greb for the San Riemo residential building in Munich (2022); Auer Weber from Munich for the extension to the Starnberg District Office (2023); Gustav Düsing & Max Hacke, both from Berlin, for the Study Pavilion at TU Braunschweig (2024); and to AFF Architekten from Berlin / Lausanne for the Spore Haus, Berlin (2025). The DAM Preis 2026 goes to Peter Grundmann Architekten for the ZK/U Centre for Art and Urbanistics in Berlin.

The City of Frankfurt am Main has been awarding the International Highrise Award (IHA) every two years since 2004. The city initiated and organised the award in cooperation with DAM and DekaBank, which also finances the IHA. BIG Bjarke Ingels Group (Copenhagen, New York) and CRA-Carlo Ratti Associati (Turin, New York) are the winners of the IHP 2024 for CapitaSpring in Singapore. The award consists of a statuette designed by the artist Thomas Demand and a cash prize of 50,000 euros.

Der DAM Architectural Book Award wurde 2025 zum 17. Mal verliehen. Er wird jährlich gemeinsam mit der Frankfurter Buchmesse ausgelobt und zu diesem Zeitpunkt vergeben. Die zehn Preisträger 2025 waren: *Fake Designs of Japanese Architecture*, GADEN Books, Tokio / *Grüne Dächer. Geschichte, Planung, Gestaltung*, Edition Hochparterre, Zürich / *The House That Kahn Built. The National Assembly Building in Dhaka by Louis Kahn*, Quart Verlag, Luzern / *Jaretti & Luzi. Wohnbauten in Turin 1954–1974*, Park Books, Zürich / *Zur Vertikalität*, Park Books, Zürich / *Haus Marlene Poelzig, Berlin. Abriss und Aufbruch*, Urbanophil, Berlin / *Jeck. Der Comic zum Kölner Dom*, Urbanophil, Berlin / *Casa Rossa Chemnitz. Ein Beitrag nachhaltiger Baukultur*, Deutscher Architektur Verlag, Münster / *The Joinery Compendium. Learning from Traditional Woodworking*, Ruby Press, Berlin / *Cooking Up Dinner Speeches. Ise Gropius in Japan*, gta Verlag ETH Zürich, Zürich.

Das DAM ist seit 2007 Mitglied des Advisory Committee für den EUMiesAward für zeitgenössische Architektur in Europa. Der Preis wird 2026 wieder vergeben.

Das DAM ist außerdem Mitglied des wissenschaftlichen Beirats für den alle zwei Jahre verliehenen European Prize for Urban Public Space vom Centre of Contemporary Culture of Barcelona (CCCB). Der nächste Preis wird 2026 verliehen.

Schließlich ist das DAM seit 2008 auch Mitglied des Wahlkuratoriums des Schelling Architekturpreises in Karlsruhe. Auch dieser Preis wird alle zwei Jahre vergeben, das nächste Mal 2026.

The DAM Architectural Book Award was awarded for the 17th time in 2025. It is presented annually in cooperation with the Frankfurt Book Fair during the fair. The ten winning titles in 2025 were: *Fake Designs of Japanese Architecture* (GADEN Books, Tokyo); *Grüne Dächer. Geschichte, Planung, Gestaltung* (Edition Hochparterre, Zurich); *The House That Kahn Built. The National Assembly Building in Dhaka by Louis Kahn* (Quart Verlag, Lucerne); *Jaretti & Luzi. Wohnbauten in Turin 1954–1974* (Park Books, Zurich); *Zur Vertikalität* (Park Books, Zurich); *Haus Marlene Poelzig, Berlin. Abriss und Aufbruch* (Urbanophil, Berlin); *Jeck. Der Comic zum Kölner Dom* (Urbanophil, Berlin); *Casa Rossa Chemnitz. Ein Beitrag nachhaltiger Baukultur* (Deutscher Architektur Verlag, Münster); *The Joinery Compendium. Learning from Traditional Woodworking* (Ruby Press, Berlin); *Cooking Up Dinner Speeches. Ise Gropius in Japan* (gta Verlag ETH Zurich, Zurich).

DAM has been a member of the Advisory Committee for the EU Mies van der Rohe Award since 2017. The award will next be presented in 2026.

DAM is also a member of the Advisory Committee for the biennial European Prize for Urban Public Space by the Centre of Contemporary Culture of Barcelona (CCCB). The next prize will be awarded in 2026.

Finally, DAM has also been a member of the Board of Trustees for the Schelling Architecture Award in Karlsruhe since 2008. This award is also presented every two years, with the next one scheduled for 2026.

DAM Sponsoren 2025/2026
DAM Sponsors 2025/2026

Bundesministerium für Wohnen, Stadtentwicklung und Bauwesen, Berlin
DekaBank Deutsche Girozentrale, Frankfurt am Main
Albrecht Jung GmbH & Co.KG, Schalksmühle
Quarterback Construction Frankfurt GmbH, Frankfurt am Main
Gesellschaft der Freunde des Deutschen Architekturmuseums e. V., Frankfurt am Main
Philippine Guest of Honor Frankfurt Bookfair 2025: National Commission for Culture and the Arts (NCCA), Manila, Philippinen
Czechia Guest of Honour Frankfurt Bookfair 2026: National Gallery, Prague, Czech Republic/Czech Literary Centre, Brno, Czech Republic

Wüstenrot-Stiftung für Bauen und Wohnen, Ludwigsburg
Bund Deutscher Architekten bda Hessen, Frankfurt am Main
Stiftung Polytechnische Gesellschaft, Frankfurt am Main
Architekten- und Stadtplanerkammer, Wiesbaden

s.boehme & co., Frankfurt am Main
Bund Deutscher Landschafts-architekt:innen bdla, Landesverband Hessen e. V., Stuttgart

Gemeinnützige Kulturfonds Frankfurt RheinMain GmbH, Bad Homburg vor der Höhe
Europäische Zentralbank, Frankfurt am Main
Hessisches Ministerium für Wissenschaft und Kunst, Wiesbaden

Unterstützer
Supporters

Mobilane GmbH, Heusenstamm
Cloud Garden, Zwolle, Niederlande
Carl Stahl ARC GmbH, Süßen
Hutzel Hydrokulturen GmbH, Bad Iburg
Helix Pflanzensysteme GmbH, Kornwestheim
JAGO Kunststoff GmbH & Co. KG, Beckum
ERCO Leuchten GmbH, Frankfurt am Main

Henning Larsen, Berlin
Universität der Künste, Berlin
Technische Universität Dresden
Karlsruhe Institute of Technology (KIT)
Universität Kassel
ETH Zürich
Autarq GmbH, Prenzlau
Bosch Thermotechnik GmbH, Wetzlar
Flower Turbines, Lubbock, Niederlande
Fraunhofer IEG, Cottbus
Hans Frick GmbH Inneneinrichtungen, Frankfurt am Main
Jacobi Tonwerke GmbH, Bilshausen
Siemens Gamesa Renewable Energy, Zamudio, Spanien
imb: Troschke GmbH & Co. KG, Mörfelden-Walldorf
Vitra International AG, Birsfelden, Schweiz

DESERVE GbR Raum und Medien Design, Wiesbaden
inditec Display & Messegestaltung GmbH, Bad Camberg
Frankfurter Buchmesse, Frankfurt am Main

Freunde
Friends

ARCHITEKTUR ERLEBEN, FÖRDERN UND UNTERSTÜTZEN EXPERIENCE ARCHITECTURE, BE A PATRON OF ARCHITECTURE AND SUPPORT IT

Nehmen Sie an den Aktivitäten der Freunde des Deutschen Architektur-museums teil, das auf nationaler und internationaler Ebene der wichtige Treff-punkt ist, wo Fragen und Anliegen der Architektur vermittelt, erläutert und diskutiert werden.
Werden Sie Teil eines Netzwerks, das diese Bemühungen unterstützt.

Nutzen Sie Ihre exklusiven Vorteile als Freund/in!
Wir würden uns freuen, Sie schon bald als Mitglied begrüßen zu dürfen.

JAHRESMITGLIEDSBEITRÄGE: STUDIERENDE und RUHESTÄNDLER € 50 EINZELMITGLIEDSCHAFT € 95 JUR. PERSONEN, PERSONEN-VEREINIGUNGEN € 920

Take part in the activities of the Friends of Deutsches Architekturmuseum, the key national and international meet-ingplace where architectural issues and needs are outlined, presented, and discussed. Become part of a network supporting the museum's efforts.

Use your exclusive benefits as a friend! We would be delighted to welcome you soon as one of our members.

ANNUAL MEMBERSHIP FEES: STUDENTS AND RETIREES € 50 INDIVIDUAL MEMBERSHIP € 95 CORPORATIONS, ORGANISATIONS € 920

Weitere Informationen unter / Further information at:
Telefon +49 (0) 69 – 97 20 33 66
Mobil +49 (0) 178 – 44 75 363
E-Mail freunde.dam@communetwork.net
WWW.DAM-ONLINE.DE/FREUNDE
Facebook.com/groups/@freundedesdam

Förderer der / Patrons of the Gesellschaft der Freunde des Deutschen Architekturmuseums

Abbildungsnachweis
Illustration Credits

Umschlag / Cover © Yizhi Wang

6, 9, 10 Yizhi Wang

15 oben links/top left Elisa Georgi

15 oben rechts/top right, unten/bottom, 16, 18 Yizhi Wang

23-29 Luca Claussen Fotografie

31–35, 37 oben/top Federico Farinatti

37 unten/bottom Zora Syren

38 Martinus KE (Wikipedia Creative Commons)

39, 40 unten/bottom, 42 unten/bottom, 44, 45 oben/top Michael Heinrich

40 oben/top, 42 oben/top, 45 unten/bottom Florian Holzherr

47–52 janbitter.de

57–63 Brita Köhler

70 oben links/top left Leonie Jahn

70 oben rechts/top right Immanuel Giel (Wikipedia public domain)

70 mittig/centre Josef Streichholz (Wikipedia Creative Commons)

70 unten/bottom Laurian Ghinitoiu

73 oben/top Michael Durwen

73 mittig/centre Karin Berkemann

73 unten/bottom Gregor-Zoyzoyla

75 Karin Berkemann

79–83 Ben Schumann

84 BARarchitekten

85–89 Hanns und Jonathan Joosen

90 Büro Voigt

91–94 Philip Heckhausen

97–100 Brigida González

103–107 Henrik Schipper/JUNG

108–113 Marcus Bredt

115–119 Roland Halbe Fotografie

121, 124 oben/top Clemens Wronski

122, 124 unten/botom Max Hacke & Leonhard Clemens

127, 129, 130 oben rechts/top, unten/bottom Sebastian Schels

130 oben links/top left Antje Freiesleben

133–137 Sebastian Schels

139–143 Henrik Schipper/JUNG

145–149 Till Schuster

151–155 janbitter.de

157–160 Zooey Braun Fotografie

163–167 oben/top, mittig/centre Stefan Meyer

167 unten/bottom Stefan Schlicht

169, 170, 173 oben/top Herbert Stolz

170 mittig/centre, 173 unten/bottom Roland Halbe Fotografie

174–179 Brigida González

177 unten/bottom Achim Birnbaum Architektur Fotografie

183, 185 Roland Halbe Photography

187 LAVA

188 oben/top, mittig/centre Taufik Kenan

188 unten/bottom Hotaka Matsumara

194 Nicolas Barriola (Wikipedia Creative Commons)

195–198 Yu-Chen, Chao Photography

199 Martin Rein-Cano

200, 203 oben/top, unten links/bottom left, 205 Edward Beierle

201, 203 unten rechts/bottom right Gregor Graf

209 oben/top Kirsten Bucher

209 unten/bottom, 210 oben/top Norbert Miguletz

210 mittig/centre, 213 Moritz Bernoully

210 unten/bottom Fritz Philipp

215 Stefanie Koesling

Autoren
Authors

Paul Andreas
*1973 in Wolfsburg.
Kunsthistoriker und Kulturwissen-
schaftler M.A. Seit 2000 Journalist,
Autor und Publizist zu Themen der Architektur und des Designs, langjährig
für die *Neue Zürcher Zeitung*, Fach- und
Publikumszeitschriften und den Hör-
funk. 2007–2010 Leitung der Presse- und
Öffentlichkeitsarbeit des DAM. Seit
2011 Architekturredakteur für das
CUBE Magazin. Kurator diverser Ausstellungen, unter anderem über Oscar
Niemeyer, Paul Schneider-Esleben und
Tezuka Architects. 2018 Gründung des
Projektbüros Jung & Andreas zusammen
mit Karen Jung. Außerordentliches Mitglied des BDA NRW.
*1973 in Wolfsburg.
Art historian and cultural scientist (MA).
Since 2000, journalist, author, and publicist on topics related to architecture and
design, with many years of experience
working for the *Neue Zürcher Zeitung*,
trade and consumer magazines, and ra-
dio. 2007–2010: Head of Press and Public
Relations at the DAM. Architecture editor
for *CUBE Magazin* since 2011. Curator of
various exhibitions, including on Oscar
Niemeyer, Paul Schneider-Esleben, and
Tezuka Architects. Founded the Jung &
Andreas project office together with
Karen Jung in 2018. Associate member of
the BDA NRW.

Karin Berkemann
*1972 in Alzey.
Prof. Dr. habil., Diplom-Theologin,
Kunsthistorikerin M.A., Architektin in
der Denkmalpflege (Fortbildung). Seit
2000 freie Projekte zu Kirche und Archi-
tekturmoderne. 2008–2018 tätig für das
Landesamt für Denkmalpflege Hessen.
2013–2025 Kustodin der Gustaf-
Dalman-Sammlung an der Theologi-
schen Fakultät Greifswald. Seit 2025
Professorin für Baugeschichte und
Denkmalpflege an der Hochschule
Anhalt. Seit 2014 Mitherausgeberin des
Online-Magazins *moderneREGIONAL*.
2018 Deutscher Preis für Denkmalschutz
(Internetpreis), 2024 BDA-Preis für
Architekturkritik (Besondere Anerkennung). Mitglied im Kuratorium der
Deutschen Stiftung Denkmalschutz und
im Deutschen Werkbund Berlin.
*1972 in Alzey.
Professor, certified theologian, art historian (MA), architect specialising in historic preservation (advanced training).
Since 2000, freelance projects on churches
and modern architecture. 2008–2018:
worked for the State Office for the Preservation of Historical Monuments in Hesse.
2013–2025: curator of the Gustaf Dalman
Collection at the Faculty of Theology in
Greifswald. Since 2025, professor of architectural history and monument preservation at Anhalt University of Applied
Sciences. Since 2014, co-editor of the
online magazine *moderneREGIONAL*.
2018 German Prize for Monument Preservation (Internet Prize), 2024 BDA Prize for
Architectural Criticism (Special Recognition). Member of the Board of Trustees
of the German Foundation for Monument
Preservation and the Deutscher Werkbund Berlin.

Harald Bodenschatz
*1946 in München.
Sozialwissenschaftler und Stadtplaner.
Studium an der LMU München und der
FU Berlin 1967–1972, Promotion 1978 an
der Universität Oldenburg, Habilitation
1986 an der TU Berlin. Lehre seit 1972
an der RWTH Aachen und der TU
Berlin. 1995–2011 Universitätsprofessor
für Planungs und Architektursoziologie
an der TU Berlin, jetzt assoziierter Professor des CMS der TU Berlin. Forschun-
gen und Publikationen zu historischen
und aktuellen Fragen des Städtebaus,
auch zu Groß-Berlin. Mitarbeit an der
Ausstellung *STADTVISIONEN 1910 | 2010.
Berlin Paris London Chicago. 100 Jahre
Allgemeine Städtebau-Ausstellung in
Berlin* (2010–2017). Mitgliedschaft seit
1985 in der Stadtplanerliste der Architektenkammer Berlin, zudem Mitglied
AIV, BDA, C.E.U.D., DASL, DWB, GSU,
HHS, IPHS, SRL.
*1946 in Munich.
Social scientist and urban planner.
Studied at LMU Munich and FU Berlin
from 1967 to 1972, received his doctorate
in 1978 from the University of Oldenburg,
and his habilitation in 1986 from
TU Berlin. Has taught at RWTH Aachen
and TU Berlin since 1972. 1995–2011
University Professor of Planning and
Architectural Sociology at the TU Berlin,
now Associate Professor of the CMS at
the TU Berlin. Research and publications
on historical and current issues in urban
development, including Greater Berlin.
Collaboration on the exhibition
'STADTVISIONEN 1910|2010. Berlin
Paris London Chicago. 100 Jahre Allgemeine Städtebau-Ausstellung in Berlin'
(2010–2017). Member of the Berlin
Chamber of Architects' list of urban
planners since 1985, also member of
AIV, BDA, C.E.U.D., DASL, DWB, GSU,
HHS, IPHS, SRL.

Christian Brensing
*1960 in Bad Ems.
1982–1989 Studium der englischen Literatur und Kunstgeschichte in England;
Abschluss M. A. Royal College of Art
(RCA), London. 1989–1990 wissenschaftlicher Assistent am RCA. 1990–1992
Zaha Hadid Architects, London.
1993–2004 Ove Arup & Partners Consulting Engineers, London und Berlin.
2004–2005 CBP Consulting Engineers,
München. Seit 2006 freischaffender Berater, Autor und Kurator, gründete 2012
die Christian Brensing Enterprises Ltd.
mit Sitzen in London und Berlin.
*1960 in Bad Ems.
1982–1989: studied English literature
and art history in England. Received
MA from the Royal College of Art (RCA),
London. 1989–1990: research assistant at
RCA. 1990–1992: Zaha Hadid Architects,
London. 1993–2004: Ove Arup & Partners
Consulting Engineers, London and Berlin.
2004–2005: CBP Consulting Engineers,
Munich. Since 2006: freelance consultant,
author, and curator. In 2012: founded
Christian Brensing Enterprises Ltd., head-
quartered in London and Berlin.

Uwe Bresan
*1980 bei Dresden.
2000–2008 Architekturstudium an der
Bauhaus Universität Weimar. 2005–2006
freier Mitarbeiter am Deutschen
Architekturmuseum DAM. 2008–2020
Redakteur und stellvertretender Chef-
redakteur der Zeitschrift AIT. 2015

Promotion in Architekturgeschichte und Denkmalpflege. Seit 2021 JUNG Architekturkommunikation.
*1980 near Dresden.
2000–2008: Studied architecture at the Bauhaus University Weimar. 2005–2006: Freelancer at the German Architecture Museum DAM. 2008–2020: Editor and deputy editor-in-chief of the magazine *AIT*. 2015: Doctorate in architectural history and monument preservation. Since 2021: JUNG Architecture Communication.

Jennifer Dyck
*1991.
Freie Architektur- und Kunsthistorikerin in Berlin. 2022–2024 wissenschaftliche Volontärin am Deutschen Architekturmuseum (DAM), dort unter anderem Teil des kuratorischen Teams der Ausstellung *Protest / Architektur. Barrikaden, Camps, Sekundenkleber.* Im Anschluss Forschung als Fellow der Wüstenrot Stiftung zum Thema »Postmoderne Zeitkapseln«. Derzeit Text- und Bildredaktion von Buchprojekten, z. B. Ausstellungskatalog *Yes, we care. Das Neue Frankfurt und die Frage nach dem Gemeinwohl* des Museums Angewandte Kunst Frankfurt am Main (MAK).
*1991.
Freelance architectural and art historian in Berlin. 2022–2024: research assistant at the Deutsches Architekturmuseum (DAM), where she was part of the curatorial team for the 'Protest/Architecture. Barricades, Camps, Super Glue' exhibition. Subsequently, she conducted research as a fellow of the Wüstenrot Foundation on the topic of 'Postmodern Time Capsules'. Currently text and image editor for book projects, e.g., 'Yes, we care. Das Neue Frankfurt und die Frage nach dem Gemeinwohl' exhibition catalogue at the Museum Angewandte Kunst in Frankfurt am Main (MAK).

Oliver Elser
*1972 in Rüsselsheim.
Architekturstudium an der TU Berlin. Seit 1995 als Architekturkritiker und -journalist für Zeitungen und Zeitschriften tätig, zunächst in Berlin, danach in Wien. Seit 2007 Kurator am Deutschen Architekturmuseum (DAM) in Frankfurt am Main. 2012/13

Vertretungsprofessor für Szenografie an der Fachhochschule Mainz und 2021 Vertretungsprofessor für Architekturtheorie am KIT, Karlsruhe. 2016 Kurator von »Making Heimat«, dem Deutschen Pavillon auf der Architekturbiennale von Venedig. 2017 Gründungsmitglied des Center for Critical Studies in Architecture (CCSA).
*1972 in Rüsselsheim.
Studied architecture at the TU Berlin. Has worked as an architecture critic and journalist for newspapers and magazines since 1995, initially in Berlin and then in Vienna. Since 2007: curator at the Deutsches Architekturmuseum (DAM) in Frankfurt. 2012–2013: visiting professor of scenography at the University of Applied Sciences in Mainz. 2021: visiting professor of architectural theory at the KIT, Karlsruhe. 2016: Curator of *Making Heimat*, the German Pavilion at the Venice Architecture Biennale. 2017: founding member of the Centre for Critical Studies in Architecture (CCSA).

Teresa Fankhänel
*1986 in Dresden.
Studierte Architekturgeschichte an der Bartlett School of Architecture in London und an der Universität Zürich, dort Promotion. Vor ihrem Wechsel als Vertretungsprofessorin für Architektur am KIT Karlsruhe war sie Associate Curator am Eli and Edythe Broad Art Museum der Michigan State University sowie Kuratorin am Architekturmuseum der TU München. Sie ist Chefredakteurin der *Architecture Exhibition Review* sowie seit November 2025 Kuratorin am DAM.
*1986 in Dresden.
Studied architectural history at the Bartlett School of Architecture in London and at the University of Zurich, where she obtained her doctorate. Before becoming a visiting professor of architecture at KIT Karlsruhe, she was associate curator at the Eli and Edythe Broad Art Museum of Michigan State University and curator at the Architecture Museum at the Technical University of Munich. She is editor-in-chief of *Architecture Exhibition Review* and, since November 2025, curator at the DAM.

Anja Fröhlich
*1970 in Berlin.
Ausbildung zur Baufacharbeiterin, Architekturstudium in Weimar und Graz. Promotion bei Marco De Michelis und Hartmut Frank über »Das wachsende Haus als architektonische Antwort in Krisenzeiten«. Lehrtätigkeit an der Bauhaus-Universität Weimar und der Universidad de Navarra in Pamplona. Seit 2013 Professorin am Institut für Architektur der EPF Lausanne, wo sie gemeinsam mit Martin Fröhlich das Entwurfsstudio EAST leitet. In ihrer Forschung beschäftigt sie sich mit architektonischen Typologien und deren Anpassungsfähigkeit. Zudem ist sie Teil des Teams von AFF Architekten.
*1970 in Berlin.
Trained as a construction worker, studied architecture in Weimar and Graz. Doctorate under Marco De Michelis and Hartmut Frank on 'The growing house as an architectural response in times of crisis'. Lectures at the Bauhaus University Weimar and the University of Navarra in Pamplona. Since 2013, she has been a professor at the Institute of Architecture at EPF Lausanne, where she heads the EAST design studio together with Martin Fröhlich. Her research focuses on architectural typologies and their adaptability. She is also part of the AFF Architekten team.

Yorck Förster
*1964 in Hannover.
Kurator und Publizist. Studium der Philosophie, Soziologie und Kunstpädagogik an der Universität Frankfurt am Main. Zahlreiche Vorträge, Publikationen und Ausstellungen, u. a. »COOP HIMMELB(L)AU« (2015), »Between the Sun and the Moon. Studio Mumbai« (2016), »Große Oper – Viel Theater? Bühnenbauten im europäischen Vergleich« (2018), »Antonio de Campos. Konzepte für Zaha Hadid« (2022) und »Ganz große Oper – Viel mehr Theater?« (2024). Freier Autor für *DAB, Baumeister, Bauwelt* u. a. Partner der kuratorenwerkstatt Förster, Gräwe,.
*1964 in Hanover.
Curator and journalist. Studied philosophy, sociology, and art pedagogy at Goethe University, Frankfurt. Numerous lectures,

publications, and exhibitions, including 'COOP HIMMELB(L)AU' (2015), 'Between the Sun and the Moon: Studio Mumbai' (2016), 'Große Oper – Viel Theater? Bühnenbauten im europäischen Vergleich', 'Antonio de Campos. Concepts for Zaha Hadid' (2022), and 'Ganz große Oper – Viel mehr Theater?' (2024). Freelance writer for *DAB*, *Baumeister*, and *Bauwelt*, among others. Partner at kuratorenwerkstatt Förster, Gräwe,.

Christina Gräwe
*1965 in Idar-Oberstein.
Krankenschwester, Architekturstudium in Berlin. Ab 2003 Volontärin, dann Kuratorin am DAM. Dort zahlreiche Ausstellungen, u. a. »Martin Elsaesser und das Neue Frankfurt« (2009).
Seit 2007 freie Kuratorin und Publizistin. Weitere Ausstellungen: »STADTVISIONEN 1910|2010« (Architekturmuseum TU Berlin, 2010), »Unvollendete Metropole. 100 Jahre Städtebau für Groß-Berlin« (2020), »immer modern! Berlin und seine Straßen« (2024), »Ganz große Oper – Viel mehr Theater?« (2024). Freie Redakteurin / Autorin bei u. a. *BauNetz*, *competition Magazin*, *DAB*. Partnerin der kuratorenwerkstatt Förster, Gräwe,.
*1965 in Idar-Oberstein.
Trained as a nurse. Studied architecture in Berlin. From 2003: trainee and curator at DAM where she curated numerous exhibitions, including 'Martin Elsaesser und das Neue Frankfurt' (2009). Since 2007: freelance curator and journalist.
Further exhibitions include: 'STADTVISIONEN 1910|2010' (Architectural Museum of the Technical University of Berlin, 2010), 'Unfinished Metropolis. 100 Years of Urban Development for Greater Berlin' (2020), 'immer modern! Berlin und seine Straßen' (2024), and 'Ganz große Oper – Viel mehr Theater?' (2024). Freelance writer / editor at *BauNetz*, *competition magazine*, *DAB*, among others. Partner at kuratorenwerkstatt Förster, Gräwe,.

Florian Heilmeyer
*1974 in Tübingen.
Autor, Redakteur, Kritiker, Kurator und Berater im Bereich Architektur und Stadt. Ausstellungen, Bücher, Texte und Vorträge. Seine Texte erscheinen in der internationalen Fach- und Tagespresse, darunter regelmäßig in *BauNetz*, *Baumeister*, *Architectural Review*, *Metropolis*, *taz*, *Werk Bauen + Wohnen*. 2008 und 2012 als Redakteur an den deutschen Beiträgen zur Architekturbiennale in Venedig beteiligt. Jüngst erschienen sind *Umbauarchitektur in Flandern* (2024) und *Berlin* (2023). Aktuell begleitet er die internationale Wanderausstellung *Umbau* von gmp als kuratorischer Berater.
*1974 in Tübingen.
Writer, editor, critic, curator, and consultant on architecture and the city. He creates exhibitions, books, texts, and lectures His texts appear in the international trade and daily press, including *BauNetz*, *Baumeister*, the *Architectural Review*, *Metropolis*, *taz*, and *Werk Bauen + Wohnen*. 2008 and 2012: involved in the German contributions to the Venice Architecture Biennale as an editor. His most recent publications are *Umbauarchitektur in Flandern* (2024) and *Berlin* (2023). He currently works as a curatorial consultant on the international travelling exhibition 'Umbau' by gmp.

Aline Hielscher
Geboren in Leipzig.
Studierte Innenarchitektur an der FH Wismar sowie Architektur an der TU Dresden und an der FH Potsdam. Arbeitete zehn Jahre in Paris, unter anderem bei Marc Mimram und Dominique Perrault Architecture. Seit 2016 Leiterin des nach ihr benannten Büros in Leipzig. Mit dem Umbau einer ehemaligen Telefonzentrale zur Kindertagesstätte in Merseburg stand sie auf der Shortlist des DAM Preis 2025.
Born in Leipzig.
Studied interior design at the University of Applied Sciences in Wismar and architecture at the Technical University of Dresden and the University of Applied Sciences in Potsdam. Worked in Paris for ten years, including at Marc Mimram and Dominique Perrault Architecture. Since 2016, she has been the director of the office named after her in Leipzig. She was shortlisted for the DAM Preis 2025 for her conversion of a former telephone exchange into a daycare centre in Merseburg.

David Kasparek
*1981 in Bremen.
Studierte Architektur in Köln und war zwischen 2006 und 2019 in unterschiedlichen Funktionen Mitglied der Redaktion der BDA-Zeitschrift *der architekt* in Bonn und Berlin. Der sozialisierte Hesse mit hanseatischem Migrationshintergrund gründete 2020 das interdisziplinäre studio kasparek, das sich mit Gestaltung und ihrer Vermittlung beschäftigt. Mit Fokus auf Architektur und Industriedesign schreibt und moderiert er, ist als Berater und Grafiker tätig sowie als »davidkaspar3k« in den sozialen Netzwerken umtriebig. Mitglied im Beirat des DAM Preis für Architektur in Deutschland und regelmäßig Mitglied verschiedener Architekturpreis-Jurys.
*1981 in Bremen.
Studied architecture in Cologne and was a member of the editorial team of the BDA magazine *der architekt* in Bonn and Berlin in various roles between 2006 and 2019. The socialised Hessian with a Hanseatic migrant background founded the interdisciplinary studio kasparek in 2020, which deals with design and its communication. With a focus on architecture and industrial design, he writes and moderates, works as a consultant and graphic designer, and is active on social media as 'davidkaspar3k'. He is also a member of the advisory board for the DAM Preis for Architecture in Germany and a regular member of various architecture prize juries.

Brita Köhler
*1976 in Gießen.
Studierte Architektur an der Hochschule Darmstadt. Freie Mitarbeit bei *db deutsche bauzeitung*, Mitarbeit bei Auer+Weber, Stuttgart. Seit 2010 Leiterin der Presse- und Öffentlichkeitsarbeit im DAM, daneben Tätigkeit als freie Autorin.
*1976 in Gießen.
Studied architecture at the University of Applied Sciences in Darmstadt. Freelance work for *db deutsche bauzeitung*, work at Auer+Weber, Stuttgart. Since 2010: head of press and public relations at DAM, also works as a freelance author.

Benedikt Kraft
*1962.
Studierter Sozial- und Wirtschaftshisto-
riker, Autor, Fotograf, Juror und Anstif-
ter, arbeitet seit mehr als 30 Jahren über
baukulturelle und bautechnische Themen
zusammen mit Fachautoren/-innen und
allein. DBZ-Redakteur, Moderator
und Podcaster sowie ganz zuerst Vater
dreier Kinder.
*1962.
A graduate in social and economic history, author, photographer, juror, and
instigator, he has been working on architectural and construction topics for more
than 30 years, both independently and
in collaboration with specialist authors.
DBZ editor, presenter, and podcaster, and,
above all, father of three children.

Stefanie Lampe
*1984 in Heilbronn.
Studium der Kunstgeschichte und An-
gewandten Kulturwissenschaften am
Karlsruher Institut für Technologie
(KIT). 2009–2018 freie Mitarbeiterin in
der Presse- und Öffentlichkeitsarbeit im
DAM. Seit 2017 freie Kuratorin und Pu-
blizistin. Ausstellungen u. a.: »Fahr Rad!
Die Rückeroberung der Stadt« (2018),
»Internationaler Hochhaus Preis 2020«
(2020), »Schön hier. Architektur auf dem
Land« (2022), »Die Bauwende fest im
Blick« (2023). Seit 2019 akademische Mit-
arbeiterin am Studiengang Architektur
der Hochschule Karlsruhe (HKA). Seit
Dezember 2023 Geschäftsführerin des
Architekturschaufenster e. V., Karlsruhe.
Seit 2024 studiokasa mit Rebekka Rass.
*1984 in Heilbronn.
Studied art history and applied cultural
studies at the Karlsruhe Institute of
Technology (KIT). 2009–2018: freelance
work in press and public relations at
DAM. Since 2017: freelance curator and
publicist. Exhibitions include: 'Fahr Rad!
Reclaiming the City' (2018), 'International
Highrise Award 2020' (2020), 'Schön hier.
Architektur auf dem Land' (2022),
'Die Bauwende fest im Blick' (2023).
Since 2019: academic staff member at the
Department of Architecture at Karlsruhe
University of Applied Sciences (HKA).
Since December 2023: managing director
of Architekturschaufenster e. V., Karlsruhe.
Since 2024: studiokasa together with
Rebekka Rass.

Jonas Malzahn
*1986 in Ostercappeln.
Architekturstudium an der Bauhaus-
Universität in Weimar und am
Washington-Alexandria Architecture
Center der Virginia Tech, USA. Tätigkeit
in verschiedenen Architekturbüros in
Dänemark, Österreich und Deutschland.
Er war akademischer Mitarbeiter am
Lehrstuhl für Stadtplanung und Ent-
werfen an der Universität Stuttgart und
Geschäftsführer des Architekturschau-
fenster e. V. in Karlsruhe. Freier Kurator
und Partner bei studio central sowie
wissenschaftlicher Mitarbeiter am Lehr-
stuhl für Städtebau und Entwerfen an
der Bauhaus-Universität Weimar.
*1986 in Ostercappeln.
Studied architecture at the Bauhaus
University in Weimar and at the
Washington-Alexandria Architecture
Center at Virginia Tech, USA. Worked in
various architecture firms in Denmark,
Austria, and Germany. He was an academic associate at the Chair of Urban
Planning and Design at the University
of Stuttgart and managing director of
the Architekturschaufenster e. V.
He is a freelance curator and partner
at studio central, as well as a research
associate at the Chair of Urban Design
and Planning at the Bauhaus University
in Weimar.

Katharina Matzig
*1968 in Kleve.
Hat in Braunschweig Architektur studiert und wurde mit dem Lavespreis des
Landes Niedersachsen ausgezeichnet.
Nach einem Praktikum bei der *Bauwelt*
in Berlin arbeitete sie als Online-
Redakteurin für *BauNetz*. Seit 1997
Referentin für Öffentlichkeitsarbeit bei
der Bayerischen Architektenkammer
in München, dort vor allem in der
Architekturvermittlung tätig. Fach-
journalistin und Buchautorin. Lebt mit
Mann und drei Kindern in München.
*1968 in Kleve.
Studied architecture in Braunschweig;
received the Lavespreis from the state
of Niedersachsen. After an internship
at *Bauwelt* in Berlin, worked as an online
editor for *BauNetz*. Since 1997:
PR consultant for the Bavarian Chamber
of Architects in Munich with a focus
on architectural outreach. Works as
a journalist and author and lives with her
husband and three children in Munich.

Anna-Maria Mayerhofer
*1995 in München.
Architekturstudium in München,
Lausanne und Paris. Ab 2018 am
Architekturmuseum der TU München,
Öffentlichkeitsarbeit und Ausstellungs-
assistenz. *ARCH+*-Stipendiatin der
Sto-Stiftung, Mitarbeit bei *ARCH+ 246.
Zeitgenössische feministische Raumpra-
xis* (2022). 2022–2024 Kuratorische As-
sistentin am Deutschen Architekturmu-
seum im Ausstellungsprojekt »Protest/
Architektur. Barrikaden, Camps, Sekun-
denkleber«. Lehrauftrag am Fachgebiet
Entwerfen und Raumgestaltung an der
TU Darmstadt. Seit 2024 wissenschaftli-
che Mitarbeiterin am Lehrstuhl für Sus-
tainable Urbanism an der TU München.
*1995 in Munich.
Studied architecture in Munich, Lausanne,
and Paris. From 2018: at the Architecture
Museum of the Technical University of
Munich (TUM), public relations, and exhibition assistance. *ARCH+*-Fellow of the
Sto Foundation, contributor to *ARCH+ 246:
'Zeitgenössische feministische Raumpraxis'* (2022). 2022–2024: curatorial
assistant at the German Architecture
Museum in the exhibition project 'Protest/
Architecture. Barricades, Camps, Super
Glue'. Teaching assignment in the Depart-
ment of Design and Spatial Design at the
TU Darmstadt. Since 2024: research asso-
ciate at the Chair of Sustainable Urbanism
at the TUM.

Irene Meissner
*1961 in Kassel.
Architekturstudium TH Darmstadt,
Promotion TU München (Sep Ruf
1908–1982). Seit 2001 Tätigkeit am
Architekturmuseum der TUM, Mitarbeit
an zahlreiche Ausstellungen und
Publikationen, u. a. *Exemplarisch. Konstruktion und Raum in der Architektur
des 20. Jahrhunderts* (2002), *Frei Otto.
Das Gesamtwerk. Leicht bauen, natürlich gestalten* (2005), *Sep Ruf 1908–1982*
(2008), *Die Weisheit baut sich ein Haus.
Architektur und Geschichte von Bibliotheken* (2011), *Die Olympiastadt München*
(2022), *4 Museen – 1 Moderne* (2025). Seit
2023 Leitung des Archivs des Architekturmuseums der TU München.

*1961 in Kassel.
Studied architecture at Darmstadt Technical University, doctorate from Technical University of Munich (Sep Ruf 1908–1982). Since 2001, has worked at the Architecture Museum at the Technical University of Munich (TUM), collaborating on numerous exhibitions and publications, including *Exemplarisch. Konstruktion und Raum in der Architektur des 20. Jahrhunderts* (2002), *Frei Otto. Das Gesamtwerk. Leicht bauen, naturlich gestalten* (2005), *Sep Ruf 1908–1982* (2008), *Die Weisheit baut sich ein Haus. Architektur und Geschichte von Bibliotheken* (2011), *The Olympic City of Munich* (2022), *4 Museums – 1 Modernism* (2025). Since 2023, she has been head of the archives of the Architecture Museum at the TUM.

Friederike Meyer
*1972 in Dresden.
Hat Architektur in Aachen und Seattle studiert sowie die Evangelische Journalistenschule in Berlin absolviert. Als Autorin, Moderatorin, Redakteurin und Dozentin für Architekturkommunikation bearbeitet sie die Schnittstelle von Architektur, Stadtentwicklung und Gesellschaft. Seit 2017 Chefredakteurin der Meldungsredaktion von *BauNetz* sowie Mitherausgeberin des Buches *Die Stadt nach Corona* (2021).
*1972 in Dresden.
Studied architecture in Aachen and Seattle and graduated from the Protestant School of Journalism in Berlin. As an author, presenter, editor, and lecturer in architectural communication, she works at the interface between architecture, urban development, and society. Since 2017, she has been editor-in-chief of the news editorial team at *BauNetz* and co-editor of the book *Die Stadt nach Corona* (The City after Corona, 2021).

Michael Mönninger
*1958 in Paderborn.
Prof. Dr. phil. Studierte zunächst Schulmusik und Klavier, anschließend Germanistik, Philosophie, Soziologie und Kunstgeschichte an der Goethe-Universität Frankfurt am Main. Absolvierte 1985 die Henri-Nannen-Journalistenschule. Redakteur und Architekturkritiker bei verschiedenen Zeitungen und Magazinen, darunter *FAZ*, *Spiegel*,

Berliner Zeitung und *Welt*. 2003–2007 Frankreich-Korrespondent der *ZEIT* in Paris. Seit 2007 Professor für Geschichte und Theorie der Bau- und Raumkunst an der Hochschule für Bildende Künste Braunschweig.
*1958 in Paderborn.
Prof. Dr. phil. Initially studied school music and piano, then German language and literature, philosophy, sociology, and art history at Goethe University Frankfurt am Main. Graduated from the Henri Nannen School of Journalism in 1985. Editor and architecture critic for various newspapers and magazines, including *FAZ*, *Spiegel*, *Berliner Zeitung*, and *Welt*. France correspondent for *DIE ZEIT* in Paris from 2003 to 2007. Since 2007, professor of history and theory of architecture and spatial art at the Braunschweig University of Art.

Martin Rein-Cano
*1967 in Buenos Aires.
Studierte Kunstgeschichte in Frankfurt am Main sowie Landschaftsarchitektur in Hannover und Karlsruhe. 1996 Gründung von TOPOTEK 1 in Berlin, 2017 von TOPOTEK 1 Architektur in Zürich. Das vielfach preisgekrönte und international besetzte Büro beschäftigt sich mit Landschaftsarchitektur, Architektur und Stadtplanung.
*1967 in Buenos Aires.
Studied art history in Frankfurt am Main and landscape architecture in Hanover and Karlsruhe. Founded TOPOTEK 1 in Berlin in 1996 and TOPOTEK 1 Architecture in Zurich in 2017. The multi-award-winning, international firm specialises in landscape architecture, architecture, and urban planning.

Amber Sayah
Freie Journalistin. Bis 2018 Redakteurin für Kunst und Architektur in der Kulturredaktion der *Stuttgarter Zeitung / Stuttgarter Nachrichten*. Mitbegründerin und 1998–2017 Moderatorin des Ludwigsburger Architekturquartetts, das sich in öffentlichen Diskussionsrunden mit dem Bauen in der Region Stuttgart und Ludwigsburg auseinandersetzt. Zahlreiche Buch- und Zeitschriftenveröffentlichungen.
Freelance journalist. Until 2018: editor for art and architecture in the culture section of the *Stuttgarter Zeitung / Stuttgarter*

Nachrichten. Co-founder and moderator (1998–2017) of the Ludwigsburg architecture quartet, which facilitates public discussions on architecture in the Stuttgart region and Ludwigsburg. Numerous book and magazine publications.

Anna Scheuermann
*1977 in Bad Homburg.
Architektin, Kuratorin, Autorin und Moderatorin. Studierte Architektur an der TU Darmstadt und am Tec de Monterrey, Querétaro / Mexiko. 2016 Ko-Kuratorin des deutschen Beitrags »Making Heimat. Germany, Arrival Country« auf der Architekturbiennale in Venedig. 2022–2024 Teil des Teams der World Design Capital Frankfurt RheinMain 2026, Ko-Herausgeberin des *Design for Democracy Reader* (2025). Mitgründerin der Architects for Future in Frankfurt und Mitglied der Initiative making frankfurt.
*1977 in Bad Homburg.
Architect, curator, author, and presenter. Studied architecture at TU Darmstadt and Tec de Monterrey, Querétaro, Mexico. In 2016, co-curator of the German contribution 'Making Heimat. Germany, Arrival Country' at the Venice Architecture Biennale. From 2022 to 2024, she was part of the team for World Design Capital Frankfurt Rhine-Main 2026 and co-editor of the *Design for Democracy Reader* (2025). Co-founder of Architects for Future in Frankfurt and member of the making frankfurt initiative.

Christina A. Schindler
*1986 in Rotenburg an der Wümme.
Nach Architekturdiplom in Leipzig und Auslandsaufenthalt in New York City, Master Architekturvermittlung mit Auszeichnung. Kommunikation und PR bei Barkow Leibinger (Berlin) und Herzog & de Meuron (Basel). Später als Partnerin bei Kinzo Architekten verantwortlich für den Bereich People & Communication. Aktiv im Verband Kreative Lausitz. 2024 Gründungsmitglied des wir sind dran : Verband für Nachhaltigkeitsmanagement im Bauwesen e. V. Berät zu Kommunikation, Personalentwicklung und Nachhaltigkeit.
*1986 in Rotenburg an der Wümme.
After graduating in architecture in Leipzig and spending time abroad in

New York City, she completed a master's degree in architecture communication with distinction. Communication and PR at Barkow Leibinger (Berlin) and Herzog & de Meuron (Basel). Later, as a partner at Kinzo Architekten, responsible for the People & Communication division. Active in the Kreative Lausitz association. 2024: Founding member of wir sind dran : Verband für Nachhaltigkeitsmanagement im Bauwesen e. V. (We're on it: Association for Sustainability Management in Construction). Advises on communication, human resources development, and sustainability.

Peter Cachola Schmal
*1960 in Altötting.
Aufenthalte in Multan / Pakistan, Mülheim / Ruhr, Jakarta / Indonesien, Holzminden und Baden-Baden. Architekturstudium an der TU Darmstadt; 1989 Diplom. 1989 Mitarbeit bei Behnisch+Partner in Stuttgart, 1990–1993 bei Eisenbach + Partner in Zeppelinheim. 1992–1997 Wissenschaftlicher Mitarbeiter an der TU Darmstadt. 1997–2000 Lehrauftrag für Entwerfen an der FH Frankfurt. Ab 2000 Kurator, seit 2006 Direktor des DAM. 2007 Deutscher Generalkommissar VII. Internationale Architekturbiennale São Paulo. Generalkommissar des Deutschen Pavillons der 15. Internationalen Architekturausstellung Venedig 2016.
*1960 in Altötting.
Lived in Multan, Pakistan; Mülheim, Ruhr; Jakarta, Indonesia, Holzminden; and Baden-Baden. Studied architecture at the TU Darmstadt where he obtained his Diplom degree in 1989. Worked with Behnisch+Partner in Stuttgart (1989) and Eisenbach + Partner (1990–1993) in Zeppelinheim. Research assistant at the TU Darmstadt (1992–1997). Teaching post for design at the FH Frankfurt (1997–2000). Since 2000: curator at DAM, and since 2006: director of DAM. Commissioner General, VII. International Architecture Biennale in São Paulo (2007). Commissioner General of the German Pavilion at the 15th International Architecture Exhibition in Venice, 2016.

Dijane Slavic
*1977 in Mosbach.
2007 Diplom Architektur an der Hochschule Darmstadt. 2007–2011 Projekt- und Teamleitung AIT l GKT, Organisation & Konzeption von Ausstellungen, Workshops und Veranstaltungen im In- und Ausland. 2011–2014 Strategische Beratung und Projektleitung bei Detail transfer, Entwicklung individueller und integrierter Kommunikationsstrategien. Seit 2017 internationales Architektur Media Management für JUNG.
*1977 in Mosbach.
2007: Diploma in Architecture, University of Applied Sciences, Darmstadt. 2007–2011: project and team management at AIT l GKT, organisation and conception of exhibitions, workshops, and events in Germany and abroad. 2011–2014: strategic consultancy and project management at Detail transfer, development of individual and integrated communication strategies. Since 2017: international architecture media management for JUNG.

Deniz Turgut
*1970 in Ankara.
2000–2008 Key Account Manager, JUNG, 2006–2009 Leiter Key Account Manager JUNG, 2009–2011 Leiter Objektmanagement JUNG, 2011–2015 Leiter Marketing JUNG, seit 2015 Head of Global Marketing, JUNG.
*1970 in Ankara.
2000–2008: key account manager, JUNG. 2006–2009: head key account manager, JUNG. 2009–2011: head of object management, JUNG. 2011–2015: head of marketing, JUNG. Since 2015: head of global marketing, JUNG.

Uta Winterhager
*1972 in Bonn.
Studierte Architektur an der RWTH Aachen und an der Bartlett School London. Seit 2000 freie Autorin und Architekturkritikerin (winterhagerbuero), u. a. als Rheinlandkorrespondentin für verschiedene Fachmagazine, Redakteurin bei koelnarchitektur.de und TRANSURBAN – Urban Art in NRW, Herausgeberin und Autorin des *Architekturführer Köln* (2015 und 2023).

*1972 in Bonn.
Studied architecture at RWTH Aachen University and the Bartlett School in London. Since 2000, freelance author and architecture critic (winterhagerbuero), including as Rhineland correspondent for various trade magazines, editor at koelnarchitektur.de and TRANSURBAN – Urban Art in NRW (North Rhine-Westphalia), editor and author of *Architekturführer Köln* (2015 and 2023).

Nachrufe
In Memoriam

Hinrich Baller
(4. Juli 1936 bis 23. Juli 2025)

Ach, was haben wir die beiden gefeiert! Worte des Überschwangs waren leicht gefunden und gesprochen, als 2023 Inken und Hinrich Baller der Große BDA-Preis in Köln für ein Lebenswerk verliehen wurde. Alle waren bereit zur Standing Ovation, deren Ausbleiben die beiden auf der Bühne möglicherweise einer Rührung zu verdanken hatten, die viele offensichtlich überkam ob der tatsächlichen, der wirklichen Konfrontation mit den doch längst vergessenen Heroen der Vergangenheit. »Mit zeitlichem Abstand lässt sich diese Architektur«, so in der Laudatio, »aber aufgrund ihrer Haltung als heute noch vorbildlich begreifen: aufmüpfig, fröhlich, sozial und von eigenwilliger Schönheit.«
Nun aber ist der Berliner Hinrich Baller im Alter von 89 Jahren gestorben. Einer, der meist gegen das Normative, Institutionelle gearbeitet hat und der sich wenigstens auch als Künstler (Musiker) verstand; was man seiner Architektur, die er zusammen mit Inken Baller uns allen schenkte, ansieht. Bis heute.
Ich hatte ihn zum letzten Mal zu seinem 80. Geburtstag in seiner Dachwohnung besucht; der große, drahtige, braun gebrannte Mann mit schlohweißer Mähne und wie meist offenem Hemd und spitzen Schuhen überraschte mich immer noch mit seiner Schüchternheit, die all seinem Schimpfen und Zetern über die politischen und die kulturellen »Umstände«, wie er immer wieder sagte, unterlegt war. Dass »niemand von den Großen« sich zu seinem runden Geburtstag bei ihm gemeldet hatte, schmerzte ihn offensichtlich. Doch Schwamm drüber. Hinrich Baller war bis zum Schluss ein nonchalanter Widerspruchsgeist, aktiv im baukulturellen Alltag Berlins, immer ein wenig neben der großen Diskurswetterlage und damit sehr nah dran am (alltäglich) Wesentlichen. Dass er am Ende des Gesprächs mich noch fragte, ob er mir etwas auf einem seiner Flügel vorspielen dürfe, und ich Zeit hatte und ja sagte, hat mir diesen Mann, der mir selbst in meinen jüngeren Jahren »der Baller« war, nähergebracht und damit verständlicher gemacht; Bachs Präludien und Fughetten sei es gedankt. Dass wir heute, zusammen mit Inken Baller, noch einmal und jetzt wieder ganz vom Anfang auf das von den Nutzenden geliebte Werk schauen sollen, das könnte die implizite Aufforderung sein, die die BDA-Ehrung auch war. Es bleiben Bilder, es bleibt ein Werk und immer auch ein mintgrüner, feiner Mythos, den im Dazulernen aufzulösen nun in unserer Verantwortung liegt.
Dafür Dank, lieber Hinrich Baller.

Benedikt Kraft

Hinrich Baller
(4 July 1936 to 23 July 2025)

Oh, how we celebrated them both! Words of exuberance came easily when Inken and Hinrich Baller were awarded the Großer BDA-Preis (BDA Grand Award) in Cologne in 2023 for their life's work. Everyone was ready to give them a standing ovation, but perhaps the absence of one was due to the emotion that many were overcome with when confronted with the long-forgotten heroes of the past. According to the laudatory speech: 'With the passage of time, however, this architecture can still be understood as exemplary because of its attitude: rebellious, cheerful, social, and of idiosyncratic beauty.' However, Hinrich Baller, a Berliner, has now passed away at the age of 89. He was someone who mostly worked against the normative and institutional and who, at least, also saw himself as an artist (musician). This can be seen in the architecture he gave to us all, together with Inken Baller. To this day.
I had last visited him on his 80th birthday in his attic flat, where the tall, wiry, tanned man with a snow-white mane, wearing his usual open shirt and pointed shoes, still surprised me with his shyness, which underpinned all his ranting and raving about the political and cultural 'circumstances', as he repeatedly put it. It was clear that he was hurt that none of the 'big names' had contacted him for his milestone birthday. But let's forget about that. Hinrich Baller remained a nonchalant contrarian until the end. He was active in everyday architectural culture in Berlin, always slightly removed from major discourses, and thus very close to the (everyday) essentials. At the end of our conversation, he asked if he could play something for me on one of his grand pianos. I had time, so I agreed, which brought me closer to this man who had always been 'the Baller' to me, even in my younger years. Thanks to Bach's Preludes and Fughettas, I finally understood him. Today, together with Inken Baller, we are once again looking at work that is loved by its users, this time from the very beginning. This could be the implicit invitation that the BDA honour also represented. What remains are images, a body of work, and always a mint-green, delicate myth that it is now our responsibility to dispel as we learn more.
Thank you for that, dear Hinrich Baller.

Benedikt Kraft

**Kristin Feireiss
(1. Juli 1942 bis 20. April 2025)**

Keine vier Wochen vor ihrem Tod stand Kristin Feireiss in ihrer Berliner Galerie *Aedes* und begrüßte die Vernissagengäste – wie immer mit großer Wärme und Herzlichkeit. Architekturschaffenden wie Architektur eine Bühne zu geben und den Debatten darüber einen Raum, darin war sie Meisterin – vor allem aber eine Pionierin.

Kristin Feireiss wurde 1942 in Berlin geboren. Sie studierte Kunstgeschichte und Philosophie an der Johann Wolfgang Goethe-Universität in Frankfurt. Von 1996 bis 2001 leitete sie das Niederländische Architekturinstitut NAi in Rotterdam. 1996 und 2000 kuratierte sie den Niederländischen Pavillon auf der Architekturbiennale in Venedig, gehörte später zur Biennale-Jury, die die Löwen vergibt. Als erste Frau und erste Nichtarchitektin wurde sie 2024 mit dem Hamburger Fritz-Schumacher-Preis ausgezeichnet. Von ihren vielen Initiativen und Mitgliedschaften sei die Jury des Pritzker-Preis-Komitees erwähnt, der sie von 2013 bis 2017 angehörte.

Als Kristin Feireiss und Helga Retzer bereits 1980 in Berlin-Charlottenburg ihre Galerie *Aedes* eröffneten, wurde über Architektur nur selten berichtet. Und die Architekturszene war vor allem eine Architektenszene. Daniel Libeskind, Peter Eisenman, Rem Koolhaas, Peter Cook und Zaha Hadid – sie alle und noch viel mehr stellte sie aus, alle kamen in ihre Galerie, lange bevor sie selbst international bekannt wurden. In den mehr als vier Jahrzehnten seit der Gründung ist *Aedes* zum internationalen Netzwerk geworden. »Architektur geht uns alle an, ob wir wollen oder nicht«, so lautete einer ihrer Leitsätze. Gemeinsam mit ihrem Partner Hans-Jürgen Commerell initiierte sie (neben rund 1.000 Veranstaltungen ab 1994) auch *The Aedes Metropolitan Laboratory ANCB*, einen Raum, der vor allem Studierenden eine Austauschplattform bietet.

Kristin Feireiss war eine Türöffnerin und großartige Gastgeberin. Mit ungebrochener Leidenschaft setzte sie sich ein für die Themen der Architektur und machte durch ihre zugewandte, positive und direkte Art immer wieder auch den weiblichen Kolleginnen Mut.

Friederike Meyer

Es handelt sich hier um die gekürzte Fassung des Nachrufs, der am 23. April 2025 bei *BauNetz* erschienen ist.

**Kristin Feireiss
(1 July 1942 to 20 April 2025)**

Less than four weeks before her death, Kristin Feireiss stood in her Berlin gallery, *Aedes*, and welcomed guests to the exhibition opening, as always with great warmth and cordiality. She was a master and, above all, a pioneer at providing a platform for architects and architecture as well as creating a space for debate.

Kristin Feireiss was born in Berlin in 1942. She studied art history and philosophy at the Johann Wolfgang Goethe University in Frankfurt. From 1996 to 2001, she was director of the Netherlands Architecture Institute (NAi) in Rotterdam. She curated the Dutch pavilion at the Venice Architecture Biennale in 1996 and 2000 and later served on the Biennale jury that awards the Lions. In 2024, she became the first woman and the first non-architect to receive the Fritz Schumacher Prize in Hamburg. Notable among her many initiatives and memberships is her role on the Pritzker Prize Committee jury, which she served on from 2013 to 2017.

When Kristin Feireiss and Helga Retzer opened their *Aedes* gallery in Berlin-Charlottenburg back in 1980, architecture rarely received media attention. The architecture scene was primarily dominated by male architects. The gallery exhibited the work of Daniel Libeskind, Peter Eisenman, Rem Koolhaas, Peter Cook, and Zaha Hadid, among many others, and they all came to the gallery long before they became internationally renowned. In the more than four decades since its foundation, *Aedes* has grown into an international network. 'Architecture concerns us all, whether we like it or not' was one of her guiding principles. Together with her partner Hans-Jürgen Commerell, she also initiated *The Aedes Metropolitan Laboratory ANCB*, a space that offers a platform for exchange, especially for students, in addition to around 1,000 events since 1994.

Kristin Feireiss was a trailblazer and a wonderful host. She championed architectural issues with unwavering passion and repeatedly encouraged her female colleagues in particular with her attentive, positive, and direct manner.

Friederike Meyer

This is an abridged version of the obituary that was published on *BauNetz* on 23 April 2025.

Ingeborg Flagge
(1. Oktober 1942 bis 20. Dezember 2024)

Die gelernte Archäologin und Ägyptologin war 2000–2005 Direktorin des DAM in Frankfurt. In dieser Zeit hat sie eine positive Trendumkehr in der Wahrnehmung des Museums geschafft, das in den 1990er Jahren in eine Krise geraten war, finanziell wie inhaltlich. Nun kamen wieder mehr Besucher in Haus, besonders das breitere Publikum. Die Diskussionen wurden lebendiger, die Presse horchte auf. Das Programm wurde vielschichtiger, und die sehr vielen und rasch wechselnden Ausstellungen begeisterten. Ingeborg Flagge eröffnete die Dauerausstellung zur Geschichte des Wohnens und Bauens wieder, die von Heinrich Klotz initiiert und von seinem Nachfolger Vittorio Magnago Lampugnani unwillig eröffnet worden war. Den Freundeskreis des DAM, der von Wilfried Wang, dem nächsten Direktor, wieder ins Leben gerufen worden war, konnte Flagge erweitern. Und sie konnte neue Sponsoren gewinnen, die Finanzierung seitens der Stadt konsolidierte sich. Damit schlug sie ein neues Kapitel auf.
Ingeborg Flagge war ein neugieriger und keiner Konfrontation aus dem Weg gehender Mensch. Sie hatte ein breites Studium in Köln absolviert und promovierte dort im Alter von 27 Jahren in Archäologie. Direkt nach dem Studium begann sie als Referentin für Öffentlichkeitsarbeit beim BDA in Bonn und wurde 1972 die streitbare Chefredakteurin des BDA-Organs *der architekt* (heute *Die Architekt*). Zwischenzeitlich war sie fünf Jahre lang die Bundesgeschäftsführerin des BDA. 1995 ging sie als Professorin für Baugeschichte nach Leipzig. Sie kannte praktisch alle in der deutschen Architektenschaft, was ihr bei ihrem Start im DAM enorm half. Trotzdem provozierte sie diese »Szene« liebend gern, zum Beispiel mit einer großen Einzelausstellung über deren größten Tabu-Künstler, Friedensreich Hundertwasser. Außerdem präsentierte sie den bisher unbekannten Geoffrey Bawa aus Sri Lanka, der heute als Vater der tropischen Moderne gilt. Sie hob darüber hinaus 2004 zusammen mit der DekaBank und der Stadt Frankfurt den Internationalen Hochhauspreis aus der Taufe.
2005 verließ sie zwei Jahre vor Ablauf ihres verlängerten Vertrags das Haus in Frankfurt, enttäuscht vom mangelnden Zuspruch von Sponsoren und Politik. Sie hatte sich nie richtig wohlgefühlt in der Stadt, wie sie bis zu ihrem Tode betonte.
Zurück in ihrer Wahlheimat Bonn, verfasste sie Texte und Reportagen, organisierte Architekturreisen. Ingeborg Flagge starb im Alter von 82 Jahren durch Freitod, wie ihr langjähriger Freund Volkwin Marg in seiner Todesanzeige meldete.

Peter Cachola Schmal

Der Nachruf erschien zuerst auf der Webseite des Deutschen Architekturmuseums DAM.

Ingeborg Flagge
(1 October 1942 to 20 December 2024)

A trained archaeologist and Egyptologist, Flagge was the director of the German Architecture Museum (DAM) in Frankfurt from 2000 to 2005. During this time, she successfully reversed the negative trend in the museum's image, which had deteriorated in the 1990s in terms of both finances and content. More visitors, especially from the general public, were coming to the museum again. Discussions became livelier, and the press took notice. The programme became more diverse and the numerous, rapidly changing exhibitions were met with enthusiasm. Flagge also reopened the permanent exhibition on the history of living and building, which had been initiated by Heinrich Klotz and reluctantly opened by his successor, Vittorio Magnago Lampugnani. She was also able to expand the DAM's Friends programme, which had been revived by the next director, Wilfried Wang. Flagge attracted new sponsors and consolidated funding from the city. This marked the beginning of a new chapter. Ingeborg Flagge was an inquisitive individual unafraid of confrontation. After completing a broad range of studies in Cologne, she obtained a doctorate in archaeology at the age of 27. She then began working as a public relations officer for the Association of German Architects (Bund Deutscher Architekten; BDA) in Bonn, becoming the combative editor-in-chief of the BDA's publication *der architekt* (now *Die Architekt*) in 1972. She also served as the BDA's federal managing director for five years. In 1995, she moved to Leipzig to take up a professorship in architectural history. Her extensive network of contacts within the German architectural community proved invaluable when she started at the DAM. Nevertheless, she loved to provoke this 'scene' – for example, by holding a major solo exhibition on the scene's most controversial artist, Friedensreich Hundertwasser. She also presented Geoffrey Bawa from Sri Lanka, who was previously unknown and is now considered the father of tropical modernism. In 2004, she launched the International Highrise Award in collaboration with DekaBank and the City of Frankfurt.
In 2005, two years before her contract was due to expire, she left the DAM in Frankfurt, having been disappointed by the lack of support from sponsors and politicians. She had never really felt at home in the city, a fact she emphasised until her death.
Back in her adopted home of Bonn, she wrote texts and reports and organised architectural tours. Ingeborg Flagge died by suicide at the age of 82, as her long-time friend Volkwin Marg reported in his announcement of her death.

Peter Cachola Schmal

The obituary was first published on the website of the German Architecture Museum (DAM).

Robert Kaltenbrunner
(5. Juni 1960 bis 21. Februar 2025)

Robert Kaltenbrunner! Am 21. Februar 2025, im Alter von 64 Jahren, musste er uns, seine Familie, seine Freunde, seine Mitstreiter für eine bessere Stadt, eine bessere Architektur, für immer verlassen. Völlig unerwartet. Was bleibt, ist die Erinnerung an einen ganz besonderen Menschen: zupackend, schriftgewaltig, kritisch, aber immer konstruktiv und nie verletzend. Robert war Architekt und Stadtplaner, und er hatte klare Botschaften, die er vor allem über die großen Zeitungen vermittelte – weit über ein Fachpublikum hinaus.

Robert studierte von 1980 bis 1986 Architektur und Städtebau an der TU Berlin. Seine Promotion thematisierte den Städtebau in Shanghai, ja, auch dort war er zu Hause. In den Jahren 1990–1999 arbeitete Robert als Leiter der Projektgruppe für städtebauliche Großvorhaben in der Berliner Senatsverwaltung für Bauen, Wohnen und Verkehr. Im Jahr 2000 wechselte er in das Bundesamt für Bauwesen und Raumordnung BBR und leitete dort die Abteilung Bau- und Wohnungswesen. Zuletzt war er stellvertretender Leiter des heutigen Bundesinstituts für Bau-, Stadt- und Raumforschung BBSR.

Unsere Bekanntschaft reicht weit in die 1990er Jahre zurück; sie vertiefte sich im Rahmen unserer gemeinsamen Tätigkeit im Verein Forum Stadt, einem Netzwerk historischer Städte. Dort bereicherte Robert ab 2008 das wissenschaftliche Kuratorium durch seine politisch-praktische Expertise. Und er war ein gern gelesener Autor der gleichnamigen Zeitschrift des Vereins, der »Vierteljahreszeitschrift für Stadtgeschichte, Stadtsoziologie, Denkmalpflege und Stadtentwicklung«. Einer seiner vielen Artikel dort widmete sich der Schönheit der Städte. 2011 fasste Robert seine Botschaft mit folgenden Worten zusammen: »Was also hat es mit der ›schönen Stadt‹ auf sich? Als Ziel kann man sie gar nicht in Abrede stellen. Städtebau aber darf nicht zur (reinen) Symbolpolitik werden, darf sich nicht in ›Embellissement‹ erschöpfen, darf nicht bloß eine Ästhetik des Stadterlebnisses beabsichtigen. Aneignen, heimisch werden, Identität erzeugen: Das sind Desiderate, auf die eine zeitgemäße Stadtentwicklung sich qualitativ einlassen muss ...«
Eine Aufforderung an uns alle!

Harald Bodenschatz

Es handelt sich hier um die gekürzte Fassung des Nachrufs, der am 31. März 2025 bei *BauNetz* erschienen ist.

Robert Kaltenbrunner
(5 June 1960 to 21 February 2025)

Robert Kaltenbrunner! On 21 February 2025, aged 64, he had to leave us – his family, his friends, and his fellow campaigners for a better city and better architecture – forever. It was completely unexpected. What remains is the memory of a very special person: energetic, eloquent, and critical, yet always constructive and never hurtful. Robert was an architect and urban planner, and he had clear messages that he communicated primarily through major newspapers, reaching far beyond a specialist audience.

Robert studied architecture and urban planning at the Technical University of Berlin between 1980 and 1986. The focus of his doctoral thesis was on urban planning in Shanghai. Yes, that was also one of his areas of expertise. From 1990 to 1999, he worked as head of the project group for large-scale urban development projects at the Berlin Senate Department for Building, Housing, and Transport. In 2000, he moved to the Federal Office for Building and Regional Planning (BBR), where he led the Building and Housing Department. Most recently, he was deputy head of what is now the Federal Institute for Research on Building, Urban Affairs, and Spatial Development (BBSR).

Our acquaintance dates back to the 1990s and deepened through our joint activities in the Forum Stadt association, a network of historic cities. From 2008 onwards, Robert enriched the scientific advisory board with his political and practical expertise. He was also a popular contributor to the association's magazine of the same name, the *Quarterly Journal for Urban History, Urban Sociology, Monument Preservation and Urban Development*. One of his many articles was devoted to the beauty of cities. In 2011, Robert summarised his message as follows: 'What is the "beautiful city" all about? It cannot be denied that it is a goal worth striving for. However, urban development must not become purely symbolic politics, nor be limited to "embellishment", nor merely aim to create an aesthetic urban experience. Appropriation, becoming at home and creating identity are all things that contemporary urban development must engage with in terms of quality ...'
A call to action for us all!

Harald Bodenschatz

This is an abridged version of the obituary that was published on *BauNetz* on 31 March 2025.

Uwe Kiessler
(17. Februar 1937 bis 29. Juli 2025)

Uwe Kiessler zählt zu jenen herausragenden Architekten, die in München – einem »der Moderne eher abgewandten Raum« (Jürgen Habermas) – im Umfeld der Olympischen Spiele eine neue architektonische Entwicklung beförderten.

Das Architekturstudium führte den jungen Krefelder Mitte der 1950er Jahre an die Technische Hochschule München. Nach dem Diplom machte er sich selbstständig, 1975 gewann er den Wettbewerb für die Münchner Staatskanzlei, der ihn schlagartig bekannt machte, die Ausführung blieb ihm jedoch versagt. In dem von Sep Ruf konzipierten Tucherpark schuf Kiessler die elegante, transparente Verwaltung der Bayerischen Rück (1976). Es folgten die »Gläserne Backstube« (1982) im Gärtnerplatzviertel, ein »Bekenntnis zur Lebendigkeit der Stadt«, und das Verlagshaus Gruner + Jahr in Hamburg (1990, mit Otto Steidle), ein wegweisendes Beispiel für eine humane und kommunikative Arbeitswelt. Ab 1981 wirkte Uwe Kiessler als Professor an der Fachhochschule München und ab 1990 an der Technischen Universität München. Für Generationen von Architekten und Architektinnen war er ein begeisternder und prägender Lehrer.

Besondere Verdienste erwarb er sich mit Münchner Kulturbauten und seinem Engagement für die Baukultur: etwa mit dem Kunstbau der Städtischen Galerie im Lenbachhaus (1994) – einen klug in einen Leerraum eingepassten unterirdischen Ausstellungsraum über dem U-Bahnhof Königsplatz –, der Aufstockung des Literaturhauses (1997) und der neuen Eingangshalle der Villa Stuck (2000). Durch seinen Einsatz blieb das Münchner Olympiastadion in der ursprünglichen Form erhalten. Mit großer persönlicher Hingabe leitete Kiessler auch viele Jahre den Förderverein des Architekturmuseums der TUM, den er 2002 beim Einzug des Architekturmuseums in die Pinakothek der Moderne mitgegründet hatte.

Kiesslers von konstruktiver Klarheit, funktionaler Strenge und sozialer Haltung getragenes Werk wurde vielfach ausgezeichnet, etwa mit dem Deutschen Architekturpreis für das Wissenschaftszentrum in Gelsenkirchen (1995), dem Architekturpreis der Landeshauptstadt München (1998) und dem Bayerischen Architekturpreis (2007).

Uwe Kiessler hat sich um »Die Moderne – ein unvollendetes Projekt« in besonderer Weise verdient gemacht. Am 29. Juli 2025 ist er im Alter von 88 Jahren in München gestorben.

Irene Meissner

Uwe Kiessler
(17 February 1937 to 29 July 2025)

Uwe Kiessler is one of those outstanding architects who promoted a new style of architecture in Munich – a 'space rather averse to modernism' (Jürgen Habermas) – in the context of the Olympic Games.

In the mid-1950s, the young man from Krefeld studied architecture at the Technical University of Munich. After graduating, he started his own business and, in 1975, he won the competition to design the Munich State Chancellery. This made him famous overnight, although his proposal was never realised. In Tucherpark, designed by Sep Ruf, Kiessler created an elegant, transparent administrative building for Bayerische Rück (1976). This was followed by the Gläserne Backstube (Glass Bakery, 1982) in the Gärtnerplatz district – a 'commitment to the liveliness of the city' – and the Gruner + Jahr publishing house in Hamburg (1990, with Otto Steidle), which was a pioneering example of a humane and communicative working environment. From 1981, Uwe Kiessler was a professor at the Munich University of Applied Sciences, and from 1990 at the Technical University of Munich. He was an inspiring and influential teacher for generations of architects.

He earned particular recognition for his cultural buildings in Munich and his commitment to the promotion of building culture. These include the Kunstbau of the Städtische Galerie im Lenbachhaus (1994), an underground exhibition space cleverly fitted into the space above the Königsplatz underground station; the extension of the Literaturhaus (1997); and the new entrance hall of the Villa Stuck (2000). Thanks to his efforts, Munich's Olympic Stadium was preserved in its original form. Kiessler also devoted many years to heading the Friends of the Architecture Museum at the Technical University of Munich, which he co-founded in 2002 when the Architecture Museum moved into the Pinakothek der Moderne.

Kiessler's oeuvre is characterised by constructive clarity, functional rigour, and social awareness. It has received numerous awards, including the German Architecture Prize for the Science Centre in Gelsenkirchen (1995), the Architecture Prize of the City of Munich (1998), and the Bavarian Architecture Prize (2007).

Uwe Kiessler has provided outstanding services to 'Modernity – An Incomplete Project'. He passed away on 29 July 2025 in Munich at the age of 88.

Irene Meissner

Nikolaus Kuhnert
(7. März 1939 bis 20. August 2025)

ARCH+, diese zugleich so einflussreiche wie selten wirklich gelesene Zeitschrift, verdankt ihrem langjährigen Redakteur Nikolaus Kuhnert das Bestehen bis zum heutigen Tag. Er löste das Magazin Ende der 1970er Jahre aus den zur Selbstzerfleischung neigenden linken Zirkeln heraus und verschaffte ihm mit den mehrfach nachgedruckten Vorlesungen von Julius Posener zur Architekturgeschichte eine solide finanzielle Grundlage.

Kuhnert wurde am 7. März 1939 in Potsdam geboren. Seine jüdische Mutter musste ihn und sich selbst verstecken. In seiner »architektonischen Selbstbiographie«, die als Heft 237 von *ARCH+* im Jahr 2019 erschienen ist, schrieb er über die Erinnerungen an seine Kindheit, er wundere sich, was er alles verdrängt, ja unterdrückt habe. Die Mutter überlebte die Nazizeit.

Kuhnert studierte Architektur und bearbeitete nebenbei im Architekturbüro seines Vaters erste eigenständige Entwürfe. Die 68er-Bewegung in Berlin prägte ihn, doch im Gegensatz zu vielen Mitstreitenden in der *ARCH+* blieb Kuhnert weiterhin an allen Facetten der Architektur interessiert, bis hin zu Innovationen bei den Baumaterialien. So entstand eine Blattlinie, die immer kritisch kommentiert und doch nahe am Zeitgeist operiert. In der ersten Ausgabe des DAM-Jahrbuchs 1980 schrieb Kuhnert gemeinsam mit Peter Neitzke einen ausführlichen Leitartikel, der skeptisch mit der sogenannten Postmodernen Architektur abrechnete. Zum DAM-Gründungsdirektor Heinrich Klotz war das Verhältnis spannungsgeladen und zugleich von gegenseitiger Wertschätzung geprägt. Kuhnert lehnte zwar das Angebot ab, im DAM mitzuarbeiten, gewann aber Heinrich Klotz als Zweitgutachter für seine schließlich nie fertiggestellte Habilitation. In der legendären Ausgabe »Von Berlin nach Neuteutonia« (*ARCH+* 122, 1994) bildete ein Interview von Kuhnert (und Angelika Schnell) mit Klotz den Auftakt zum Angriff auf das Berliner Architektenkartell.

Am 20. August 2025 ist Nikolaus Kuhnert in Berlin verstorben. *ARCH+* hat online eine Vielzahl von Nachrufen veröffentlicht.

Oliver Elser

Nikolaus Kuhnert
(7 March 1939 to 20 August 2025)

ARCH+, a magazine as influential as it is rarely read, owes its continued existence to this day to its longstanding editor, Nikolaus Kuhnert. At the end of the 1970s, he rescued the magazine from the self-destructive tendencies of left-wing circles, providing it with a solid financial foundation by publishing Julius Posener's lectures on architectural history, which were reprinted several times.

Kuhnert was born on 7 March 1939 in Potsdam. His Jewish mother had to hide him and herself. In his 'architectural autobiography', published as issue 237 of *ARCH+* in 2019, he wrote about his childhood memories and his repressed or suppressed thoughts. His mother survived the Nazi era.

Kuhnert studied architecture and developed his first independent designs at his father's architectural firm. The 1968 movement in Berlin profoundly influenced him, yet unlike many of his colleagues at *ARCH+*, he remained interested in all facets of architecture, including innovations in building materials. This resulted in an editorial line that was critical yet in tune with the spirit of the times. In the first edition of the DAM Yearbook in 1980, Kuhnert and Peter Neitzke wrote a detailed editorial that sceptically examined so-called postmodern architecture. His relationship with DAM's founding director, Heinrich Klotz, was tense yet characterised by mutual respect. Although Kuhnert declined the offer to work at the DAM, he convinced Klotz to act as a second reviewer for his habilitation thesis, which remained unfinished. The legendary issue 'Von Berlin nach Neuteutonia' (*ARCH+* 122, 1994) featured an interview with Klotz conducted by Kuhnert (and Angelika Schnell), marking the beginning of the attack on the Berlin architects' cartel.

Nikolaus Kuhnert passed away in Berlin on 20 August 2025. *ARCH+* has published a number of obituaries online.

Oliver Elser

Hans Stimmann
(9. März 1941 bis 30. August 2025)

Hans Stimmann steht in der Tradition der großen Stadtbauräte wie Ludwig Hoffmann in Berlin oder Fritz Schumacher in Hamburg. Für Winfried Nerdinger sind sie »die ungekrönten Könige der Architektur im Kaiserreich«. Auch wenn der gelernte Maurer, Architekt und promovierte Stadtplaner Stimmann nicht wie seine Vorgänger selbst gebaut hat, war er der »ungekrönte König der Architektur« im wiedervereinigten Berlin.

Aus den Stadtbauräten mit eigener Architekturpraxis sind heute juristisch-administrative Experten für öffentliche Entscheidungsprozesse geworden, die in einer vielstimmigen Demokratie enorme Überzeugungsarbeit leisten müssen. Mit dem kommunikativen Aufwand, den Hans Stimmann von 1991 bis 2006 als Senatsbaudirektor und zwischendurch als Planungs-Staatssekretär in Hunderten von Jurys, Vorträgen und Streitgesprächen betrieb, wären weder Ludwig Hoffmann noch Fritz Schumacher zu eigenen Entwürfen gekommen.

Stimmann, zuvor Bausenator in Lübeck, war ein kraftvoller Redner, aber ein nicht ganz so guter Zuhörer, der gern provozierte und Widersacher mit seiner gebetsmühlenhaften Wiederholungsgabe zermürbte. Aber auch wenn ihm das den Ruf eines Polterers einbrachte, so hat er stets Etikette bewahrt.

Stimmann sorgte gleich beim ersten Wettbewerb um den Potsdamer Platz 1991 für einen Eklat, als er alle avantgardistischen Großentwürfe vom Tisch fegte und der Juror Rem Koolhaas empört die Sitzung verließ. Danach entbrannte der »Berliner Architekturstreit«, der Züge eines baupolitischen Bürgerkriegs annahm.

Kurioserweise wurde Stimmann stets von kritischen Intellektuellen attackiert. Dabei hatte er sich als »alten linken Sozialdemokraten« verstanden und eher mit Angriffen von »Kapitalisten« gerechnet. Doch nicht gegen schnöde Investoren und ihre Stararchitekten wüteten die Berliner Bau-Oppositionellen, sondern gegen Stimmann und seine Parolen von Geschichte, Stadtgrundriss und Parzelle.

In der heißen Phase des Baubooms leitete der Senatsbaudirektor viele Wettbewerbe mit autoritärer Hand, würgte Architekturdiskussionen mit Gestaltungsvorgaben zu Material, Baulinie und Traufhöhe ab und knickte manche Planerkarriere. Stimmann kämpfte gegen experimentelle Stadtentwürfe und parametrische Bauikonen. Seit dem »Planwerk Innenstadt« von 1996 an konzentrierte er sich auf die Wiederbebauung

Hans Stimmann
(9 March 1941 to 30 August 2025)

Hans Stimmann follows in the tradition of great city planners such as Ludwig Hoffmann in Berlin and Fritz Schumacher in Hamburg. According to Winfried Nerdinger, they were the 'uncrowned kings of architecture in the German Empire'. Although Stimmann – a qualified bricklayer, architect, and urban planner who holds a doctorate – did not design any buildings himself, like his predecessors, he was the 'uncrowned king of architecture' in reunified Berlin.

City planning officers with their own architectural practices have become legal and administrative experts in public decision-making processes and must undertake a great deal of persuasion in a multi-voiced democracy. Neither Ludwig Hoffmann nor Fritz Schumacher would have come up with their own designs with the communicative effort that Hans Stimmann put into hundreds of juries, lectures, and debates between 1991 and 2006 as Senate Building Director and, in between, as State Secretary for Planning.

Stimmann, formerly Building Senator in Lübeck, was a powerful speaker, but not such a good listener. He liked to wear down his opponents with his mantra-like repetition. However, despite this earning him a reputation as a loudmouth, he always maintained good manners.

Right at the start of the first Potsdamer Platz competition in 1991, Stimmann caused a scandal when he dismissed all the avant-garde large-scale designs, prompting juror Rem Koolhaas to leave the meeting in indignation. This sparked the 'Berlin architecture dispute', which became a kind of civil war in terms of building policy.

Curiously, Stimmann was frequently criticised by intellectuals. Seeing himself as an 'old left-wing social democrat', he had expected attacks from 'capitalists' instead. However, Berlin's construction opposition did not rage against despicable investors and their star architects, but rather against Stimmann and his slogans about history, city layout, and plots of land.

During the heyday of the construction boom, the Senate Building Director ran many competitions with an authoritarian hand. He stifled architectural discussions with design specifications on materials, building lines, and eaves heights, and nipped many a planner's career in the bud. Stimmann opposed experimental urban designs and iconic parametric architecture. Since the 'Planwerk Innenstadt' (inner city plan) of 1996, he had focused on rebuilding traffic corridors and brownfield sites left

der Verkehrsschneisen und Brachflächen, die die Nachkriegsabrisse und die Teilung Berlins geschlagen hatten. Obwohl er energisch für die Wiederkehr der verschwundenen Altstadt mitsamt Schlossreplik eintrat, war er kein Rekonstruktionsromantiker.

Der Punkt, an dem Stimmanns Denken aus der Rezeptionsästhetik der Stadtwahrnehmung in die Produktionslogik des Bauens übersprang, war die ökonomische Kernfrage nach dem Bodeneigentum. Beide Modi der Vergesellschaftung – durch private wie öffentliche Baukonzerne im Westen oder durch das sozialistische Volkseigentum im Osten – hielt er gleichermaßen für Sackgassen. Seine Vorbilder fand er im wirtschaftsliberalen Marktgeschehen der zweiten Hälfte des 19. Jahrhunderts, als Berlin durch die Kraft Zigtausender kleiner Bauherren und Grundbesitzer schneller und dauerhafter wuchs als heute.

Eine späte Genugtuung erlebte Stimmann 2020, als sein ärgster Widersacher Rem Koolhaas ihn ausdrücklich für seine Verdienste lobte, Berlin vor den schlimmsten Vulgaritäten und groteskesten Architekturen des Neoliberalismus bewahrt zu haben.

Michael Mönninger

behind by post-war demolition and the division of Berlin. Although he energetically advocated the return of the vanished old town, including a replica of the palace, he was not a romanticist when it came to reconstruction.

The key economic question of land ownership was the point at which Stimmann's thinking jumped from the reception aesthetics of urban perception to the production logic of construction. He considered both modes of socialisation – through private and public construction companies in the West and through socialist public ownership in the East – to be dead ends. He found his role models in the economically liberal market conditions of the second half of the nineteenth century, when Berlin grew faster and more sustainably than it does today thanks to the efforts of thousands of small builders and landowners.

Stimmann experienced belated satisfaction in 2020 when his fiercest adversary, Rem Koolhaas, expressly praised him for protecting Berlin from the worst vulgarities and most grotesque architecture of neoliberalism.

Michael Mönninger

Architektenregister der Jahrbücher 1980 bis 2026
Index of Architects in the Annuals 1980–2026

Kursiv gesetzte Jahreszahlen verweisen auf die Erwähnung in Essays oder Nachrufen.
The dates in italics refer to essays or obituaries.

Impressum

Die *Deutsche Nationalbibliothek* verzeichnet diese Publikation in der *Deutschen Nationalbibliografie*; detaillierte bibliografische Daten sind im Internet über *http://dnb.d-nb.de* abrufbar.

ISBN 978-3-86922-955-3

© 2026 DOM publishers, Berlin
www.dom-publishers.com
© 2026 Deutsches Architekturmuseum, Frankfurt am Main
www.dam-online.de

Urhebernennungen stammen von den beteiligten Architekten selbst. Für die Richtigkeit dieser Angaben übernehmen das Deutsche Architekturmuseum und der Verlag DOM publishers keine Gewähr.

Herausgeber
Peter Cachola Schmal, Yorck Förster und Christina Gräwe im Auftrag des Dezernats für Kultur und Wissenschaft, Kulturamt der Stadt Frankfurt am Main

Koordination und Redaktion DAM
Yorck Förster und Christina Gräwe

Lektorat
Uta Keil

Redaktion Englisch
Sandie Kestell

Grafische Gestaltung
Nicole Wolf

Druck
UAB BALTO print, Vilnius
www.baltoprint.com

Imprint

The *Deutsche Nationalbibliothek* lists this publication in the *Deutsche Nationalbibliografie*; detailed bibliographic data are available at *http://dnb.d-nb.de.*

ISBN 978-3-86922-955-3

© 2026 DOM publishers, Berlin
www.dom-publishers.com
© 2026 Deutsches Architekturmuseum, Frankfurt am Main
www.dam-online.de

Names of copyright holders of the material used have been supplied by the architects themselves. Neither the Deutsches Architekturmuseum nor DOM publishers shall be held responsible for any omissions or inaccuracies.

Editors
Peter Cachola Schmal, Yorck Förster, and Christina Gräwe on behalf of Dezernat für Kultur und Wissenschaft, Kulturamt der Stadt Frankfurt am Main

Editorial direction and coordination DAM
Yorck Förster and Christina Gräwe

Proofreading German
Uta Keil

English editor
Sandie Kestell

Graphic design
Nicole Wolf

Printing
UAB BALTO print, Vilnius
www.baltoprint.com